Ada Borkenhagen, Elmar Brähler (Hg.)
Intimmodifikationen

Folgende Titel sind bisher im Psychosozial-Verlag in der Reihe »Beiträge zur Sexualforschung« erschienen:

Band 75 Carmen Lange: Sexuelle Gewalt gegen Mädchen. Ergebnisse einer Studie zur Jugendsexualität. 2001.

Band 76 Gunter Schmidt, Bernhard Strauß (Hg.): Sexualität und Spätmoderne. Über den kulturellen Wandel der Sexualität. 2002.

Band 77 Gunter Schmidt (Hg.): Kinder der sexuellen Revolution. Kontinuität und Wandel studentischer Sexualität 1966–1996. Eine empirische Untersuchung. 2000.

Band 78 Eberhard Schorsch, Nikolaus Becker: Angst, Lust, Zerstörung. Sadismus als soziales und kriminelles Handeln. Zur Psychodynamik sexueller Tötungen. 2000.

Band 79 Hermann Berberich, Elmar Brähler (Hg.): Sexualität und Partnerschaft in der zweiten Lebenshälfte. 2001.

Band 80 Jannik Brauckmann: Die Wirklichkeit transsexueller Männer. Mannwerden und heterosexuelle Partnerschaften von Frau-zu-Mann-Transsexuellen. 2002.

Band 81 Hertha Richter-Appelt, Andreas Hill (Hg.): Geschlecht zwischen Spiel und Zwang. 2004.

Band 82 Estela V. Welldon: Perversion der Frau. 2003.

Band 83 Hertha Richter-Appelt (Hg.): Verführung – Trauma – Missbrauch. 2002.

Band 85 Rainer Herrn: Schnittmuster des Geschlechts. Transvestitismus und Transsexualität in der frühen Sexualwissenschaft. 2005.

Band 86 Martin Dannecker, Agnes Katzenbach (Hg.): 100 Jahre Freuds »Drei Abhandlungen zur Sexualtheorie«. Aktualität und Anspruch. 2005.

Band 87 Volkmar Sigusch: Sexuelle Welten. Zwischenrufe eines Sexualforschers. 2005.

Band 88 Norbert Elb: SM-Sexualität. Selbstorganisation einer sexuellen Subkultur. 2006.

Band 89 Silja Matthiesen: Wandel von Liebesbeziehungen und Sexualität. Empirische und theoretische Analysen. 2007.

Band 90 Andreas Hill, Peer Briken, Wolfgang Berner (Hg.): Lust-voller Schmerz. Sadomasochistische Perspektiven. 2008.

Band 91 Sabine zur Nieden: Weibliche Ejakulation. 2009.

Band 92 Irene Berkel (Hg.): Postsexualität. Zur Transformation des Begehrens. 2009.

Band 93 Sophinette Becker, Margret Hauch, Helmut Leiblein (Hg.): Sex, Lügen und Internet. Sexualwissenschaftliche und psychotherapeutische Perspektiven. 2009.

Band 94 Thorsten Benkel, Fehmi Akalin (Hg.): Soziale Dimensionen der Sexualität. 2010

Band 95

Beiträge zur Sexualforschung
Organ der Deutschen Gesellschaft für Sexualforschung
Herausgegeben von Martin Dannecker,
Gunter Schmidt und Volkmar Sigusch

Ada Borkenhagen, Elmar Brähler (Hg.)

Intimmodifikationen

Spielarten und ihre psychosozialen Bedeutungen

Mit Beiträgen von Ada Borkenhagen,
Elmar Brähler, Anne Cordes, Daniela Dorneles de Andrade,
Matthias Franz, Elena Jirovsky, Erich Kasten,
Heribert Kentenich, Rachel Neuhaus Bühler, Sara Paloni,
Simone Preiß, Elisabeth Rohr, Aglaja Stirn,
Isabell Utz-Billing, Patrick Weigand und Verina Wild

Psychosozial-Verlag

Bibliografische Information der Deutschen Nationalbibliothek
Die Deutsche Nationalbibliothek verzeichnet diese Publikation in der Deutschen Nationalbibliografie; detaillierte bibliografische Daten sind im Internet über http://dnb.d-nb.de abrufbar.

Originalausgabe

Walltorstr. 10, D-35390 Gießen
Fon: 06 41 - 96 99 78 - 18; Fax: 06 41 - 96 99 78 - 19
E-Mail: info@psychosozial-verlag.de
www.psychosozial-verlag.de

Umschlagabbildung: © Hanspeter Ludwig, Gießen
Umschlaggestaltung & Satz: Hanspeter Ludwig, Gießen
www.imaginary-art.net
Druck: Majuskel Medienproduktion GmbH, Wetzlar
www.majuskel.de
Printed in Germany
ISBN 978-3-8379-2058-1

Inhalt

Vorwort 7

Intimpiercing 13
Aglaja Stirn & Patrick Weigand

Körpermodifikationen in der weiblichen Adoleszenz am Beispiel von Piercings und Tattoos 31
Elisabeth Rohr

Genitale Body-Modification bei Männern 51
Erich Kasten

Schamlos – Theoretische und empirische Aspekte des Trends zur Teil- und Vollintimrasur 71
Ada Borkenhagen & Elmar Brähler

Plastische Korrekturen im weiblichen Genitalbereich 81
Simone Preiß

Designervagina oder das geschönte Geschlecht 97
Ada Borkenhagen

Die Rekonstruktion des Hymens 115
Verina Wild & Rachel Neuhaus Bühler

Weibliche Genitalverstümmelung (Female Genital Mutilation) 133
Isabell Utz-Billing & Heribert Kentenich

Chancen und Grenzen der Massnahmen gegen weibliche Beschneidung am Beispiel von Benin 151
Anne Cordes

Kosmetische Eingriffe und weibliche Genitalverstümmelung 167
Daniela Dorneles de Andrade, Elena Jirovsky & Sara Paloni

Männliche Genitalbeschneidung und Kindesopfer 183
Matthias Franz

Autorinnen und Autoren 215

Vorwort

Ein Buch über Intimmodifikationen? Existiert denn dieser Begriff überhaupt? Und sollen dazu noch Bilder veröffentlicht werden? Solche und ähnliche Einwände haben wir im Vorfeld der Zusammenstellung unseres Schwerpunktheftes *Intimmodifikationen*, das bereits im Sommer 2008 als Heft Nr. 112 der Zeitschrift *psychosozial* ebenfalls im Psychosozial-Verlag erschienen ist, häufig gehört. Da dieses Heft ein beachtliches Leserinteresse fand, haben wir das Angebot des Psychosozial-Verlags gerne angenommen, das Thema in einem Sammelband noch einmal ausführlicher zu beleuchten. Wir konnten weitere Autorinnen und Autoren gewinnen, sodass das vorliegende Buch einen fundierten Überblick über die unterschiedlichen Aspekte des Themas bietet.

Welche Bedeutung das Thema Intimmodifikationen inzwischen erlangt hat, zeigt eine Suchanfrage bei Google. Zerlegt man den Begriff in »intim« und «Modifikationen«, so zeigt die Suchmaschine eine schier unermessliche Fülle von Einträgen an. Ein Band zu diesem Thema scheint hochaktuell, da in keiner anderen Epoche der Körper für den westlichen Menschen in solch einem Ausmaß zum Ausdrucksmittel und zum Maßstab seiner Platzierung in der Welt geworden ist. Der Körper und mit ihm alle Möglichkeiten seiner Gestaltung werden dabei immer stärker zu einem Mittel – aber auch zu einem Imperativ – die eigene Identität darzustellen. Und kein Bereich des Körpers scheint von dieser Bedeutungszunahme ausgenommen zu bleiben – auch der Genitalbereich nicht. Längst sind es nicht mehr nur die gemeinhin sichtbaren Bereiche des Körpers, die ästhetischen Normen und damit einem Gestaltungsimperativ unterliegen, sondern auch bisher unbeachtete Körperregionen. Die Schamregion und vor allem die Genitalien werden zunehmend als neuer Gestaltungsbereich entdeckt, den Frauen (und zunehmend auch Männer) nun gestalten können und müssen, um damit ihre eigene »Individualität« auszudrücken. Unter Schlagworten wie »Intimpiercing«, »Intimtattoo«, »Designervagina« und »Schamhaartrimming« haben Intimmodifikationen in den letzten Jahren ein beachtliches Medienecho gefunden. Es hat sich ein für breite Bevölkerungsschichten verbindliches »Intimideal« herausgebildet, das in bisher nicht erlebtem Maße großflächig medial verbreitet wird.

Mit dem vorliegenden Band möchten wir die verschiedenen Spielarten der Intimmodifikationen – von Intimpiercing, Intimtattoo über Schamhaartrimming bis hin zur kosmetischen Genitalchirurgie – darstellen und hinsichtlich ihrer kulturellen und psychosozialen Dimensionen zu beleuchten. Ein Blick in die Medizingeschichte macht deutlich, dass die kosmetische Genitalchirurgie heutiger Prägung keineswegs ein neues Phänomen unserer Epoche darstellt, sondern bereits Vorläufer in der weiblichen Genitalchirurgie des ausgehenden 19. und des beginnenden 20. Jahrhunderts hat. Neben dem aktuellen Trend zu kosmetischer Genitalchirurgie, der in den westlichen Industrieländern zu beobachten ist, werden in diesem Buch auch die in einigen afrikanischen Staaten vorkommenden Praktiken der weiblichen Genitalverstümmelung im Hinblick auf ihre Bedeutung als soziale Praktiken der Anpassung und Normierung beleuchtet. Dabei ist den Herausgebern bewusst, dass es durchaus diskussionswürdig ist, genitalverstümmelnde Praktiken in einem Buch mit vorrangig ästhetisch motivierten Intimmodifikationspraktiken zu behandeln. Die gemeinsame Darstellung weiblicher Genitalverstümmelung und moderner Spielarten weiblicher Intimmodifikationen »in einem Buch« intendiert dabei keineswegs die Nivellierung der Unterschiede zwischen diesen Praktiken, die sich letztlich auch in der strafrechtlichen Bewertung genitalverstümmelnder Praktiken manifestieren. Auch die bei Männern vorkommenden Varianten genitaler Body-Modification wie das männliche Genital- und Playpiercing werden in der Regel aus einer anderen Motivation vorgenommen als die häufig religiös motivierte Vorhautbeschneidung an minderjährigen Jungen. Dennoch erscheint es den Herausgebern lohnend, in einem Band über Intimmodifikationen auch religiöse und patriarchale Formen genitaler Modifikationen zu beleuchten – gerade auch um die Differenz zwischen diesen und den spätmodernen Spielarten individualistischer Genitalmodifikationen deutlich werden zu lassen.

Eine gegenwärtig besonders beliebte Spielart weiblicher Intimmodifikationen, nämlich das weibliche Intimpiercing, erforschen Aglaia Stirn und Patrick Weigand, indem sie sowohl die verschiedenen Formen des Genitalpiercings darstellen, als auch die psychologischen und pathologischen Aspekte in den Blick nehmen.

Elisabeth Rohr analysiert die Bedeutung von Piercing und Tattoos in der weiblichen Adoleszenz und geht dabei der Indienstnahme dieser Praktiken als Ausdruck seelischer Konflikte nach.

Das Gegenstück zum weiblichen Intimpiercing behandelt Erich Kasten in seinem Beitrag »Genitale Body-Modification bei Männern«, in dem er ausführlich über die unterschiedlichen Varianten wie die Penisvergrößerung, das Genitalpiercing und das genitale Playpiercing informiert und auch die Motive der betreffenden Männer beleuchtet.

Ada Borkenhagen und Elmar Brähler erörtern in ihrem Beitrag den aktuellen Trend zur Teil- beziehungsweise Vollrasur der Schamhaare, der sich auch in Deutschland bei den unter 30-Jährigen durchgesetzt hat. Neben aktuellen Daten zur Häufigkeit aus einer Stundentenstichprobe und einer Repräsentativerhebung der Universität Leipzig erörtern die Autoren zwei konkurrierende Erklärungsansätze für Intimrasur – Infantilisierung versus Visualisierung.

Simone Preiß stellt als angehende Fachärztin für Plastische Chirurgie in ihrem Beitrag ausführlich die gängigen Operationsmethoden der Labienreduktion dar. Die Risiken und Vorteile der einzelnen Techniken werden anschaulich gemacht und es wird deutlich, dass es sich bei den derzeit hoch im Kurs stehenden Eingriffen kosmetischer Genitalchirurgie keineswegs um Bagatelloperationen handelt, die »mal eben in der Mittagspause« durchgeführt werden können, wie es internationale Frauenzeitschriften wie die Vogue suggerieren.

Ada Borkenhagen befasst sich unter dem Titel »Designervagina« ebenfalls mit dem aktuellen Trend zu kosmetischer Genitalchirurgie.

Anhand einer Medienanalyse weist sie kosmetische Genitalchirurgie zur Verbesserung des weiblichen Lustempfindens als soziale Konstruktion im Rahmen eines limitierten Bildes von Weiblichkeit aus.

Verina Wild und Rachel Neuhaus Bühler zeigen, dass die chirurgische Hymnenrekonstruktion aktuell immer stärker ins Zentrum gesellschaftlicher Diskussionen rückt und zunehmend als ethisches Problem wahrgenommen wird. Dabei wird die operative Hymnenrekonstruktion (Hymenorrhaphie) nicht erst seit Kurzem weltweit von Medizinern praktiziert und galt bislang vergleichsweise als ethisch wenig fragwürdig, weil durch diesen medizinischen Eingriff den betreffenden Frauen soziale Isolation und teilweise auch gewalttätige oder sogar lebensbedrohliche Übergriffe erspart bleiben. Stand dieser Eingriff bisher vorrangig im Zeichen einer Anpassung an patriarchalische Normen der unberührten Jungfrau, finden sich nun vereinzelt Presseberichte, die nahe legen, dass auch dieser Eingriff in der Sphäre der Lifestylemedizin angekommen ist. So firmiert die Hymnenrekonstruktion unter dem Begriff des »Valentinsgeschenks«, das manche Frauen ihren Partnern machen wollen.

Isabell Utz-Billing und Heribert Kentenich beleuchten das Thema Genitalverstümmelung unter vorrangig sozialmedizinischer Perspektive und erläutern die Prävalenz, die geografische Verteilung, die Formen sowie die geschichtlichen Hintergründe und Motive dieser Intimmodifikation. Darüber hinaus beschreiben sie die gesundheitlichen Folgen und den Trend zur Medikalisierung. Sie geben einen Abriss zur rechtlichen Situation wie auch zu Maßnahmen gegen die weibliche Genitalverstümmelung.

Ergänzend dazu geht Anne Cordes vorrangig der sozialen Bedeutung der weiblichen Beschneidung am Beispiel des westafrikanischen Staats Benin auf den Grund. Sie zeigt auf, dass die mangelnde Kenntnis über die soziale Einbettung der Beschneidungspraktiken einen wesentlichen Grund für das Scheitern von Aufklärungskampagnen und anderen Maßnahmen des Kampfes gegen weibliche Beschneidung darstellt. Ausgangspunkte ihres Beitrages sind eine Forschungsreise nach Benin und zahlreiche Interviews mit Personen, die in unterschiedlichster Form in die Beschneidung von Mädchen und Frauen involviert sind: BeschneiderInnen, religiöse Führer, Eltern, Eheleute, junge Mädchen sowie Mitarbeiter von Non Government Organizations (NGOs) und des Gesundheitswesens.

Daniela Dorneles de Andrade, Elena Jirovsky und Sara Paloni schlagen eine Brücke von der kosmetischen Genitalchirurgie zur weiblichen Genitalverstümmelung. Die Autorinnen betrachten beide Praktiken aus interdisziplinärer Perspektive.

In seinem das Buch abschließenden Beitrag widmet sich Matthias Franz der männlichen Beschneidung und zeigt die kulturellen Parallelen zwischen Kindesopfer und Beschneidung auf. Er untersucht die interkulturelle Psychodynamik eines archaischen Genitaltraumas.

Ada Borkenhagen & Elmar Brähler

Intimpiercing

Aglaja Stirn & Patrick Weigand

Einleitung

Der Begriff *Piercing*, der sogar im deutschen Sprachraum als beinahe etabliert gelten kann, leitet sich aus der englischen Sprache kommend von dem Verb *(to) pierce* ab, das mit *durchbohren* oder *durchstechen* zu übersetzen ist. Beim Piercen, einer Form der Körpermodifikation, handelt es sich um ein intendiertes, ohne medizinische Indikation durchgeführtes Durchstechen von Körpergewebe – der aus dem Durchstechen resultierende Stichkanal dient zur Applikation von Schmuck. Die wohl bekannteste Form stellt in unserer westlichen Kultur der Ohrschmuck dar, meist in Form von Ringen oder Steckern. In den letzten Jahren sind es allerdings nicht mehr nur die Ohren, die auf eine solche Art und Weise geschmückt werden, sondern auch andere Stellen des menschlichen Körpers. Wenn wir im Alltag unseren Mitmenschen begegnen, fallen natürlich a prima vista zunächst einmal diejenigen Piercings auf, die im Gesichtsbereich angebracht sind. Dazu gehören beispielsweise Ringe, Stäbe sowie Stecker, die sich in Augenbrauen, Nase, Lippen oder auch der Zunge befinden. Bewegt man sich in einem eher informellen Rahmen, zum Beispiel in Schwimmbad oder Sauna, so fällt auf, dass mittlerweile auch andere Körperteile und -stellen auf diese Weise geschmückt werden. Zu nennen sind diesbezüglich unter anderem die Brustwarzen oder auch der Genitalbereich, den in zunehmendem Maße mehr Menschen als bevorzugte Lokalisation betrachten, um Piercings anzubringen. Im Folgenden wollen wir uns ausschließlich dem Genitalpiercing zuwenden und dieses Phänomen unter verschiedenen Blickwinkeln betrachten.

Zuvor sollte nicht unerwähnt bleiben, dass das Piercen an sich keineswegs eine neu aufgekommene Erscheinung in unserer westlichen Zivilisation ist, sondern bereits vor mehreren Tausend Jahren überwiegend im Rahmen von Ritualen einen soziokulturellen Akt darstellte – und bei einigen Naturvölkern bis heute darstellt. Über den Ursprung dieser Körpermodifikationen mittels Durchbohren oder -stechen finden sich in der einschlägigen Literatur unterschiedliche Angaben. Er lässt sich aber durchaus schon im Altertum vermuten, wenngleich als Beleg hierfür hauptsächlich Gegenstände herangezogen werden, von welchen man ausgeht, dass sie als Piercingschmuck fungierten (Senft 2007). Das Material, aus dem der Schmuck gefertigt wurde, war hier sehr unterschiedlich. Es handelte sich dabei um Steine, Knochen, Muschelschalen oder auch Tierzähne, die entsprechend bearbeitet wurden, damit sie zu diesem Zweck verwendet werden konnten. Ebenso kam – wenn auch nicht in der heutigen Vielfalt unterschiedlicher Legierungen – Metall zum Einsatz (Travelingmic 2005). Zu den Hauptunterschieden zwischen den Naturvölkern und unserer westlichen Zivilisation hinsichtlich des Piercens gehören wohl die Beweggründe, die die jeweiligen Individuen dazu veranlassen, sich für derartigen Schmuck zu entscheiden. Während bei Naturvölkern zumeist religiöse Motive im Vordergrund stehen, ist es in unserer Zivilisation vorrangig ein Wunsch nach Ausdruck einer spezifischen Form der Individualisierung, der die Schmuckträger dazu veranlasst, sich piercen zu lassen.

Bei den Mayas in Mexiko wurde die Zunge durchbohrt, was den Göttern gegenüber Opferbereitschaft zum Ausdruck bringen sollte. In Peru, der Heimat der Inkas, gaben Pflöcke in den Ohren über den sozialen Status Aufschluss. Der Glaube an Dämonen begründete ebenfalls solche und ähnliche Arten der Körpermodifikation, welche dann eine protektive Wirkung erzielen sollten. Daneben wurden Tiere aufgrund ihres Mutes und ihrer Schnelligkeit verehrt, weswegen man versuchte, eigene Körperteile ähnlich wie die der verehrten Tiere zu gestalten beziehungsweise erscheinen zu lassen. Sippenzugehörigkeit, Gesundheitsstatus und bestimmte Privilegien spiegelten sich unter anderem in Position und Material des Piercingschmucks wieder (Feige/Krause 2004b).

In unserer westlichen Zivilisation kann der Beginn des Piercens, wie wir es heute verstehen, hauptsächlich auf die Punkbewegung der 70er Jahre zurückgeführt werden. Als Ausdruck des Protests gegen die sogenannte Konsumgesellschaft entwickelte sie sich als eine Art Gegenbewegung zu den bestehenden, angepasst bürgerlichen Strukturen. Es entstand ein Look, der aus einer gewissen Wut und Ohnmacht gegenüber der Gesellschaft heraus geboren wurde und hauptsächlich das Provozieren der »Spießer« intendierte (Kasten 2006). Im Bereich der Kleidung wurden beispielsweise Toilettenbürsten zum Modeaccessoire erhoben oder lebendige Ratten meist auf der Schulter mit sich geführt. Daneben entstanden Frisuren, die durch grelle Farben auffielen und vom Gros der Gesellschaft als befremdlich empfunden wurden. In dieser Zeit begann man erstmalig im Rahmen einer ganzen Bewegung Piercingschmuck zu tragen. Zunächst waren es Sicherheitsnadeln in verschiedenen Größen, die jeweils durch Wangen, Nase, Augenbrauen oder auch Lippen gebohrt beziehungsweise gestochen wurden. Ohne dass dies jemals von der Punkbewegung intendiert war, wurde das Piercen schon bald »verkommerzialisiert«. Die einst als Protest vorgesehenen Stilelemente wurden teilweise von renommierten Modeschöpfern wie zum Beispiel Jean-Paul Gaultier aufgegriffen und in einen neuen Modetrend integriert. Es kam dadurch nicht nur zu einer Akzeptanz in weiten Teilen unserer Gesellschaft, sondern beinahe zur Assimilation – dies wird deutlich, wenn man die aktuelle Werbung betrachtet, die gezielt immer wieder Elemente aus dem Bereich des Piercingschmucks einsetzt.

Bei Piercings im Genitalbereich handelt es sich ebenfalls nicht um Erscheinung der Neuzeit. Genitalpiercings haben ihren geschichtlichen Ursprung hauptsächlich in Südostasien. Es existiert eine Beschreibung über die Durchführung und Nachsorge von Piercings, deren Entstehung auf das Jahr 400 v. Chr. datiert wird. Im sechsten Jahrhundert nach Christus wurde im altindischen *Kamasutra* das Apadravja, ein senkrechter Stab, der durch die Eichel des Penis gebohrt wird, zur Steigerung der Lustempfindung empfohlen. Aus Borneo stammt das als Äquivalent zum Apadravja anzusehende Palang, das horizontal verläuft und heute in unserem Sprachraum Ampallang genannt wird (Travelingmic 2005). Die oben genannten Applikationen der Schmuckstücke sind bei den Naturvölkern meist in Rituale eingebettet, die den Zeitpunkt des Übergangs vom

Kind- zum Erwachsensein markieren, was im Fall von »Initiationsriten« besonders deutlich wird.

In unserer westlichen Zivilisation haben Piercings im Genitalbereich weniger rituellen Charakter – vielmehr folgten sie einem jeweils bestimmten Zweck. So auch das sogenannte Prinz-Albert-Piercing, dessen Namen auf den Gatten der Königin Viktoria von England zurückgehen soll – und dass einst dazu verwendet wurde, den Penis aufgrund der engen Uniformhosen unauffällig zu fixieren. Im viktorianischen Zeitalter trugen Frauen, die höheren Schichten angehörten, häufig Brustwarzenringe. Diese sollen ungesicherten Quellen zufolge bereits von römischen Centurios als Ausdruck von Männlichkeit getragen worden sein, weswegen dieses Piercing auch den Namen Zenturionenring trägt (Feige/Krause 2004a).

Genitalpiercings im Sinne unseres heutigen Verständnisses haben ihren Ursprung in der Homosexuellen- und der SM-Szene. Unter anderem stellten sie zu Beginn der 60er Jahre in entsprechenden Clubs eine Art Erkennungszeichen dafür dar, welche Vorlieben das jeweilige Individuum hatte – zum Beispiel, ob es eher dominant oder devot ausgerichtet war. Diese Ära der sexuellen Revolution gilt auch als Zeitpunkt, ab dem in unserer Kultur Genitalpiercings von Frauen zum Zweck der Luststeigerung getragen wurden (Feige/Krause 2004b; Travelingmic 2005).

Obwohl in Deutschland bereits Mitte der 40er Jahre Genitalpiercings unter professionellen Bedingungen – d.h. von Piercern – gestochen wurden, hat sich ein regelrechter Boom diesbezüglich erst in den letzten 15 Jahren eingestellt. Und ein Ende ist noch nicht abzusehen, was auch rechtfertigt, dass man hier schon fast nicht mehr von einer Mode sprechen kann, zeichnet sich Mode doch unter anderem dadurch aus, dass sie nie von allzu langer Dauer ist.

Die verschiedenen Facetten von Genitalpiercing – Welche Formen gibt es?

Neben dem klassischen Piercing im Sinne eines Schmuckstücks, welches mithilfe eines Stichkanals fixiert wird, existieren weitere Varianten, die an dieser Stelle zu erwähnen sind (siehe Tabelle 1).

Playpiercings	Diese dienen in erster Linie dem Lustgewinn und werden nur temporär appliziert. Es handelt sich meist um Injektionsnadeln, die durch Penis, Hodensack oder äußere sowie innere Schamlippen gestochen werden und dort wenige Minuten bis hin zu mehreren Stunden verbleiben. Anstelle von Nadeln werden bei sogenannten *Suspensions*, also »Aufhängungen«, Haken verwendet, welche dazu dienen, den Körper in bestimmten Positionen für einen begrenzten Zeitraum aufzuhängen.
Sewings	Stellen eine Variante der Playpiercings dar; unter diesem Begriff versteht man das Zunähen von Körperöffnungen. Im Genitalbereich kann so beispielsweise auch die Vagina verschlossen werden, was in der historischen Entwicklung verschiedensten Zwecken diente. So diente es zum einen dem Versuch, die Fortpflanzung zu kontrollieren und zum anderen dem Verhindern von Masturbation (Schultheiss 2003).
Saline-Injektionen	Auch sie zählen zu den Körpermodifikationen, die temporär begrenzt sind. Hier wird mittels Injektionsnadel eine Salzlösung in das jeweilige Gewebe gespritzt, womit eine Vergrößerung erzielt wird. Bevorzugte Stellen beziehungsweise Körperteile sind dabei Penis, Hoden und Schamlippen, welche sich dann kurzzeitig bis zum doppelten Volumen vergrößern lassen, was als luststeigernd empfunden wird.
Implants	Gehören zu den dauerhaften Veränderungen. Es handelt sich hier um Objekte (überwiegend Stahlkugeln), im Bereich der Intimmodifikationen auch »genital beads« genannt, die sich unter der Haut befinden. Dazu wird die Haut so weit wie nötig eingeschnitten und von der Unterhaut gelöst, damit das jeweilige Implantat darunter geschoben werden kann.
Flesh Tunnel	In erster Linie sind es im Intimbereich die Brustwarzen und die inneren Schamlippen, an welchen als »Fleischtunnel« oder auch »flesh tunnel« bezeichnete Löcher angebracht werden. Dazu werden die entsprechenden Stellen zunächst einmal durchstochen, damit sie dann mit speziell dafür vorgesehenen Ringen gedehnt werden können. Je nach angestrebter Größe kann sich dieser Dehnungsprozess über mehrere Monate erstrecken.

Tabelle 1: »Nicht klassische« Varianten des Piercings

Selbstverständlich finden sich auch im Genitalbereich Modifikationen, die sich nur auf das Dehnen von Penis, Labien oder Skrotum beschränken. Im engeren Sinne handelt es sich hierbei jedoch nicht mehr um Piercings. Dennoch stellen diese Veränderungen keine auf Einzelfälle beschränkten Phänomene dar, besteht doch inzwischen im Internet ein nicht unerhebliches Angebot an Dehnwerkzeugen für verschiedene

Körperregionen und -teile. Die mediale Präsenz der oben aufgeführten Modifikationen, ähnlich der des genitalen Piercings, begründet die Auseinandersetzung mit Dehnungen in diesem Kapitel.

Im Rahmen der Diskussion von Genitalpiercings soll im Folgenden ein kurzer Überblick über die als gängig zu bezeichnenden Schmuckstücke sowohl der männlichen als auch der weiblichen Genitalien gegeben werden. Eine ausführliche Beschreibung findet sich bei Wolter (2005).

Hinsichtlich des männlichen Genitalbereiches gibt es für den Penis die bereits erwähnten Piercings *Apadravya* und *Ampallang*. Beides sind Stäbe, die durch die Eichel getrieben werden und an den Enden mit Kugeln versehen sind. Die Applikation ist hier nicht risikolos, da beim Stechen wichtige Nerven und Gefäße lädiert werden können, was beispielsweise beim Verletzen der Schwellkörper eine Erektion unmöglich macht. Das Verheilen kann einige Monate dauern.

Weniger risikobehaftet ist der *Oetang*, welcher eine temporäre Keuschheit sicherstellen soll. Dazu wird die Vorhaut mit zwei Löchern versehen und ein Ring hindurch gesteckt. Eine Erektion kann hier große Schmerzen auslösen. Das *Dydoe*, ein Schmuckstück, das nur bei Männern mit vorangegangener Beschneidung einsetzbar ist, stellt einen Ring dar, der durch ein Loch am Eichelrand geführt wird. Er wird auch als eine Art Substitution für die nicht mehr vorhandene Vorhaut betrachtet. Ein *Frenulumpiercing* kann in Gestalt eines Stabs oder Rings vorliegen und wurde nach dem Ort der Applikation, dem Vorhautbändchen, benannt. *Hafadas* sind Ringe, die überwiegend am Hodensack befestigt werden und früher Wohlstand und Geschlechtsreife symbolisierten. Zwischen Hodensack und After kann ein als *Guiche* bezeichneter Ring befestigt werden. Das bereits erwähnte Prinz-Albert-Piercing wird in einem Stichkanal fixiert, der von der Harnröhre bis zum Vorhautbändchen reicht.

Interessanterweise tragen die Ringe und Stäbe, welche für den Intimbereich der Frau vorgesehen sind, keine Eigennamen. Sie sind schlicht nach dem Ort benannt, an dem sie appliziert werden, was damit zu begründen ist, dass sie im Gegensatz zu männlichem Intimschmuck keine vergleichbare Historie im Sinne Vorbilder fremder Völker oder vergangener Epochen aufweisen können. Die Klitoris ist eine Stelle, an der ein Stab oder Ring eingesetzt werden kann. Ähnlich wie beim Mann die Eichel stellt sie eine Stelle dar, die ein nicht unerhebliches Gefahrenpotenzial beim Piercen birgt – ein solches Piercing sollte, wenn überhaupt, nur von erfahrenen Piercern gestochen werden. Anders verhält es sich bei der Klitoriskappe: Hier lassen sich Piercings als Stab oder Ring vergleichsweise unproblematisch applizieren. Innere und äußere Labien können mit mehreren Ringen versehen werden. Dabei kann sich die Heildauer der äußeren Labien unter Umständen in die Länge ziehen, da hier sehr viel Fettgewebe durchstochen wird, das wenig durchblutet ist. Anders verhält es sich bei den inneren Labien: Hier können auch mehrere Ringe befestigt werden und die Heildauer beträgt nur einige Tage bis maximal zwei Wochen, falls keine Komplikationen auftreten.

Stand der Forschung

So wenig neu das Phänomen Piercing – auch im Genitalbereich – inzwischen ist, so neu ist jedoch das Thema als Gegenstand der Forschung. Vorwiegend im angloamerikanischen Raum hat sich bislang eine Reihe Vertretern verschiedener wissenschaftlicher Disziplinen wie Anthropologie, Dermatologie, Soziologie, Psychologie und Psychiatrie mit diesem Thema auseinander gesetzt (Stirn 2001). Eine objektive Betrachtung im Sinne einer Evaluation nach heutigem Standard hat das Thema aber bis in die 70er Jahre hinein nicht erfahren. Oftmals bereits bedingt durch methodische Mängel bei der Probandenselektion, zum Beispiel bei Untersuchungen, die ausschließlich an Delinquenten vorgenommen wurden und infolgedessen lediglich vermeintliche Kausalzusammenhänge lieferten. Sogar innerhalb der Forensik – diese ist der bislang einzige Bereich innerhalb der Psychiatrie, der sich diesem Thema gewidmet hat – ist man zurückhaltender geworden, wenn es um Hypothesen geht, die kausale Zusammenhänge zwischen Körpermodifikationen und abweichendem Verhalten von Delinquenten nachweisen sollen (Knecht 1998). Erst etwa Mitte der 90er Jahre wurden zum Thema Körpermodifikationen Untersuchungen durchgeführt, die man nach heutigen Maßstäben als angemessen bezeichnen kann.

Allein die Tatsache, dass sich Körpermodifikationen durch Piercings nicht mehr nur auf einzelne Menschen beschränken, sondern zu einem Massenphänomen geworden sind, rechtfertigt Studien, die der Fragestellung nachgehen, welchen Anteil diejenigen, die ein Piercing tragen, in der Gesamtbevölkerung ausmachen. Weit ausgedehnt ist mittlerweile die Bandbreite derjenigen, die Piercings tragen – sogar, wenn man das durchaus als tradiert zu bezeichnende Piercing am Ohrläppchen in Form eines Rings oder Steckers unberücksichtigt lässt. Dies zeigte eine im Jahr 2003 durchgeführte Erhebung, die hervorbrachte, dass 41% der weiblichen Bevölkerung Deutschlands im Alter zwischen 15 und 25 Jahren ein Piercing oder ein Tattoo tragen (Stirn/Brähler/Hinz 2006). Heute kann man festhalten, dass inzwischen einige Untersuchungen durchgeführt worden sind, die verschiedenen Fragen zum Thema Piercing nachgegangen sind. Dennoch darf an dieser Stelle nicht unerwähnt bleiben, dass die meisten Fragen immer noch als unbeantwortet gelten müssen.

Zunächst seien einige Studien genannt, deren Ergebnisse primär quantitativen Charakter haben. May und Kohen (2006) befragten insgesamt 212 Frauen und Männer, die Anwärter für Pflegeberufe waren und aus verschiedenen Städten Deutschlands kamen. 74,8% der befragten Frauen gaben an, ein oder mehrere Piercings zu haben. Bei den Männern waren 18% der Befragten gepierct. Vier der 212 Befragten gaben an, ein Intimpiercing zu tragen. Interessant mutete die Aussage von immerhin 55% aller Träger eines Piercings an, dass es sich bei der Motivation für ihr jeweiliges Piercing nicht um eine Rebellion gegen bürgerliche Zwänge handele. Allein damit wird deutlich, dass die ursprüngliche Motivation der 70er Jahre, ein Piercing zu tragen – nämlich um damit Protest zu symbolisieren – sich inzwischen gewandelt hat. Provokation und Protest stellen heutzutage keine essenziellen Motivationsfaktoren für das Piercens mehr dar – auch wenn dies von Zeit zu Zeit subjektiv noch so wahrgenommen wird.

In einer von Gutsche (2005) durchgeführten Untersuchung wurden 4.505 Patienten verschiedener Zahnarztpraxen in Deutschland befragt, von denen 8,6% gepierct waren, wobei Piercings an den Ohrläppchen unberücksichtigt blieben. 1,8% der Piercingträger waren im Genitalbereich gepierct. Der Anteil weiblicher Befragter betrug dabei 57,1%. Das durchschnittliche Alter zum Zeitpunkt des Stechens belief sich beim Genitalpiercing auf 24,3 Jahre. Höher war lediglich das Alter, in dem Piercings an Lippenbändchen und Hals im Durchschnitt gestochen wurden: Es lag bei 27,8 beziehungsweise 27 Jahren. Demzufolge kann davon ausgegangen werden, dass es sich bei Genitalpiercings größtenteils nicht – wie vielleicht noch teilweise vermutet wird – um eine pubertäre Erscheinung handelt.

Im Rahmen einer Erhebung von Albert (1997) wurden 3.241 Frauen und Männer im Alter von 16–69 Jahren unter anderem zum Thema Piercing befragt. Auf die Frage, ob die Vorstellung, sich piercen zu lassen, schon einmal einen Reiz auf sie ausgeübt habe, antworteten 77% der Frauen im Alter zwischen 16–19 Jahren mit Ja. Bei den 20–29-Jährigen waren es noch 48% und bei den 30–39-Jährigen 22%. Auch bei den Männern stellten die Altersgruppen 16–19 Jahre und 20–29 Jahre mit 38% beziehungsweise 17% den Hauptanteil. Die Befragten, die sich gerne piercen lassen würden, sollten nun Auskunft darüber geben, an welchen Stellen dies idealerweise geschehen sollte. Dazu sollen an dieser Stelle nur der Anteile derjenigen wiedergegeben werden, die ein Brustwarzen- und/oder Genitalpiercing anstrebten. Ein Brustwarzenpiercing wünschten sich 50% aller Frauen im Alter von 40–49 Jahren. Die Anteile aller weiteren Altersgruppen fielen hinsichtlich dieser Fragestellung vernachlässigbar gering aus. Bei den Männern waren es 29% im Alter von 20–29 Jahren, 25% im Alter von 30–39 Jahren und 29% im Alter von 40–49 Jahren, die den Wunsch nach einem Brustwarzenpiercing hegten. Ein Genitalpiercing wünschten sich 3% der Frauen im Alter von 20–29 Jahren und 11% der Männer im Alter von 30–39 Jahren. Hier zeigt sich erneut, dass der Wunsch nach einem Genitalpiercing im Gegensatz zu dem nach Piercings an einer anderen Lokalisation erst später auftritt.

Psychologische Aspekte

Natürlich sind auch psychologische Komponenten zu berücksichtigen, wenn eine Entscheidung zugunsten eines Piercings gefällt wird. Nun muss bewusst gemacht werden, dass hinsichtlich eines Genitalpiercing die Voraussetzungen und insbesondere die Konsequenzen anders gelagert sind, als bei anderen Piercingvarianten. Einerseits ist die Sichtbarkeit dieser Lokalisation in der Regel nur für nächststehende Menschen gewährleistet. Andererseits handelt es sich um Körperregionen, an welchen das entsprechende Schmuckstück zum Teil schon bei geringen Körperbewegungen spürbar wird und einen sehr spezifischen Stimulus hervorrufen kann. Trotz dieser bereits sehr konkreten Überlegungen sollte bei aller objektiven Betrachtung auch der subjektive Anteil der Studie nicht gänzlich unberücksichtigt bleiben. Dabei geht es primär um die Frage, wie gepiercte Personen von anderen wahrgenommen werden.

Bleuel (2003) zitierte in diesem Zusammenhang eine Umfrage aus dem Jahre 1999, bei der 1.000 Personen zur Steigerung der Attraktivität durch Piercingschmuck befragt wurden. Das Ergebnis war, dass 81% der Befragten die Attraktivität einer Person nicht erhöht sahen, wenn diese Piercingschmuck trägt. Nur ca. 15% bewerteten Piercingschmuck als attraktiv.

Aus der oben genannten Studie von Albert (1997) kann abgeleitet werden, dass ein Piercing desto eher abstoßend bewertet wird, je älter die Befragten sind, während erwartungsgemäß die jüngsten Befragten Piercings am attraktivsten finden. Interessant gestaltet sich das Ergebnis zur Frage, ob Piercings als Indikator für den Verfall unserer Gesellschaft angesehen werden können. Unter den Frauen findet sich der höchste Anteil derer, die mit Ja antworteten, bei den 60–69-Jährigen. Genau umgekehrt verhält es bei den Männern. Hier stellt die Altersgruppe der 16–19-Jährigen mit 29% den größten Anteil an Befragten, die Piercingschmuck als etwas Unheilvolles bewerten.

Die Frage, ob es sich bei Piercings um den Ausdruck einer bestimmten Anschauung oder lediglich um ein Modeaccessoire handelt, hat Willmott (2001) an 152 weiblichen Probanden untersucht. Die These, dass Piercings in überwiegender Anzahl bei jüngeren Personen anzutreffen seien, konnte bestätigt werden. Es konnten keine Zusammenhänge zwischen sozioökonomischem Status, Häufigkeit des Sexualpartnerwechsels, Infektionskrankheiten und Empfängnisverhütung und dem Tragen von Piercingschmuck verzeichnet werden. In der Gruppe der weiblichen Raucher stellen Trägerinnen von Piercings gegenüber Frauen ohne Piercings die Mehrheit dar. Dieser Zusammenhang kann nicht als Bestätigung der Befunde von Huxley und Grogan (2005) betrachtet werden, mittels derer gezeigt werden konnte, dass hinsichtlich eines gesundheitsbewussten Verhaltens keine signifikanten Unterschiede zwischen Personen mit und ohne Piercings existieren. Willmott kam letztendlich zu dem Ergebnis, dass es sich bei Piercings in erster Linie um ein Modeaccessoire handelt.

Bestätigt werden kann dieser Befund durch die oben genannte Befragung, die unter anderem zeigte, dass es sich beim Tragen von Piercingschmuck nicht um autoaggressives Verhalten handelt, sondern vielmehr um den Ausdruck eines von Lust geprägten Lebensgefühls (Stirn 2004b).

Gerade bei Genitalpiercings stellt sich unweigerlich die Frage, welche Rolle sie spielen und welche Beweggründe ausschlaggebend für die Applikation sind, wenn es um Sexualität geht. Hierzu führten Miller und Edenholm (1999) mit zwei Patientinnen mit Genitalpiercings Interviews durch, die sich auf das sexuelle Empfinden beim Geschlechtsverkehr bezogen. Die erste Patientin gab an, dass sie durch ihr Piercing unter anderem ausdrückt, dass sie ihren Körper als ihr Eigentum betrachtet. Daneben sei ihre Fähigkeit, einen Orgasmus zu erleben, erheblich angestiegen. Die zweite Patientin führt an, seit der Applikation des Piercings mehr Höhepunkte erleben zu können. Ähnliche Ergebnisse brachte eine Untersuchung von Skegg et al. (2007) hervor, derzufolge Frauen mit Genitalpiercings insgesamt weniger gehemmt seien und eine signifikant geringere negative Emotionalität aufweisen als Frauen ohne Piercings. Bei Männern konnten diesbezüglich keine signifikanten Unterschiede entdeckt werden. In einer Studie von Armstrong et al. (2006), bei der 77% der männlichen Probanden ein Prinz-Albert-Piercing trugen, berichteten die Befragten, dass sich das Piercing positiv auf ihre Sexualität ausgewirkt habe. Darüber hinaus konnte festgestellt werden, dass gepiercte Probanden ein höheres Maß an Körperpflege aufwiesen als ungepiercte.

Einer Studie von Millner et al. (2005) zufolge konnte bei 77 Probandinnen zwar kein statistischer Nachweis einer Verbesserung ihrer Sexualität nach der Applikation eines Klitorisvorhautpiercings erbracht werden, dennoch wirke es sich – gemäß entsprechenden Aussagen – positiv auf das Empfinden bei Geschlechtsverkehr aus. Die erwähnten Probandinnen verfügten in überwiegender Anzahl über ein hohes Bildungsniveau und waren überwiegend heterosexuell.

Pathologische Aspekte

Zunächst stellt sich die Frage nach dem Grund, welcher ausschlaggebend für eventuelle pathologische Korrelate sein könnte, die mit dem Tragen von Piercingschmuck verknüpft sind. Beschränkt man sich allein auf Genitalpiercings, so ist bereits a priori davon auszugehen, dass ein Mitteilungsbedürfnis, wenigstens den meisten Mitmenschen gegenüber, nicht im Vordergrund steht. Daher ist es weniger eine aggressive Protesthaltung, sondern vielmehr die mit der Applikation des Piercingschmucks einhergehende Selbstverletzung, welche zunächst angenommen werden könnte.

Nicht auf Genitalpiercings begrenzt, sondern bezogen auf Körpermodifikationen im Allgemeinen, brachte eine Studie von Makkai und McAllister (2001) hervor, dass Personen mit Piercings und/oder Tattoos hinsichtlich intravenös konsumierter Drogen eine höhere Prävalenz aufweisen als Personen, die keine Piercings und/oder Tattoos tragen.

So konnten Caliendo et al. (2005) unter anderem zeigen, dass Probanden mit Genitalpiercings im Vergleich zu anderen früher sexuelle Erfahrungen machen. Hinzu kommt ein höherer Anteil von homo- und bisexuellen Personen sowie eine tendenziell stärkere Neigung zu SM-Praktiken.

Singh (1997) untersuchte die Bedeutung von Geschlechtsunterschieden bei der Bewertung von absichtlich verursachten Narben, sogenannten »Skarifizierungen«. Einheitliche Ergebnisse konnten sich nicht ableiten lassen – interkulturelle Unterschiede ließen für eine derartige Betrachtung nicht genug Raum.

Wenn es um Genitalpiercings geht, kann und sollte auch die Komponente des Schmerzes nicht unberücksichtigt bleiben. Hier stellen sogenannte »Playpiercings« für die betreffende Person eine Möglichkeit dar, den Schmerz in seiner Intensität über die Einstichtiefe selbst zu kontrollieren. Eine ausführliche Darstellung dieser Methoden findet sich bei Kasten (2006). Generell stellt sich die Frage, ob Träger von Genitalpiercings stärker zu Selbstverletzungen im pathologischen Sinne neigen als Personen, die nicht gepierct sind. Dazu wurde eine ausgesprochen interessante weil sehr differenzierte Studie durchgeführt. Die resultierenden Befunde weisen darauf hin, dass sich bei gepiercten Probanden generell keine klinische Selbstverletzungssymptomatik beobachten lässt. Vielmehr lautet das Ergebnis: »Piercing ist eine rein modische Form der Körperverletzung und kann als solche – trotz phänomenologischer Ähnlichkeit – nicht mit selbstverletzendem Verhalten im klinischen Kontext gleichgesetzt werden« (Schneider 2004).

Eine weitere Hypothese formuliert Hirsch (2004): Piercings könnten als Versuch angesehen werden, durch selbstverletzendes Verhalten zu einer Identitätssicherung zu gelangen; jedoch kann eine Körpermanipulation auch eine Arretierung bedeuten, die einer autonomen Entwicklung entgegenwirkt.

Ein weiterer Aspekt bei der Betrachtung von Genitalpiercings, wäre die versuchte kurative Wirkung bei Frauen, die Opfer eines meist frühkindlichen Missbrauchs wurden. Durch die Applikation von Piercingschmuck besteht die Möglichkeit einer Reintegration eines dissoziierten Körperteils, was jedoch zumeist eher einer Retraumatisierung gleichkommt (Stirn 2004b).

Gesundheitliche Risiken

Grundsätzlich sind beim Genitalpiercing alle Risiken zu berücksichtigen, die bei Piercings in anderer Körperregionen auftreten können.

Immer noch nicht geklärt ist die Gesetzeslage hinsichtlich der Frage, ob ein Arzt zur Applikation von Piercingschmuck autorisiert ist oder nicht. Er wäre aufgrund seines anatomischen Wissens dafür prädestiniert, wenn das Piercen ohne medizinische Indikation nicht gegen den hippokratischen Eid verstoßen würde. So bleiben also, bis auf wenige Ausnahmen, Piercingstudios, die den Kontrollen von Ordnungs- und Gesundheitsamt unterliegen und festgelegte Auflagen bezüglich der Hygiene erfüllen müssen. Weiterhin stellt sich die Frage nach dem Materialeinsatz. Vorgeschrieben ist – wenigstens für den Ersteinsatz – die Verwendung eines nickelfreien Materials, was bedeutet, dass der Nickelanteil 0,05% nicht überschreiten darf. Darüber hinaus besteht heute ein immer größer werdender Teil des Piercingschmucks aus sogenanntem Chirurgenstahl. Darüber hinaus werden zum Teil auch Kunststoffe verwendet, die eine hohe Elastizität besitzen.

Im Gegensatz zu Tätowierungen, bei denen die verwendete Farbe zu gesundheitlichen Komplikationen führen kann, beschränken sich die Komplikationen bei Piercings fast ausschließlich auf die hygienischen Bedingungen bei der Applikation und auf das Material des eigentlichen Schmucks. Doch sollte man hier nicht fälschlicherweise von einer gewährleisteten Sicherheit ausgehen. Unhygienische Verhältnisse beim Stechen können gefährliche Konsequenzen nach sich ziehen. Dabei handelt es sich meist um bakteriell verursachte Entzündungen, unter anderem ausgelöst durch Streptococcus pyogenes, Staphylococcus aureus, Pseudomonas aeruginosa und Clostridium tetani, um nur einige Erreger zu nennen (Papamelitiou et al. 2003). Darüber hinaus besteht ein Risiko für Virusinfektionen wie zum Beispiel mit Hepatitis B, C und D sowie mit HIV (Stirn 2003; Meltzer 2005). Ferner existieren vereinzelte Berichte über das Auftreten von Endokarditis und Hirnabszessen. Ekelius et al. (2004) berichten von einer Fournier-Gangrän-Infektion mit sehr schweren Folgen im Anschluss an ein missglücktes Genitalpiercing. Zudem darf an dieser Stelle nicht vernachlässigt werden, dass gerade im Genitalbereich die potenziellen Träger oder Trägerinnen häufig versuchen, Piercings selbst zu stechen.

Schlussbemerkung

Körpermodifikationen stellen immer noch ein Feld dar, welches weitestgehend als wissenschaftlich unausgeschöpft bezeichnet werden kann. Gerade im Bereich der Körperveränderungen durch Piercings, welche in unserer Gesellschaft mittlerweile als Selbstverständlichkeit aufgefasst werden, sind zwar inzwischen viele Fragen beantwortet worden, noch viel mehr warten jedoch noch auf ihre Beantwortung. Dass es sich bei Körpermodifikationen nicht mehr nur um periphere Phänomene unserer Gesellschaft handelt, die vernachlässigt werden können, zeigen unter anderem Veröffentlichungen, die sich an Ärzte und Pflegepersonal richten, um einen sachgemäßen Umgang mit gepiercten Patienten zu gewährleisten (Anderson et al. 2003; Stirn 2004a; Kasten 2007).

Was die Forschung betrifft, so lässt sich feststellen, dass Untersuchungen zum Thema Piercing inzwischen wesentlich differenzierter als früher vorgenommen werden. Dies beginnt bei der Gewinnung der Stichprobe und setzt sich in den jeweiligen statistischen Verfahren fort, die recht zuverlässig darüber Aufschluss geben, ob sich über die Jahre hinweg bestehende Hypothesen, Annahmen oder auch nur Mutmaßungen überhaupt noch aufrechterhalten lassen oder neu überprüft werden sollten.

Hinzu kommt, dass heute mit Korrelation und Kausalität wesentlich differenzierter umgegangen wird, als es in den Anfängen solcher Untersuchungen noch der Fall war. In Zukunft empfiehlt es sich zudem, die Datenerhebung noch präziser durchzuführen. Konkret hieße dies, dass bei den Probanden nicht mehr nur zwischen *gepierct* und *nicht gepierct* unterschieden wird, sondern dass auch Parameter berücksichtigt werden, denen in der Vergangenheit oftmals zu wenig Beachtung geschenkt wurde. Dazu zählen beispielsweise das genaue Differenzieren von Schmuckart und Lokalisation sowie das Feststellen der jeweiligen Motivation und des Lebensalters bei der Applikation. Damit soll auf diesem Gebiet ein Kenntnisstand erreicht werden, der den heute zur Verfügung stehenden Methoden angemessen ist.

Gerade der Faktor der Motivation scheint der Parameter zu sein, der darüber Aufschluss geben kann, was die jeweiligen Trägerinnen und Träger mit dem Tragen von Genitalpiercings beabsichtigen. Überwiegend dienen sie dem eigenen Körperempfinden und der Verbesserung der Sexualität. So berichtet zum Beispiel die 28-jährige Sonja H., die an ihren Labien Ringe trägt, in einem von Rödel (2005) durchgeführten Interview: »Ich finde es nicht nur ästhetisch, sondern nutze sie auch als Spielzeug beim Sex.« Bestätigt wird diese Intention durch zahlreiche Beiträge in einschlägigen Foren. Eines davon ist das in Deutschland auf dem Index stehende Forum von bmezine.com, was für *Body Modification Electronic Magazine* steht. Die Userin Janette äußert sich dort über ihren Ring in den Labien mit den Worten: »Ich kann nur jeder Frau raten, sich solch ein Piercing setzen zu lassen.« Doch auch Männer geben ihre Erfahrungen mit Genitalpiercings preis. So zum Beispiel Peter, der ein Vorhautpiercing trägt: »Seitdem ich das Piercing habe, macht Sex mir und meiner Freundin viel mehr Spaß, weil die Erregung bei uns beiden noch viel größer ist.« Es ist aber auch möglich, dass die Träger von Genitalpiercings selbst keine Erklärung für ihre Vorliebe parat haben. Diesbezüglich findet sich im selben Forum der Beitrag des 79-jährigen Franjo, der 22 Genitalpiercings sein eigen nennt: »Wie kommt nun ein halbwegs intelligenter Mensch mit einem seriösen Beruf, einer Familie mit Kindern und Enkeln und alles was dazu gehört zu der Neigung seine Genitalien zu durchlöchern? Diese Frage habe ich mir schon oft gestellt und bin zu keiner Antwort gelangt.« Eher selten, aber dennoch vorhanden, sind Erfahrungsberichte, die keine positive Bilanz der Applikation eines Genitalpiercings ziehen. Bei Feige und Krause (2004) resümiert der 33-jährige Christoph, dass sein an der Eichel applizierter Ring sowohl für ihn selbst, als auch für seine Partnerin keine Bereicherung darstellt, sondern darüber hinaus störend wirkt.

Eine weitere Intention, sich für ein Genitalpiercing zu entscheiden, ist die spezifische Wirkung bei bestimmten sadomasochistischen Praktiken. Gegenstände wie Seile, Ketten und Klammern, einst nur temporär für entsprechende SM-Praktiken eingesetzt, wurden immer weiter »verfeinert«, woraus manch aktueller Piercingschmuck hervorging, welcher zum dauerhaften Verbleib vorgesehen ist und mit dem sich bei sexuellen Handlungen ganz gezielt und dosiert Schmerz erzeugen lässt, der dem Lustempfinden dient beziehungsweise dienen soll (Kasten 2006). Die genannten unterschiedlichen Beweggründe, sich für ein Genitalpiercing zu entscheiden, stellen eine entscheidende Möglichkeit dar, ein geeignetes Design für weitere Studien zu finden, und sie machen deutlich, wie viel Potenzial für weitere Untersuchungen auf diesem Gebiet noch vorhanden ist.

Literatur

Albert, S. (1997): Piercing. Hamburg (Sexologisches Institut).

Anderson, W.R.; Summerton, D.J.; Sharma, D.M. & Holmes, S.A. (2003): The urologist's guide to genital piercing. BJU Int 91(3), 245–251.

Armstrong, M.L.; Caliendo, C. & Roberts, A.E. (2006): Genital piercings: What is known and what people with genital piercings tell us. Urol Nurs 26(3), 173–179.

Bleuel, H.S. (2003): Piercing & Tattoo. Praxis, Trends und Risiken. Lichtenau (AOL-Verlag).

Caliendo, C.; Armstrong, M.L. & Roberts, A.E. (2005): Self-reported characteristics of women and men with intimate body piercings. J Adv Nurs 49(5), 474–484.

Ekelius, E.; Björkman, H.; Kalin, M. & Fohlman, J. (2004): Fourniers gangrene after genital piercing. Scand J Infect Dis 36(8), 610–612.

Feige, M. & Krause, B. (2004a): Tattoo & Piercing richtig gemacht. Berlin (Schwarzkopf & Schwarzkopf).

Feige, M. & Krause, B. (2004b): Piercing Intim. Mein kleines Geheimnis. Berlin (Schwarzkopf & Schwarzkopf).

Gutsche, P. (2005): Statistische Erhebung zur Häufigkeit von Piercings. Dissertation, Universität Regensburg.

Hirsch, M. (2004): Körperinszenierungen. Forum Psa. 20(4), 367–378.

Huxley, C. & Grogan, S. (2005): Tattooing, piercing, healthy behaviours and health value. J Health Psychol 10(6), 831–841.
Kasten, E. (2006): Body-Modification. München (Reinhardt).
Kasten, E. (2007): Genitale Body-Modifications bei Frauen. Der Gynäkologe 40(6), 489–500.
Kruhm, M. (2000): Piercing, das Lifestyle Magazin 1(1). Rheinberg (Kruhm-Verlag).
Makkai, T. & McAllister, I. (2001): Prevalence of tattooing and body piercing in the Australien community. Commun Dis Intell 25(2), 67–72.
May, A. & Kohen, T. (2006) Körpermodifikation durch Piercing: Subkultur oder Modetrend? Bochum (Zentrum für Medizinische Ethik).
Meltzer, D. (2005): Complications of body piercing. Am Fam Physician 72(10), 2029–2034.
Miller, L. & Edenholm, M. (1999): Genital piercing to enhance sexual satisfaction. Obstet Gynecol 93(5 Pt 2), 837.
Millner, V. S.; Eichold, B. H.; Sharpe T. H. & Lynn, C. Jr. (2005): First glimpse of the functional benefits of clitoral hood piercings. Am J Obstet Gynecol 193(3 Pt 1), 675–676.
Papamelitiou, D.; Zenié, A.; Schwela, D. & Bäumler, W. (2003): Risk and health effects from tattoos, body piercing and related practices. Peer-reviewed by the »JRC-TattooNet«. Ispra.
Rödel, D. B. (2005): Sex, Tattoos & Piercings. Tattoostyle (4), 80–81.
Schneider, A. (2004): Damit ich mich spüre: Zur Symptomgenese und Symptomspezifität selbstverletzenden Verhaltens. Theoretische Reflexionen und eine empirische Studie zu Selbstverletzung und Piercings. Berlin (Logos-Verlag).
Schultheiss, D.; Mattelaer, J. J. & Hodges, F. M. (2003): Preputial infibulations: From ancient medicine to modern genital piercing. BJU Int 92(8), 758–763.
Senft, P. (2007): Erscheinungsformen, Sinnstruktur und Motivationen von Körpermodifikation (Tattoo & Piercing). Unveröffentlichte Diplomarbeit des Fachbereichs Gesellschaftswissenschaften der Johann Wolfgang Goethe Universität Frankfurt am Main.
Singh, D & Bronstad, P. M. (1997): Sex differences in the anatomical locations of human body scarification and tattooing as a function of pathogen prevalence. Evolution and Human Behaviour 18(6), 403–416.
Skegg, K.; Shyamala, N.-R.; Paul, C. & Skegg, C. G. (2007): Body piercing, personality, and sexual behavior. Arch Sex Behav 36(1), 47–54.
Stirn, A. (2001): Vom Initiationsritual zur geschmückten Haut. Tätowierungen im Spiegel von Stammestraditionen und neuem Kunstverständnis. Psychotherapie und Sozialwissenschaft (3/4), 284–306.
Stirn, A. (2003): Body piercing: medical consequences and psychological motivations. Lancet 361(9364), 1205–1215.
Stirn, A. (2004a): Piercing – Risiken, Folgen und psychologische Hintergründe eines kulturellen Phänomens. Journal of the German Society of Dermatology 2(3), 175–180.
Stirn, A. (2004b): Die Selbstgestaltung des Körpers. Narzisstische Aspekte von Tattoo und Piercing. Psychotherapie im Dialog 55(3), 1–5.
Stirn, A.; Brähler, E. & Hinz, A. (2006): Prävalenz, Soziodemografie, mentale Gesundheit und Geschlechtsunterschiede bei Piercing und Tattoo. Psychother Psych Med 56(11), 445–449.

Travelingmic (2005): Piercing. Moderne Kultur mit alten Wurzeln. Tattoostyle (3), 90–95.
Willmott, F. E. (2001): Body piercing: Lifestyle indicator or fashion acceccory? Int J STD AIDS 12(6), 358–360.
Wolter, J. (2005): Body-Piercing & Tattoo: Kunst oder Kult, der in und unter die Haut geht. Flensburg (Stephenson).

Körpermodifikationen in der weiblichen Adoleszenz am Beispiel von Piercings und Tattoos

Elisabeth Rohr

Einleitung

Ein Blick auf die Jugendlichen zeigt es: Piercings und Tattoos gehören zur modernen Jugendkultur und besonders zum Outfit weiblicher Jugendlicher. Jeder fünfte deutsche Jugendliche im Alter zwischen 15 und 25 Jahren hat heute schon ein Tattoo oder ein Piercing, bei amerikanischen College-Studenten ist es sogar fast jeder zweite (Der Spiegel 25/2003).

Piercings und Tattoos sind »Körpermarkierungen« und »Zeichnungen in der Haut« (Adatto 1993, S. 22), die den Körper schmücken und zugleich einen Eingriff in die Körperhülle bedeuten Sie sind Körperkunst und Körperschmuck, darauf angelegt, eine dauerhafte Modifikation des Körpers herbeizuführen. Was Piercings und Tattoos mithin von allen anderen Formen der Körperkunst unterscheidet, ist dieser invasive Charakter. Denn immer geht es um eine Verletzung natürlicher Körpergrenzen und um Schmerzen, die unweigerlich mit dem Modifikationsakt verbunden sind und die es zu überwinden, heroisch oder stoisch zu ertragen gilt.

Hinzu kommt, dass diese Form der Körperkunst nicht nur schmerzhaft ist und in manchen Fällen an die Grenze körperlicher Verstümmelung reicht, sondern auch durchweg mit gesundheitlichen Risiken verbunden ist (Stirn 2003).[1] »30% der von einem Profi gemachten Piercings und

1 Der Wunsch nach immer mehr Piercings und Tattoos kann zu einer Sucht ausarten, wobei immer schmerzhaftere Prozeduren an besonders sensiblen Körperteilen angebracht werden.

Tattoos führen zu Komplikationen wie Entzündungen oder Allergien. Werden die Eingriffe selbst zu Hause vorgenommen, liegt die Rate sogar bei 70%« (Der Spiegel 25/2003).

Die Frage ist also, warum heute so viele Jugendliche dazu neigen, sich nicht nur einmal, sondern oft mehrfach einer relativ schmerzhaften Prozedur zu unterziehen – Zunge, Lippen, Nasen, Augenbrauen, Bauchnabel, Brustwarzen und selbst Genitalien zu durchbohren und ethnische Symbole über das Steißbein, auf Schulterblatt, Oberarme und Fußknöchel eingravieren zu lassen. Angesichts der Schmerzhaftigkeit der Prozedur, der gesundheitlichen Risiken, der lebenslangen Narben und der »nur mäßigen floralen Designs« (Hein 2003, S. 72) der auf die Haut kopierten Motive, scheint es also beileibe nicht nur um Körperkunst zu gehen, wie vielfach kolportiert wird, sondern um weitaus mehr. Die Frage ist nur: Was verbirgt sich hinter der massenhaften Applikation von Piercings und Tattoos? Was ist die verborgene Nachricht – die jedoch nicht so leicht zu entziffern ist, wie die Akteure uns weiszumachen versuchen –, die uns Zungen-, Bauchnabel- und Brustwarzenpiercings und Steißbeintattoos vermitteln wollen?

Ein kleiner Exkurs in die Geschichte kann uns hier auf die Spur helfen.

Piercings und Tattoos in der Geschichte der Menschheit

Piercings und Tattoos sind keine Erfindung der Neuzeit. Vielmehr wird davon ausgegangen, dass Menschen zu allen Zeiten und in allen Kulturen darum bemüht waren, ihren Körper zu schmücken und ihn entsprechend den vorherrschenden kulturellen Schönheitsvorstellungen zu gestalten und zu formen (Adatto 1993; Stirn 2003).[2]

Tätowierungen entfalten ihre farbliche Wirkung nur auf heller Haut, weshalb sie vor allem in Europa und in Asien, hier besonders in Japan,

2 Früheste Zeugnisse dieser Körperkunst finden sich in der südfranzösischen Grotte von Arcy-sur-Cure. Die Funde sind schätzungsweise 35.000 Jahre alt (Adatto 1993, S. 19). Weitere Belege sind Höhlenmalereien in der Sahara aus dem fünften Jahrtausend vor Christus. Auch die Tätowierungen von Ötzi bezeugen eine Körperkunst, die schon in der Bronzezeit existierte (Cavelius/Wuillemet 1999, S. 13).

in Polynesien und unter den Maori auf Neuseeland, verbreitet gewesen sind. In Afrika und auch in Papua Neuguinea wurden hingegen Piercings, Körperbemalungen und vor allem Skarifizierungen bevorzugt – bei diesen handelt es sich um Hautritzungen, die die natürliche Tendenz dunkler Haut zur Bildung hypertropher Narben ausnutzen, um plastische Muster zu erzeugen.

Das Wort »Tattoo« kommt übrigens von dem tahitianischen Wort »tattau« (oder tatatau) und meint »eine Zeichnung in der Haut«. Der Begriff wurde erstmals von Captain James Cook, dem britischen Eroberer und Weltumsegler, 1769 erwähnt und in die englische Sprache als »tattoo« eingeführt (Adatto 1993, S. 15).

In den frühen Zeiten der Menschheitsgeschichte waren Körperkünste immer in einen sakralen, rituellen und sozialen Kontext eingebettet und dienten dabei unter anderem der Markierung zentraler Lebensphasen, aber auch der ethnischen Abgrenzung (Cavelius/Wuillemet 1999, S. 13). Die dazu durchgeführten Zeremonien waren immer mit Schmerzen verbunden. Sie versinnbildlichten die Vergesellschaftung des Einzelnen und seine soziale Einbindung in die Gemeinschaft und übernahmen von daher zivilisatorische Funktionen. Diese Vergesellschaftungspraxis hinterließ dauerhafte Spuren auf dem Körper, die als ewige Narben die Erinnerung an diese bedeutsamen Ereignisse wach hielten (Zbinden 1998, S. 20). Tätowierungen und Piercings lassen sich mithin als Ausdruck eines körperlichen Gedächtnisses sozialer Krisen- und Konflikterfahrungen verstehen. Schon Nietzsche sprach davon, dass Körperveränderungen mnemotechnische (also gedächtnisstützende) Hilfsmittel sind, mit denen zentrale Wahrheiten in der Überlieferung unterstrichen werden – denn nur was nicht aufhört wehzutun, bleibt im Gedächtnis (vgl. Streck 1987). Das heißt, Hautinschriften erinnern unablässig an das Bündnis zwischen dem Einzelnen und seiner ethnischen Gemeinschaft und daran, dass dieses Bündnis sowohl Gratifikationen versprach, nämlich Teilhabe an den sozialen Ressourcen, als auch einen schmerzhaften Verzicht auf individuelle Freiheiten verlangte.

Mit dem Aufkommen der Schrift verloren Tätowierungen jedoch ihre überragende soziale Bedeutung. Das Gesetz der Gruppe wurde nun nicht mehr auf dem Körper des Einzelnen dargestellt, sondern auf Pergament, auf toter und anonymer Haut (Adatto 1993, S. 23). Die Vergesellschaftung des Menschen hatte eine abstraktere Dimension erreicht, sie war nicht mehr unmittelbar auf die Haut jedes Einzelnen angewiesen, sondern bezog sich von nun an auf einen entkörperlichten Zustand, der mithilfe des Pergaments Legitimität beanspruchte.

Ab diesem Zeitpunkt wurden nur diejenigen tätowiert, die das Gesetz brachen, beziehungsweise von Geburt an und qua Status nicht zur Gemeinschaft gehörten. Das heißt, die Tätowierung wandelte sich von einer Praxis, die Zugehörigkeit symbolisierte, zu einem Akt, der Ausschluss bedeutete (Zbinden 1998, S. 24). Auf diese Weise brandmarkten die alten Ägypter und später in der Antike auch die Römer ihre Sklaven und Kriegsgefangenen – und Verbrechern wurden in vielen Teilen der Welt ihre Vergehen auf die Stirn tätowiert, sodass sie für das ganze Leben gezeichnet und aus der Gesellschaft ausgeschlossen waren (Adatto 1993, S. 38; Stirn 2003, S. 8). Diese Praxis der Brandmarkung von Verbrechern und auch Prostituierten wurde in Russland erst 1832 abgeschafft (Adatto 1993, S. 38). Etwas mehr als 100 Jahre später griffen allerdings die Nationalsozialisten wieder auf diese Praxis zurück, als sie Juden in den Konzentrationslagern Buchstaben- und Nummerncodes auf die Unterarme brannten, um sie zu demütigen, bevor man sie ermordete.[3]

Es gab in der Historie jedoch immer einzelne Gruppen, zum Beispiel Anhänger von Glaubensgemeinschaften, Seeleute, Soldaten und Fremdenlegionäre, die Tattoos nutzten, um ihren sozialen Sonderstatus zu verdeutlichen. Die katholische Kirche verbot ihren Mitgliedern 787 auf dem Konzil von Nizäa das Tätowieren, nur um es einige Jahrhunderte später wieder zu erlauben – und zwar insbesondere den Kreuzfahrern. Denn nur wer von ihnen das Zeichen des Kreuzes auf der Haut trug, konnte sicher sein, im Falle seines Todes eine christliche Ruhestätte zu finden (Adatto 1993, S. 25).[4] Durch die europäischen Eroberungen ab dem 15., vor allem ab dem 17. und 18. Jahrhundert wurden Tätowierungen jedoch auch in Europa gesellschaftsfähig und erfreuten sich besonders in

3 Der Buchstabe stand für den Transportzug, der die Deportierten in das Lager brachte, die Zahl für die Verwaltungsnummer im Lager.

4 Nationalsozialisten tätowierten SS-Soldaten mit einem »SS« und ihrer Blutgruppe unter der linken Achsel, sodass sie im Falle einer Verwundung, so die Ideologie, bevorzugt behandelt werden sollten. Die Tätowierung diente aber auch dazu, potenzielle Deserteure abzuschrecken oder aufzuspüren (Adatto 1993, S. 39).

Adelskreisen großer Beliebtheit (ebd., S. 33). Trotz ihrer Akzeptanz in der Aristokratie haftete und haftet Tätowierungen und Piercings indes ein Stigma an, nämlich das Stigma von Schande, von Verbrechen und sozialem Außenseitertum (ebd., S. 38).

Piercings und Tattoos von den Punks bis heute

Nicht von ungefähr waren es deshalb in den 70er Jahren in den westlichen Industrienationen die Punkbewegung und später exzentrische Musikbands wie die »Sex Pistols« und Performancekünstler, die als sogenannte »modern primitives« Tätowierungen und Piercings wieder nutzten, sie allerdings modifizierten (Zbinden 1998, S. 59). Diesen Gruppen galt die neu entdeckte Körperkunst als Ausdruck von Rebellion, Protest, Anklage und Wut angesichts einer zunehmend dekadent und repressiv erlebten Gesellschaft. Mit Sicherheitsnadeln und dem Müll, der sie umgab, schmückten sich die Punks, um auf diese Art ihre Ablehnung und Verachtung auszudrücken und der Gesellschaft einen Spiegel ihrer Verderbtheit vor Augen zu halten (Heudorf/Kutzke/Seng 2000, S. 219).

Die Punkprovokation von damals hat seither einen bemerkenswerten Wandel erfahren und Piercings und Tattoos haben sich in den unterschiedlichsten Milieus der Gesellschaft ausgebreitet. Zum Beispiel in Teilen der Schwulen- wie auch der sado-masochistischen und der sogenannten »Body-Modification«-Subkultur,[5] wobei Skarifikationen, Zungenspaltungen und Aufhängungen als blutige Live-Performances aufgeführt werden, um einen besonderen emotionalen Kick (Benecke 2000, S. 298) und quasi »sakrale Heilungsprozeduren« zu vermitteln (Stirn 2003, S. 8).

Einzelne Aspekte der Punk- wie der »Body-Modification«-Subkultur wurden zudem begierig von französischen und italienischen Modemachern aufgegriffen und sozial veredelt (Zbinden 1998). Piercings und Tattoos galten nun als exotischer Körperschmuck, als Ausdruck

5 Hierbei werden Piercings und Tattoos mit Vorliebe im Genitalbereich und an den Brustwarzen angebracht.

von Individualität und Erotik und gehörten zu den Merkmalen einer modebewussten Generation und zum Styling »of the rich and the beautiful«. Das heißt, die ehemals provokativen Piercings und Tattoos der Punks verkamen zum Modedesign, sie dienten dazu, den Körper durch Verzierung und Schmuck zu verwandeln, die eigene Individualität zu unterstreichen, sich von der Masse abzuheben, Unverwechselbarkeit und Einmaligkeit demonstrativ vor Augen zu führen und ein bestimmtes Lebensgefühl auszudrücken. So oder ähnlich formulieren es heute auch Jugendliche, wenn sie nach ihren Motiven für Piercings und Tattoos befragt werden: »Ich finde es schick und witzig«, »Ich möchte mich auch optisch vom Otto-Normalverbraucher unterscheiden«, »Ich wollte damit auffallen und meine Eltern ärgern«.[6] Diese Selbstdeutungen sind sicherlich nicht falsch, doch allzu offensichtlich ist das Bemühen, zu relativieren: Es ist die Rede von ein bisschen Provokation, ein bisschen Rebellion, ein bisschen Spaß. Von mehr definitiv nicht! In den folgenden Überlegungen soll jedoch die Frage nach der verborgenen und unbewussten Bedeutung von Piercings und Tattoos verknüpft werden mit der Frage, was diese Praktiken mit der modernen Ausprägung von Adoleszenz zu tun haben und warum vor allem junge Frauen zu 60–80% davon betroffen sind.

In den nun folgenden sozialisationstheoretischen Überlegungen werden zur Illustration Auszüge aus Interviews eingeflochten, die 2006 im Rahmen eines vom Hessischen Ministerium für Wissenschaft und Kunst finanzierten und unter Mitarbeit von Julia Estor an der Philipps-Universität Marburg durchgeführten Projektes erhoben wurden und die einen besonderen Bezug zur weiblichen Adoleszenz aufweisen. Es haben Interviews mit 30 jungen Frauen, die entweder tätowiert oder gepierct waren, stattgefunden, mit dem Ziel, mehr über die Hintergründe ihrer Motivation, sich tätowieren und piercen zu lassen, herauszufinden. Diese jungen Frauen waren zwischen 18 und 25 Jahre alt und hatten sich in aller Regel zu Beginn der Adoleszenz für die ersten Piercings und Tattoos entschieden. Die meisten von ihnen hatten professionelle Piercingstudios besucht, einige wenige hatten sich jedoch eigenhändig Piercings gestochen.

6 Aus einem Forschungsprojekt zum Thema Körpermodifikationen 2006.

Piercings und Tattoos als Medium der Identitätssuche

Zunächst fällt auf, dass diese invasiven Formen der Körperkunst in besonderer Weise dazu angetan sind, die »Disziplinierbarkeit des Körpers« (Decker 2003, S. 13) erlebbar zu machen. Aus der Erfahrung, den Körper zu kontrollieren, zu beherrschen und die Schmerzen zu ertragen, entstehen Stolz, Triumph und euphorische Glücksgefühle: »Es ist ein geiles Feeling«, so formulierte es eine junge Frau. Nun ist bekannt, dass sich am Grad der Körperbeherrschung auch der Grad der psychosexuellen Entwicklung und die damit verbundenen psychischen und kognitiven Reifungsprozesse erkennen lassen.[7] Von daher drängt sich die Vermutung auf, dass Piercings und Tattoos in Anlehnung an ethnische Initiationsrituale in der modernen und quasi entritualisierten Gesellschaft eine Form der »Autoinitiation« (Decker 2003, S. 18) darstellen und ihnen von daher eine identitätsstiftende Bedeutung beizumessen ist.

Diese identitätsstiftende Bedeutung kam auch in den Interviews zum Tragen und zwar in Form eines Wunsches nach Einzigartigkeit, Unverwechselbarkeit und Besonderheit. So betonte eine der jungen Frauen, dass sie die einzige in der Klasse war, die einen Ring in der Augenbraue hatte, und eine andere erzählte voller Stolz, dass sie ein Piercing entworfen hatte, das einzigartig war und sonst von niemandem getragen wurde. Wiederum eine andere sagte, sie wollte sich mit dem Piercing von anderen absetzen: »Für mich war es wichtig, dass ich ein Unikat haben werde.«

Deutlich wird, dass Piercings und Tattoos als Hautinschriften mehr als alle anderen Modeutensilien dauerhaft die Einzigartigkeit des Menschen und den Wunsch nach einer auf die Haut gravierten Unverwechselbarkeit sicherstellen sollen. Nur eine »normale«, individuelle Identität zu haben, reicht offenbar in Zeiten einer globalisierten Moderne nicht mehr aus. Um sich wohl zu fühlen, muss man schon ein Unikat sein. Dieses »Unikat« bringt den allenthalben herrschenden und hier sogar bis in die Diskursivität reichenden Zwang zu individuell ausgeprägten, unverwechselbaren Identitätsentwürfen auf den Begriff.

7 Dies gilt, wie Elias (1978) verdeutlichte, auch für die Zivilisationsprozesse der Gesellschaft.

Dass jener narzisstische Wunsch nach einem Unikat nur unter zum Teil beträchtlichen Schmerzen zu verwirklichen ist, schien für die jungen Frauen keinerlei abschreckende Wirkung zu beinhalten. Auffallend dabei ist allerdings, dass viele bestritten, überhaupt Schmerzen erlebt zu haben. »Es hat nicht wirklich weh getan«, »Es war kein richtiger Schmerz«, »Das war gar nicht so wild«, lauteten die Aussagen in den Interviews. Nicht der Schmerz war mithin bedeutungsvoll, sondern die damit verbundene Erfahrung einer Initiation in Gestalt eines identitätsstiftenden Aktes. Diese Form der Autoinitiation erscheint deshalb so attraktiv, weil sich damit der Wunsch nach subjektivem »Autonomiegewinn« (Decker 2003, S. 13) kurzfristig, mittels eines somatischen Eingriffs in die Haut, realisieren und auch jederzeit wiederholen lässt (ebd.).

Allerdings geht es nicht nur um Identitätssuche, sondern auch darum, Identitätsentwürfe zu modifizieren, um sie an veränderte Lebensbedingungen anzupassen. In einer Reihe von Studien (Sloterdijk 1988; Assmann 1999; Stirn 2001) wird hervorgehoben, dass Körpermodifikationen der »physischen Kommemoration von Lebensabschnitten« dienen und »Medium der Verständigung über und Darstellung von besonderen Momenten des Lebens« (Stirn/Decker/Brähler 2003, S. 6) sind. Der allseits verfügbare Körper eignet sich dabei besonders leicht, zu einem »bedeutsamen Ort« (Decker 2003, S. 14) und damit zu einem Objekt der Zurichtung zu werden, das erst »durch die Schmerzerfahrungen an der Körpergrenze ein Gefühl der Abgegrenztheit und Selbst-Kohärenz« (ebd., S. 16) herzustellen vermag. Stirn (2001, 2003) behauptet sogar, dass der Körper erst durch die Manipulation an seiner Grenze, an der Trennlinie zwischen Innen und Außen, vollständig wird. Getragen ist diese Manipulation dabei von dem Wunsch, in ein neues Verhältnis zum eigenen Körper einzutreten und in diesem Prozess Identität neu zu konstruieren (Borkenhagen 2003, S. 52). Eine junge Frau berichtete davon, dass die Entscheidung zu einem Piercing mit gravierenden Veränderungen in ihrem Leben in Zusammenhang stand. Ihre Beziehung zu einem jungen Mann war zerbrochen und kurz darauf kam ihre Oma bei einem Autounfall ums Leben. Mit dem Piercing, so betonte sie, fing eine neue Lebensphase an; damit wollte sie ein Zeichen setzen, für sich, aber ebenso auch für andere. Dieses Zeichen stand dafür, dass sie nicht nur die Trauer über den Tod und die Trennung überwunden hatte, sondern auch dafür, dass sie darüber hinaus in der Lage gewesen war, diesen Trauerprozess aktiv zu beenden, indem sie sich selbst Schmerzen zufügte und damit die schmerzhaften Erfahrungen in einen identitätsstiftenden Reifungsprozess transformierte. Dies galt es mithilfe einer Körpermarkierung zu dokumentieren und zu kommemorieren.

Piercings und Tattoos als Abbild adoleszenter Konflikte

Die Instrumentalisierung des Körpers gewinnt in der Adoleszenz eine neue Bedeutung (Roth 2003, S. 91). Schließlich geht es in dieser Phase um die physisch wie psychisch weitreichendste Modulation des Körpers (Flaake/King 1992), die nun relativ eigenmächtig und auf eine besonders irritierende Weise in den Vordergrund des Erlebens drängt (Flaake 2004, S. 50; Roth 2003, S. 91). Der allseits sprießende Körper setzt sich damit in einen eklatanten Widerspruch zum gesellschaftlichen Bedeutungsverfall des Körpers[8] wie auch zum modernen Körperkult – denn weder Wellness, Fitness, noch Extremsportarten vermögen regulierend und kontrollierend auf die sich ausweitenden Körpergrenzen und die noch unbekannten sexuellen Erregungszustände der Jugendlichen einzuwirken. Diese befinden sich dadurch nicht nur in einem adoleszenzbedingten, sondern auch in einem gesellschaftlich verursachten Spannungszustand, der unauflöslich ist. Denn die adoleszenzspezifischen Spannungszustände zwingen zu einer Auseinandersetzung mit dem Körper und seinen dem eigenen Willen entzogenen, körperlichen Veränderungsprozessen. Diese Auseinandersetzung beinhaltet, mit einem neu entstehenden Körperbild und neuen Körpergrenzen, wie auch mit neuen und erregenden Empfindungen – sowohl Gefühle diffuser Angst vor Kontrollverlust und Dissoziation als auch ein gesteigerter Wunsch

8 Der Körper verliert in der Produktion und Reproduktion an Bedeutung. Körperliche Kraft wird durch Maschinen ersetzt, moderne Medien schaffen virtuelle Welten, in denen Raum, Zeit und körperliche Präsenz bedeutungslos werden. Deshalb verlagern sich Handlungen auf die Symbolebene (Hein 2003, S. 66). Diesen Prozessen wirkt eine »Renaissance des Körpers« (Brähler 1995, S. 4) entgegen, die anregt, den Körper durch Ernährung, Sport und Wellness fit zu halten.

nach Selbstvergewisserung und Selbstermächtigung – Kohärenz und Kontingenz zu erzeugen (Küchenhoff 2000, S. 159).

Diese Erfahrungen kommen auch in den Aussagen einer 19-jährigen Frau zum Ausdruck, die sich ein äußerst schmerzhaftes und hoch riskantes Zungenpiercing hatte stechen lassen. Dabei schwoll die Zunge so stark an, dass sie mehrere Tage nicht sprechen, außer Brei auch nichts essen und nur mit Strohhalmen trinken konnte. Sie berichtet:

> »Die Zunge wird mit einer Zange festgehalten, in der ein Loch ist. Durch dieses Loch wird zunächst eine hohle Plastikkanüle durch die Zunge gestochen, dann wird der Stab durchgezogen und die Kugeln werden aufgesetzt. Ich hatte noch Glück, bei mir wurde die Zunge mit örtlicher Betäubung durchstochen … Inzwischen ist die Betäubung verboten, es sei denn, ein Arzt ist anwesend, der notfalls einen Luftröhrenschnitt machen kann, wenn die Zunge so anschwillt, dass sie die Luftwege blockiert … Beim Durchstechen der Zunge schwillt sie an. Ein bisschen hat man das Gefühl, man würde ersticken … Weil die Zunge so anschwillt, ist der Stab, der zunächst eingeführt wird, etwa doppelt so lang wie der, den man schließlich in der Zunge hat [etwa 4–5 cm, E. R.]. Die Zunge wird vor der Behandlung ausgemessen, um abschätzen zu können, um welchen Umfang sie anschwillt und wie groß also der Stab sein muss. Nach spätestens zwei Wochen ist die Schwellung dann weg und man kann sich den eigentlichen Stab einsetzen lassen. Das sollte man auch, denn ein zu langer Stab behindert zu sehr. Mir hat die Behandlung eigentlich gar nichts ausgemacht, allenfalls unangenehm war es, die Zunge so lange herausstrecken zu müssen. Ich hatte mich damals allerdings von einem Freund begleiten lassen, der dem Piercing zuschaute, zusehends blässer wurde und schließlich Baldrian nehmen musste.«

Diese Schilderung macht deutlich, dass es sich bei einem Zungenpiercing um einen körperlich invasiven und gewebeschädigenden Eingriff handelt, der von der jungen Frau fast gefühllos geschildert wird. Die durchweg bei allen Zungenpiercings auftretenden Schwellungen, die zumeist noch mit Schwellungen der Halslymphknoten einhergehen, gelten zwar als normale Abwehrreaktion des Körpers, jedoch verwundert hier die geradezu fachlich distanzierte Darstellung der Prozedur, so als spreche diese junge Frau nicht über ihren eigenen Körper, sondern über ein ihr vollkommen fremdes Objekt. Diese kühle Sachlichkeit mag zwar auch dazu dienen, den Schrecken des Eingriffes zu relativieren – und ein Schrecken war es den Reaktionen des Freundes zufolge – doch darüber hinaus deutet die Schilderung darauf hin, dass ihre Zunge, die ein durchaus vitaler und für die menschliche Existenz wichtiger Körperteil ist, wie abgespalten erscheint, wie ein seltsam fremdes Teilobjekt.

Auch wenn nicht alle Piercings und Tattoos entsprechend starke körperliche Abwehrreaktionen erzeugen und auch wenn nicht in allen Schilderungen der interviewten jungen Frauen Abspaltungen und die Reduktion auf körperliche Teilobjekte so deutlich in den Vordergrund traten, so lässt sich an diesem Beispiel doch exemplarisch erkennen, dass es sich bei allen Piercings und Tattoos um einen mal mehr, mal minder stark ausgeprägten Akt der Autoaggression handelt, der allerdings von den Beteiligten vehement verleugnet wird. Diese behaupten demgegenüber, dass es sich hier lediglich um Schmuck handele und betonen, dass sie keine Schmerzen empfinden – erleben in der Folge jedoch die langwierige Pflege der Wunden als lästig. Lästig daran ist, dass die Wunden sie an die Verletzung erinnern, die sie ihrem Körper zugefügt haben. Diese Verletzung soll möglichst schnell unbewusst gemacht werden, weil der zugrunde liegende autoaggressive Akt verdrängt werden soll und der langsame Heilungsprozess die nach dem Piercen auftretenden Glücksgefühle und den damit verbundenen Autonomie- und Identitätsgewinn stören beziehungsweise hinauszögern. Viele der jungen Frauen beschreiben in den Interviews ein »unbeschreibliches Glücksgefühl«, Freude und Stolz über die neuen körperlichen Errungenschaften. Diese überschwänglichen Glücksgefühle erinnern einerseits an ethnische Initiationsriten, nach denen die Jugendlichen voller Freude über die bestandene Reifeprüfung und die nun beginnende neue Lebensphase sind. Andererseits kommt diese Euphorie jedoch auch den Empfindungen junger Selbstverletzerinnen nahe, die ebenfalls regelmäßig nach der Selbstverletzung große Erleichterung, Entspannung und Freude über die Wärme des Blutes, das ihnen über den Körper rinnt, empfinden (Hirsch 2000). Diese Analogie könnte als Hinweis darauf verstanden werden, dass bei jungen Frauen, die sich piercen und tätowieren lassen, ähnlich wie bei Selbstverletzerinnen, partielle Dissoziationserfahrungen vorliegen. Diese sind aber keine Anzeichen von Borderlinestörungen, sondern von adoleszenzbedingten narzisstischen Störungen, die durch den Akt der Autoaggression aufgefangen, überwunden und im körperlichen Schmerz auch fokussiert werden. Von daher liegt die Vermutung nahe, dass Piercings und Tattoos eine Möglichkeit bieten, unerträgliche Spannungszustände, Gefühle des Kontrollverlustes und damit verbundene Dissoziationserfahrungen, die aufgrund von körperlichen und psychischen Veränderungsprozessen während der Adoleszenz auftreten, abzuschwächen und zu dekontaminieren. Durch den autoaggressiven Akt wird diesen Gefühlen eine andere, kontrollierte Erfahrung entgegengesetzt und damit die Angst vor der Dissoziation und vor der Dekompensation begrenzt. Piercings und Tattoos wirken somit wie ein Tranquilizer, sie besänftigen die Angst und lassen den lokalisierbaren Schmerz als harmlos und banal erscheinen.

Piercings und Tattoos ließen sich in diesem Sinne als unbewusste Rettungsstrategien verstehen – darauf ausgerichtet, den durch adoleszente Entwicklungsprozesse drohenden Kontrollverlust aufzuhalten und Kohärenz, Kontingenz und Selbstvergewisserung wiederherzustellen. Dabei würden Körpermarkierungen jungen Frauen helfen, neue Körpergrenzen und neue, affektive Körpererfahrungen zu integrieren. Das heißt, die Körpermanipulation durch Piercings und Tattoos stellt ein Mittel dar, das aus den Fugen geratene adoleszente Körperbild und Körperselbst mitsamt seiner beängstigenden Triebhaftigkeit und Ausdehnung erneut zu fokussieren, ein diffus gewordenes Körpererleben zu konsolidieren und damit an ideosynkratischer Identität zu gewinnen. Einige der jungen Frauen brachten diesen Zusammenhang treffend auf den Punkt, indem sie betonten, es sei leichter, physischen Schmerz zu ertragen als psychischen Schmerz.

Piercings und Tattoos sind also mnemotechnische Hilfsmittel, die die Erinnerung an ein Ereignis wachhalten und gleichzeitig die Überwindung dieses Ereignisses symbolisieren. Das heißt, der gepiercte oder tätowierte Körper verwandelt sich zu einem stummen Gedächtnis seelischer Wunden, Krisen und Konflikte, wobei diese Erlebnisse jedoch nicht mehr einer psychischen Verarbeitung und Reflektion zugänglich sind, sondern als körperliche Symbole auf die Haut gebannt werden und sich damit einer diskursiven Auseinandersetzung widersetzen. Bei störanfälligen

Heilungsprozessen hingegen wird die Transformation seelischer Wunden in ein rein körperliches Symptom hinausgezögert und damit auf die Schwierigkeiten verwiesen, die oftmals mit jenen Transformationsprozessen verbunden sind. Piercings und Tattoos können damit auch – wie Borkenhagen (2001) in Hinblick auf Schönheitsoperationen betont – »als hysterische Handlung der Verhüllung« gedeutet werden.

Unter dieser Prämisse lassen sich Piercings und Tattoos auch als immanente »Versuche der Selbstermächtigung« (Stirn 2001, S. 142) verstehen, wobei dem Wunsch nach Selbstermächtigung durch eine kultartig zelebrierte, symbolträchtige Ausgestaltung des Körpers Ausdruck verliehen wird. Somit werden Piercings und Tattoos zum körperlichen Gedächtnis adoleszenter Konflikterfahrungen. Sie erzählen Geschichten psychosozialer Transformationsprozesse in der Adoleszenz, erinnern an die Konflikthaftigkeit dieses Prozesses und spiegeln das in der westlichen Moderne zum Zwang gewordene Bemühen um eine autonom geprägte Individualität wider.

Dieser Zwang aber stellt für Frauen eine relativ neue Entwicklung dar – denn erst die Generation der Frauen, die nach dem Zweiten Weltkrieg in Deutschland geboren wurde, wuchs mit dem Privileg einer verlängerten Adoleszenz auf, mitsamt psychosozialem Moratorium und langer Experimentierphase. Bis zu diesem Zeitpunkt war dies ein Kennzeichen der typischen männlichen Adoleszenz; für junge Frauen war weder eine längere Bildungs-, noch eine ausgedehnte berufliche Karriere, geschweige denn eine lange Phase eines experimentell angelegten Liebes- und Sexuallebens vorgesehen. Die erst seit den 90er Jahren zu konstatierende Akzeptanz von Piercings und Tattoos, gerade unter jungen Frauen, lässt sich vor diesem Hintergrund nochmals anders verstehen: Alleingelassen mit den Herausforderungen einer verlängerten Adoleszenz, sind Piercings und Tattoos ein Medium, um die mit einer modernen adoleszenten Individuierungsphase verbundenen Konflikte von innen nach außen zu lenken und auf der Haut zu fixieren. Dabei werden in diesem Prozess die verstörenden Empfindungen zu einem körperlich begrenzten Schmerz transformiert und somit nicht nur in ihrer psychischen Wirkmächtigkeit abgeschwächt, sondern zugleich auch im wörtlichen Sinne »be-greif-bar« und auf diesem Wege partiell einer Bewältigung zugänglich (Brähler 1995, S. 264).

Doch um welche spezifischen Konflikte der weiblichen Adoleszenz und Individuierung handelt es sich hier? Piercings und Tattoos lassen sich als Ausdruck der Separations-Individuations-Thematik in der weiblichen Adoleszenz verstehen. Während der weiblichen Identitätssuche in der Adoleszenz steht vor allem die Mutter-Tochter-Beziehung und damit die Separations-Individuations-Thematik im Vordergrund. Die spezifisch weiblichen Entwicklungserfahrungen in der Adoleszenz sind

> »mit einer fast kontinuierlichen Fortsetzung der Separations-Individuations-Arbeit in der Beziehung zur eigenen Mutter verknüpft [...], mit sowohl progressiven Loslösungs- wie regressiven Annäherungsbewegungen [...] Dies gilt ebenso für die mit diesem verinnerlichten Prozess eng verwobene und sich wandelnde Beziehung, die das weibliche Individuum zu seinem Körper entwickelt. [...] Es scheint, dass das weibliche Individuum im Verlauf der Ausbildung des subjektiven Körperbildes immer wieder die Mutter in sich erleben kann, als sei der eigene Körper Bestandteil des mütterlichen Körpers« (Berger 2000, S. 255).

Diese Erfahrungen manifestieren sich besonders in Zeiten psychosexueller Umbrüche – unter anderem auch in der Adoleszenz. So ist offensichtlich, dass ein Mädchen ausgeprägteren Veränderungen des Körperbildes ausgesetzt ist als ein Junge »und sich von klein auf und immer wieder aufs neue in einem Prozess des Sichzusammensetzens und Neudefinierens befindet, der v. a. die Verbindung zur Mutter betrifft« (ebd., S. 256). In der Beziehung zwischen Mutter und Tochter kommt es deshalb immer wieder zu inneren Annäherungsbewegungen, »die eine erneute Separationsarbeit notwendig machen, und die insgesamt den Eindruck vermitteln, als sei der intersubjektive Raum zwischen Mutter und Tochter mehr oder weniger durchlässig und phasenweise sogar wie aufgehoben« (ebd.). An Kreuzungspunkten, die wie die Adoleszenz eine Veränderung und Neugestaltung des Körperbildes erzwingen, kann der eigene und sexuell erregbare Körper dann als bedrohlich, feindselig und Ich-fremd erlebt werden – und zwar, weil diese Eigenständigkeit des Erlebens frühe Trennungsängste reaktiviert. Bleibt in jener angsterfüllten Situation das Verlangen nach einem haltenden, mütterlichen Objekt unbeantwortet, so kann der eigene Körper »wie ein vernachlässigtes infantiles Teilobjekt der Mutter erfahren werden« (Berger 2000,

S. 260), welches dann in der Folge entwertet, bekämpft und teilweise auch sadistisch gequält, beziehungsweise durch körperliche Attacken verletzt und missbraucht werden muss. Es ist davon auszugehen, dass Piercings und Tattoos in diesem Kontext eine bedeutsame Rolle spielen und unbewusst gebraucht werden, um im Ringen um Separation und Individuation angesichts überwältigender, jedoch verpönter Verschmelzungswünsche in Bezug auf die Mutter, quasi Schützenhilfe zu leisten in diesem schwierigen Gelände weiblicher Individuierung und Identitätsfindung.

Jene Thematik kommt auf eine besonders drastische Art in der Erzählung einer jungen Frau zum Ausdruck. Sie berichtet von einem Bauchnabelpiercing, das sie sich hatte stechen lassen:

> »Zunächst wurde der Bauchnabel mit einer Bauchnabelzange so gezogen, dass er gut sichtbar war. Dann markierte die Piercerin den Punkt, durch den das Piercing laufen sollte. Danach wurde die Stelle mit Alkohol gereinigt und der Bauchnabel total vereist. Zum Schluss wurde dann eine Kanüle durchgestochen und der Ring reingezogen, dabei entstand eine leichte Blutung.«

Während des Piercings habe sie keine Schmerzen empfunden, doch in den folgenden zwei Wochen war die durchstochene Stelle bei Berührung äußerst schmerzempfindlich. Wichtig war die intensive Pflege der Wunde – diese musste morgens und abends desinfiziert und mit einem Pflaster geschützt werden.

Im Hinblick auf Bauchnabelpiercings fällt auf, dass dieser Teil des Körpers ein besonderer Teil ist, nämlich die ehemalige Versorgungsschnur zum mütterlichen Körper im embryonalen Stadium. Auffällig erscheint außerdem, dass fast ausschließlich Frauen sich Bauchnabelpiercings stechen lassen und dieses Piercing nicht selten bis zu einem Jahr braucht, um vollständig zu heilen. Es handelt sich hier um einen Körperteil, der mehr als alle anderen das Thema Bindung und Trennung repräsentiert und nun durch das Piercing eine besondere Aufmerksamkeit erfährt, indem er zunächst durchlöchert wird, dann täglich gereinigt und eingecremt werden muss. Es kommt also zu einer besonders innigen Beschäftigung mit der Restnabelschnur, die zuerst malträtiert, dann schließlich geschmückt und im Sommer stolz »spazieren getragen« wird. Es scheint, als müsste die bei der Geburt vollzogene Trennung vom mütterlichen Körper, das heißt der Schnitt durch die Nabelschnur, in der Adoleszenz nochmals in Eigenregie durchgeführt werden, um auf diesem Wege die Erinnerung an die mütterliche Bindung wie auch an die Trennung von der Mutter wiederzubeleben und dadurch diese Erfahrung zu reformulieren, so, als ginge es darum, sich in der Fantasie nochmals selbst zu gebären. Diese Fantasie scheint sowohl schrecklich als auch schön, schmerzhaft und zugleich beglückend zu sein. Es entsteht zwar ein Loch, dieses wird aber durch Schmuck nicht nur verschlossen und verschönert, sondern sogar zum Strahlen gebracht.

Die bei Bauchnabelpiercings besonders langwierige Pflegephase zeigt, wie sensibel gerade diese körperliche Stelle ist und wie viel Pflege die Erinnerung an die Bindung wie auch an die Trennung von der Mutter bedarf – und wie kompliziert, konfliktanfällig und manchmal auch geradezu lästig der Prozess von Individuierung und Separation sich darstellt und wie schwer er abzuschließen ist.

Piercings und Tattoos dienen folglich im wahrsten Sinne des Wortes dazu, die symbiotischen Wünsche zu durchlöchern, zu helfen, wieder Distanz zu schaffen, sich abzugrenzen von den verinnerlichten Mutterbildern und durch den Schmerz wieder ein Gefühl für das eigene Selbst zu gewinnen. Durch die Verletzung der Körperhülle wird wie beim Aderlass das als erstickend erlebte Mutterobjekt nach außen gelenkt; dadurch entsteht wie bei der Selbstverletzung ein Gefühl der Entspannung und das eigene Ich wird wieder spürbar. Kohärenz und Kontingenz stellen sich aufs Neue ein, die Autoinitiation produziert euphorische Glücksgefühle, Autonomie und Selbstermächtigung werden wieder erlebbar, Trennung und Bindung sind symbolisch präsent.

Piercings und Tattoos können sich in diesem Sinne auch als externalisierte Botschaften lesen lassen, die, entsprechend analysiert, zu den innerpsychischen Konflikten der weiblichen Adoleszenz führen und Einblicke in die Besonderheiten weiblicher Individuierungsprozesse gewähren – und in die damit verbundenen Auseinandersetzungen der auf die Mutter gerichteten Symbiose- und Differenzierungsbestrebungen. Piercings und Tattoos stehen somit bezüglich der weiblichen Adoleszenz- und Identitätsentwicklung mindestens in einem dreifachen Deutungskontext:

- Piercings und Tattoos dienen der Identitätssuche und der Identitätsvergewisserung in der Adoleszenz,
- sie sind körperliches Gedächtnis und Abbild adoleszenter Konflikte und
- stehen im Dienst einer regressiven, beziehungsweise progressiven Reformulierung des adoleszenten Separations- und Individuationsdramas im Rahmen der entwicklungsspezifischen Modifikation der Mutter-Tochter-Beziehung.

Schlussfolgerungen

Frauen reagieren mit ihren Piercings und Tattoos auf die Erfahrungen einer verlängerten Adoleszenz in einer globalisierten und hoch individualisierten Welt, die ihnen heute viel mehr an Freiheiten bei der Entfaltung ihrer Identität einräumt, als dies noch vor einiger Zeit der Fall war. Die allseits beliebten Körpermodifikationen machen jedoch auch auf die Schattenseiten einer verlängerten Adoleszenz aufmerksam, die die jungen Frauen vor immer größere Herausforderungen stellt, wenn es darum geht, Beruf, Familie und Kinderwunsch zu vereinbaren. Doch anders als in den vergangenen Jahrzehnten neigen junge Frauen heute offensichtlich weniger dazu, diese Zumutungen passiv und leidend zu ertragen, sondern sie versuchen, Krisen und Konflikte kreativ und aktiv zu bewältigen, sich selbst zu schützen und fürsorglich mit sich selbst umzugehen, unter anderem mithilfe von Piercings und Tattoos. Der Wunsch nach mehr Autonomie und Selbstermächtigung, nach Kohärenz und Kontingenz kommt hierbei deutlich zum Tragen – und natürlich auch die damit verbundenen Ambivalenzen und Risiken. So besteht immer auch die Gefahr, dass der Rückgriff auf diese Form der Konfliktverarbeitung sich verfestigt und die leichte und schnelle Zugänglichkeit dieses Konfliktverarbeitungsmusters so verführerisch erscheint, dass andere Verarbeitungsmöglichkeiten nicht mehr erprobt werden. In der Folge entstünde eine Art Sucht nach immer mehr Piercings und Tattoos, wobei Konflikte eine psychische Verhärtung und Einkapselung erfahren und Piercings und Tattoos zur billigen und letztlich unwirksamen Ersatztherapie verkommen. Dort aber, wo Piercings und Tattoos eine adoleszenzspezifische, vereinzelte und vorübergehende Erscheinung darstellen, kann davon ausgegangen werden, dass sie ein Versuch sind, neue, kreative und aktive Verarbeitungsformen von Krisen und Konflikten, unter anderem der spezifisch weiblichen Separations- und Individuationsproblematik, zu erproben und von daher durchaus als eine – wenn auch ambivalente – Form der Selbsttherapie verstanden werden können. Bedenklich stimmt dieser Fortschritt nur insofern, als diese Selbsttherapie nicht ohne autoaggressive Handlungen zu realisieren ist. Das heißt, weibliche Lebensentwürfe in einer globalisierten Welt weisen Bruchstellen auf, die unmissverständlich auf allgemein verleugnete Bruchstellen moderner Identität aufmerksam machen: Für das moderne Subjekt ist es schwer, entgegen den enormen Zwängen gesellschaftlicher Individuierung, an dem Wunsch nach Bindung und Zugehörigkeit festzuhalten; dieses Bedürfnis ist zwar existenziell notwendig, aber in einer global entgrenzten Welt immer schwieriger zu realisieren. Frauen experimentieren mit diesen Widersprüchen, weil diese auf eine spezifisch weiblich disponierte Subjektivität treffen, die das Thema von Identitätssuche und damit Separation und Individuation in der Debatte lässt.

Literatur

Adatto, M. (1993): Lebendige Haut. Schmucktätowierungen und Dermatologie. Basel (Editiones Roche).

Assmann, A. (1999): Erinnerungsräume. Formen und Wandlungen des kulturellen Gedächtnisses. München (C.H. Beck).

Becker, H. (1995): Körpererleben und Entfremdung – Psychoanalytisch orientierte Konzentrative Bewegungstherapie als Therapieeinstieg für psychosomatische Patienten. In: Brähler, E. (Hg.): Körpererleben. Ein subjektiver Ausdruck von Körper und Seele. Gießen (Psychosozial-Verlag), S. 77–89.

Benecke, M. (2000): First report of non-psychotic self-cannibalism (autophagy), tongue splicing and scar patterns (scarification) as an extreme form of cultural body modification in a Western civilisation. American Journal of Forensic Medicine and Pathology 20(3), 281–285.

Berger, M. (2000): Zur Bedeutung des »Annaselbdritt«-Motivs für die Beziehung der Frau zum eigenen Körper und zu ihrem Kind. In: Hirsch, M. (Hg.): Der eigene Körper als Objekt. Gießen (Psychosozial-Verlag), S. 241–277.

Borkenhagen, A. (2001): Gemachte Körper. Körper- und Selbsterleben von Frauen, die sich

zu einer Schönheitsoperation entschieden haben. Psychotherapie und Sozialwissenschaft (4), 307–316.
Borkenhagen, A. (2003): Pygmalions Töchter: Weibliche Selbstinszenierung mittels Schönheitschirurgie – Eine Studie mit dem Digitalen Körperfoto-Test und qualitativen Interviewsequenzen an Brustreduktionspatientinnen. psychosozial Nr. 94 (4/2003), 45–53.
Brähler, E. (1995): Körpererleben – ein vernachlässigter Aspekt der Medizin. In: Brähler, E. (Hg.): Körpererleben. Ein subjektiver Ausdruck von Körper und Seele. Beiträge zur psychosomatischen Medizin. Gießen (Psychosozial-Verlag), S. 3–19.
Cavelius, A. & Wuillemet, S. (1999): Bodypainting. Henna, Tattoos, Piercing & Co. Augsburg (Weltbild Buchverlag).
Decker, O. (2003): Vergötterte Körper. psychosozial Nr. 94 (4/2003), 13–24.
Elias, N. (1978/1979): Über den Prozess der Zivilisation. Soziogenetische und psychogenetische Untersuchungen, Bd. 1 und 2. Frankfurt/M. (Suhrkamp).
Flaake, K. (2004): Körper, Sexualität und Identität. Zur Adoleszenz junger Frauen. In: Rohr, E. (Hg.): Körper und Identität. Gesellschaft auf den Leib geschrieben. Königstein (Ulrike-Helmer-Verlag), S. 47–68.
Flaake, K. & King, V. (1992): Weibliche Adoleszenz. Zur Sozialisation junger Frauen. Frankfurt/M., New York (Campus).
Hein, P. U. (2003): Kunstkörper und Körperkunst – Identifikationsstrategien im säkularisierten Alltag. psychosozial Nr. 94 (4/2003), 65–72.
Heudorf, U.; Kutzke, G. & Seng, U. (2000): Tätowierungen und Piercing. Erfahrungen aus der infektionshygienischen Überwachung eines Gesundheitsamtes. Gesundheitswesen 62(4), 219–224.
Hirsch, M. (Hg.) (2000): Der eigene Körper als Objekt. Zur Psychodynamik selbstdestruktiven Körperagierens. Gießen (Psychosozial-Verlag).
Küchenhoff, J. (2000): Der Körper als Ort der Beziehungsinszenierung. In: Streeck, U. (Hg.): Erinnern, Agieren, Inszenieren. Göttingen (Vandenhoeck & Ruprecht), S. 143–160.
Rohr, E. & Jansen, M. M. (Hg.) (2004): Körper und Identität. Gesellschaft auf den Leib geschrieben. Königstein/Taunus (Ulrike-Helmer-Verlag).
Roth, M. (2003): Das Körperbild im Jugendalter – Ein Literaturüberblick. psychosozial 94, S. 91–101.
Sloterdijk, P. (1988): Das tätowierte Leben. In: Sloterdijk, P.: Zur Welt kommen – Zur Sprache kommen. Frankfurter Vorlesungen. Frankfurt/M. (Suhrkamp), S. 7–30.
Stirn, A. (2001): Vom Initiationsritual zur geschmückten Haut. Tätowierung im Spiegel von Stammestraditionen und neuem Kunstverständnis. Psychotherapie und Sozialwissenschaft (3–4), 283–305.
Stirn, A. (2003): Körperkunst und Körpermodifikation: Interkulturelle Zusammenhänge eines weltweiten Phänomens. psychosozial Nr. 94 (4/2003), 7–11.
Stirn, A., Decker, O. & E. Brähler (Hg.) (2003): Körperkunst und Körpermodifikation. psychosozial Nr. 94(4/2003).
Stockinger, G. (2000): Körperkult: Freiwillig ins Folterstudio. Der Spiegel (13), 298–300.
Streck, B. (Hg.) (2000): Wörterbuch der Ethnologie. Köln (Hammer-Verlag).
Zbinden, V. (1998): Piercing. Archaische Riten und modernes Leben. Engerda (Arun).

Genitale Body-Modification bei Männern

Erich Kasten

Kosenamen für das »beste Stück«

Wie kein anderer Körperteil spielt der Penis im männlichen Denken eine ganz besondere Rolle. Nicht umsonst hat dieser Part der maskulinen Genitalregion mehr Kosenamen als alle anderen Areale unseres Körpers zusammengenommen. Eine unsystematische Suche brachte z.B. Begriffe wie *Banane, Bocki, Bohrer, Chef, Dicker, Ding, Docht, Ködel, Flöte, Frauenlob, Freudenspender, Freudenstab, Freund, Fummelhobel, Funzeldocht, Gurke, Hängemann, Harter, Held, Hörnchen, Jack, Johannes, Joystick, Kumpel, Langer, Lanze, Latte, Liebfrauenturm, Meißel, Musikant, Nagel, Piepmatz, Pipimann, Presslufthammer, Puschel, Rosahütchen, Schlaffi, Schlange, Schniedel, Schniedelwutz, Schniepel, Schwanz, Spritzbock, Ständer, Teleskop, Willi, Würmchen, Zigarre* zum Vorschein.

Wer sich heute gedanklich mit etwas beschäftigt, der veröffentlicht es im Internet. Über Suchmaschinen lässt sich somit auch vergleichsweise einfach auszählen und vergleichen, welche Körperteile den Menschen besonders wichtig erscheinen. Die Eingabe der Bezeichnung von 20 Körperteilen bei Google zeigte, dass nur die Suchbegriffe *»Kopf«* in Text- und *»Kopf«* und *»Auge«* in Bilddokumenten mehr Einträge verzeichnen können als *»Penis«*. Selbst zum Begriff *»Vagina«* existierten erstaunlicherweise nur halb so viele Text- und ein Drittel so viele Bildstellen wie zu »Penis«. Die *»Stirn«* als Zeichen der menschlichen Intelligenz erreichte als Suchbegriff bei dieser Internetauszählung gerade einmal 10% der Nennungshäufigkeit, die das Wort »Penis« verzeichnen konnte.

Rang	Körperteil	Eintragungen (weltweit)	nur Bildmaterial
1.	Kopf	3.310.000	614.000
2.–3.	Auge	2.170.000	669.000
2.–3.	Penis	2.770.000	336.000
4.	Mund	1.340.000	278.000
5.	Rücken	1.420.000	170.000
6.	Bein	982.000	217.000
7.	Vagina	1.390.000	124.000
8.	Ohr	973.000	208.000
9.	Magen	816.000	186.000
10.	Knie	657.000	225.000
11.	Haare	1.020.000	98.000
12.	Bauch	808.000	106.000
13.	Brust	749.000	92.000
14.	Daumen	557.000	54.000
15.	Zunge	509.000	55.000
16.	Lunge	407.000	67.000
17.	Stirn	239.000	29.000
18.	Kinn	135.000	23.000
19.	Nabel	90.000	11.700
20.	Gesäß	50.700	5.170

Tabelle 1: Häufigkeit der Nennung einzelner Körperteile im Internet als Maßstab für die geistige Beschäftigung mit diesem. Verwendet wurde die Internet-Suchmaschine Google am 08. April 2007. Der berechnete Rang stellt einen Mittelwert der Häufigkeitsränge von Nennungen in Text- und Bilddokumenten dar.

Die subjektive Wichtigkeit des männlichen Genitals im maskulinen Denken spiegelt sich auch in dem Wunsch wider, diesen Körperteil zu schmücken, zu verschönern, zu verändern oder in irgendeiner Form zu optimieren. Man spricht hier von »genitaler Body-Modification«. Ein Beispiel für eine seit Jahrtausenden praktizierte Form der Modifizierung des männlichen Gliedes ist die Beschneidung. Bei Juden und

Moslems gehört das Entfernen der Vorhaut zur religiösen Pflicht; man davon ausgehen, dass heutzutage weltweit etwa jeder vierte Mann beschnitten ist. Die Papua in Neuguinea betonen ihren Penis durch aufgesteckte Penishüllen *(Phalloskrypten)*, die bis zu einem Meter lang sein können (Eibl-Eibesfeldt 1997, S. 123). Auf Borneo soll es Ureinwohner gegeben haben, die ihren Penis mit Knochen gepierct haben (Ferguson 1999). Piercings durch den Penis, wie *Apadravya* oder *Ampallang*, stammen wahrscheinlich aus Indien – zumindest lassen Bilder aus dem Kamasutra erkennen, dass damals bereits Piercings im Bereich des männlichen Geschlechtsorgans appliziert wurden. Bei den antiken Mayas soll es bereits Penisdurchbohrungen gegeben haben, wie man ihren Wandgemälden entnehmen kann (Christensen 1989). Der heute als *Prinz Albert* bekannt gewordene Ring durch die Eichel ist angeblich bereits im viktorianischen Zeitalter angelegt worden, um den Penis in der damals üblichen hautengen Hose festzuhalten. Einige australische Eingeborene führten eine *penoskrotale Hypospadie* durch, bei der die Harnröhrenöffnung an die Unterseite des männlichen Gliedes oberhalb des Hodensacks verlegt wurde.

In die moderne Zivilisation wurde Genitalschmuck seit etwa 1930 insbesondere durch nordamerikanische Homosexuelle und Anhänger der sadomasochistischen Szene wieder eingeführt. Dieser zunächst sehr kleinen Gruppe verhalfen die Schmuckstücke zur sexuellen Luststeigerung (Califia/Califia 1993). Hierbei wurden zunächst kleine Kettchen und Ringe meist mit Clips am Genital befestigt; erst später trat der Wunsch auf, das Glied dauerhaft zu schmücken, sodass (wie beim Ohrring) Löcher gepierct und Ringe hindurchgezogen wurden. Vor 70 Jahren wäre allerdings noch niemand auf die Idee gekommen, sich einen Metallstab quer durch die Eichel zu stechen – inzwischen wird dies von erstaunlich vielen Menschen praktiziert.

Penisvergrößerung

Die Häufigkeit, mit der man *»penis-size-enlargement«*-Spams in elektronischen Briefkästen vorfindet, zeigt, dass es für solche Vergrößerungen offenbar einen erheblichen Markt gibt. Insofern erscheint es verständlich, dass diverse Behandlungsmethoden angeboten werden. Vorwiegend finden sich auf dem Markt obskure Medikamente, die zu einer Vergrößerung des Gliedes führen sollen; man kann sich auch Gewichte an den Penis hängen, um ein Längenwachstum herbeizuführen, oder eine Vakuumpumpe für das Breitenwachstum einsetzen. Eine andere Methode, die Breite des Penis zu verändern, besteht in der Injektion von Fettgewebe, allerdings hält dieser Effekt oft nicht lange an. Eine operative Therapie zur Steigerung der Länge bieten plastische Chirurgen an. Der äußerlich sichtbare Penis setzt sich noch weit im Körperinneren fort und beschreibt dabei einen S-förmigen Bogen. Bei der operativen Penisverlängerung wird dieser Bogen etwas begradigt und ein Stück des inneren Teils dabei nach außen verlagert (s. Kasten 2006).

Was treibt Männer dazu, solche Qualen auf sich zu nehmen? In dem Internet-Diskussionsforum *forum.gofeminin.de* beschreibt »Sonthin« seine diesbezüglichen Sorgen: »Ich würde meinen Schwanz im erigierten Zustand nicht als winzig oder unscheinbar bezeichnen (auf 12–13 cm bringe ich es schon; sonderlich dick ist er allerdings nicht), aber irgendwie doch erheblich unter Durchschnitt. Dies hat mich bis jetzt auch an sexuellen Aktivitäten (entscheidend) gehindert. Ich weiß, dass dies natürlich in erster Linie eine Sache des Kopfes ist und war deswegen auch schon in psychologischer Behandlung, aber so richtig komme ich damit eben nicht klar. In der Zwischenzeit habe ich zwar schon sexuelle Erfahrungen gesammelt, aber zum GV ist es dabei nicht gekommen. Meine damalige Partnerin hat zwar gesagt, dass sie meinen Penis nicht als zu klein empfindet, aber alle ihre vorhergehenden Männer hatten einen größeren, was mich natürlich auch nicht gerade froh gestimmt hat.«

Dagegen äußert »Joachim«, ein Mann mit sehr großem Glied, in diesem Forum: »Ich habe erleben müssen, wie Frauen nach dem Geschlechtsverkehr blutend davon gelaufen sind, weil sie in ihrer Ekstase ihre anatomischen Grenzen überschritten hatten; Frauen, die beim Anblick meines Penis mir klar zu verstehen gegeben haben, dass ein Geschlechtsverkehr nicht in Frage kommt; [...] Ein ausgefülltes Sexualleben habe ich nie gehabt. Ich lebe heute allein und habe das Thema Sex so gut es geht verdrängt und wenn es mich mal wieder packt, erledige ich das mit mir selbst.«

Auch »Benji1881« sagt: »Also ich weiß nicht was Frauen mögen, aber die meisten wollen eher einen kleineren, das weiß ich aus Erfahrung. Ich bin wohl das was man gut bestückt nennt und muss leider sagen, das ich viele Frauen verscheucht habe.«

Die Aussagen darüber, ob ein großer Penis beim Geschlechtsverkehr wirklich glücklicher macht, sind widersprüchlich. Manche Frauen beharren offenbar darauf, andere reagieren auf ein sehr großes Glied eher erschrocken. »Honneybunny20« berichtet: »Also mein Exfreund hatte 18 cm, den Durchmesser weiß ich nicht, und der hat mir super gefallen … Mein jetziger Freund ist nicht so gut bestückt, hat vielleicht auch so 13 cm und er ist ziemlich dünn und ich muss sagen, es befriedigt mich einfach nicht … Obwohl ich schon echt eng bin (schon aufgrund meiner schlanken, kleinen, zierlichen Figur) merke ich ihn kaum in mir … Die Länge ist dabei nicht entscheidend, aber er ist einfach zu dünn … Irgendwie fehlt mir da was, ich bin noch nie gekommen bei ihm.«

Andere Frauen hingegen empfinden ein großes Glied als deutlichen Nachteil. »Apfel 22« schreibt: »Bei anal und vaginal macht so ein Riesenteil natürlich Probleme, insofern hast du mit einem kleineren viel größere Chancen, die Frau ›richtig herzunehmen‹. Mit einem großen ist bei sehr hartem und wildem Penetrationssex die Gefahr groß der Frau wehzutun.«

»Tempress« weist sogar auf besondere Vorzüge einer »Minimalausstattung« hin: »Und die feinen Kleinen verursachen im Mund auch keine Würgereize oder ›Maulsperre‹, sondern es ist mit ihnen wie … mit Schokolade! Also, ich lasse lieber ein Praliné im Mund zergehen, statt mir eine Tafel Schoki auf einmal in den Hals zu kloppen!«

»Christin2881« meint im Sinnes eines Kompromisses dazu: »Zur vollsten Befriedigung gehört natürlich auch ein entsprechendes Glied … Allerdings kommt es mir da nicht sonderlich auf die Länge an, sondern eher auf die Dicke, ich empfinde das als wichtiger. Am wichtigsten ist trotzdem immer noch die Technik, wenn jemand nicht weiß, wie er eine Frau befriedigen soll, kann er ein noch so großes Glied haben und bei der Frau wird sich nichts rühren … bzw. wird nichts feucht. Wenn man einen Partner hat, der sich aber gut damit auskennt und auf die Wünsche der Frau eingehen kann, dann ist der Rest nur noch nebensächlich.«

Abbildung 1: Der Wunsch nach einem unproportional großen Penis, zeichnerisch zum Ausdruck gebracht an einer Toilettentür. Der Zeichner berücksichtigt nicht die physiologischen Probleme, die dem Besitzer eines solchen Gliedes entstehen würden (Foto: E. Kasten).

Auch »Imandra« sieht es ebenso: »'ne ehrliche persönliche Antwort: Es spielt 'ne Rolle, sonst würde ich lügen. Allerdings wohl weniger im physiologischen Sinne, vielmehr steht da mal wieder das Gehirn im Vordergrund. Und es macht den Sex auch nicht besser oder schlechter, sondern einfach anders. [...] Das berühmte ›Ausfüllen‹ ist aber keinesfalls das, was mich wirklich erregt, zumal ich nach wie vor der Ansicht bin, dass auch der vaginale Orgasmus sich ausschließlich im Kopf abspielt. Nie hatte ich jemals das Gefühl, dass ich wirklich rein durch die physische Stimulation einen Orgasmus hatte, egal, wie groß oder klein. Was *er* tut ist wichtig, dass das mit einem sehr großen Penis anders geschieht und geschehen muss und sich anders anfühlt, als mit einem kleineren, ist logisch und klar, das macht es aber weder besser noch schlechter, nur anders und wenn der Rest mies ist, dann nützt auch das tollste Volumen nichts.«[1]

Die Größe des Penis spielt also bei der sexuellen Erfüllung für die Frau – trotz unterschiedlicher Vorlieben – eher eine untergeordnete Rolle. Ähnlich wie das Geweih eines Hirsches stellt ein großer Penis natürlich einen Ausdruck männlicher Dominanz dar und erhöht oft das Selbstbewusstsein. Dem Autor ist kein Fall bekannt, in dem ein Mann mit zu großem Penis um eine Verkleinerung gebeten hat. Mit einem Hirschgeweih hat ein sehr großes Glied ebenfalls gemein, dass es in vielerlei Hinsicht tendenziell unfunktionell ist, da es z.B. aufgrund der benötigten Blutmenge deutlich schneller erschlafft als ein kleines Glied. Dennoch leiden Männer mit einem eher kleinen Geschlechtsteil oft unter Minderwertigkeitsproblemen. Auf einer weiteren Internetseite schildert ein Betroffener seine Motivation, sich seinen Penis mittels einer medizinischen Behandlung vergrößern zu lassen. Er hat zuvor eine Anzeige über Penisvergrößerung gelesen und schreibt unter anderem: »I never had any problem with my sexual performance, but ever since I remember myself as a very young teenager, I felt totally uncomfortable with my own body. That particular ad reminded me of how shameful it was to be in the military and wait for everybody else to go and take a shower and then sneak quickly and be alone in the shower. How every time when I met a new girl it was so essential to have a sexual relationship in the dark and never to be exposed. These were feelings that made me uncomfortable living within my own body. I felt I needed to free myself within the imprisonment that I was in. In 1998 I had the first treatment done. A year later I had it repeated by another physician. That lasted for a very few months and left me with nodules and an unevenness and with a feeling of softness. I was extremely unhappy. I went see a urologist who suggested that I see girls with smaller vaginas, that I actually had no problem, that I was average, that I was normal and it was all in my head. When that didn't work out he suggested that I go see a sexologist. After spending a few sessions with the sexologist he just

1 http://forum.gofeminin.de/forum/couple2/__f4070_couple2-Wie-wichtig-ist-die-Penislange-und-dicke-wirklich.html#249888

reiterated to me that I didn't have any sexual problem, that the problem was totally within the imagination and the perception that I was living with all of my life.«[2]

Diskutieren sollte man im Hinblick auf solche Selbstbeschreibungen sicherlich die Möglichkeit einer körperdysmorphen Störung. Wenn jemand alle seine Probleme auf die Größe seines Geschlechtsteils reduziert, ist Vorsicht geboten. Allzu oft glauben die Betreffenden, sämtliche Schwierigkeiten im Leben würden sich durch die Beseitigung ihres körperlichen Problems lösen.

Genitalpiercings

Hinsichtlich genitaler Piercings existieren inzwischen fast schon mehr Unterarten als bei allen anderen Körperpiercings zusammen (Albert 1997) – bei Männern z. B. Piercings am Hoden (unter anderem *Hafada* und *Guiche*), oberhalb der Peniswurzel *(Pubic)*, entlang des Penisschafts (*Frenum*, *Frenulum*, mitunter mehrfach appliziert als Frenulum-Leiter), durch die Vorhaut *(Oetang)* und mehrere Arten, die die Durchstoßung der Eichel beinhalten *(Prinz-Albert, Apadraya, Ampallang)*.

Warum nehmen Männer Schmerzen auf sich, um ihre empfindlichen Genitalien mit einem Loch zu versehen? Seitdem unseren Urahnen vor Jahrtausenden bewusst wurde, dass mit Geschlechtsverkehr unweigerlich die Zeugung von Kindern verbunden ist, handelte es sich bei Sex immer um eine eingeschränkte Handlung und damit um etwas ganz Besonderes. In Zeiten der Antikonzeptiva sind wir heute sexuell in mancher Hinsicht beinahe schon überfordert und der Intimverkehr mit einem Partner hat viel von der zauberhaften Mystik eines seltenen Ereignisses verloren. Hinzu kommt die ständige Überschüttung mit erotischem Material durch die Medien. Der Sexualtrieb des Menschen stumpft ab; um ihn aufrecht zu erhalten und Lust zu spüren, werden immer drastischere Methoden notwendig (Kasten 2006). Hierzu gehören auch Körpermodifikationen – betreffende Menschen erhoffen sich in einer von pornografischen Bildern

2 http://www.drwhite head.com/diary.html

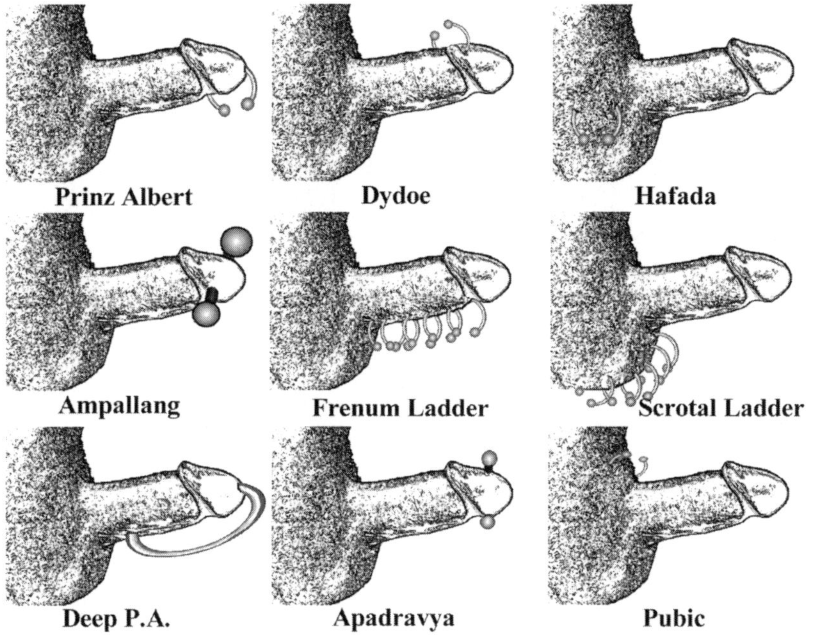

Abbildung 2: Verschiedene Arten von Genitalpiercings (Zeichnung: U. Herbert)

überfrachteten Welt von ihrem Körperschmuck eine klare Steigerung ihrer sexuellen Erregungsfähigkeit.

Ein 48-jähriger Techniker und Motorradfahrer, der acht Piercingringe am Hoden, vier an der Eichel und einem Metallstab quer durch das Skrotum trägt, berichtet: »Auch beim Sex möchte ich es nicht mehr missen. Alle Bewegungen des Penis werden direkt auf den Hodensack durch bis nach hinten übertragen, eine ungemein tolle Stimulans. […] Meine Frau hat meine Piercings inzwischen auch akzeptiert. Ich wollte die Piercings haben, sie waren, mehr oder weniger, zur sexuellen Stimulans. Mit Erfolg. Ich hoffe zumindest, dass meine Frau auch etwas davon hat« (Feige/Krause 2004).

Konträr zu dem meist gewünschten Lustgewinn erschweren oder verhindern viele Arten des Genitalschmucks den normalen Geschlechtsverkehr jedoch. Ein Mann mit mehreren Piercings im Penisbereich gibt zu: »Wobei, heute würde ich den Prinz Albert nicht mehr unbedingt empfehlen. Für die Frau ist er zweifellos angenehm, aber für den Mann kann das Erlebnis damit durchwachsen sein. Je nachdem wie die Frau gebaut ist oder wie der Ring sich beim Sex um die Eichel legt, kann es für den Mann unangenehm werden. Und wenn der Mann keine Möglichkeit hat, im Sitzen zu pinkeln, hat er mit dem PA echt das Problem, dass er sich im Stehen vollpinkelt.«

Ein 33-jähriger Journalist berichtet von seinen Erfahrungen: »Es war der Prinz Albert, der mir am sinnvollsten erschien. Meine Empfindungen hat er aber nicht steigern können. Beim Sex hat er sogar gestört, nicht nur mich, sogar meine Freundin.«

Und ein 43-jähriger Tierpfleger schildert: »Ich bin ja inzwischen schon bei meinem Prinz Albert bei einer Ringgröße angelangt, bei der meine Frau manchmal sagt: ›Komm, nimm ihn mal lieber raus!‹ Das fängt beim Oralverkehr an, bei dem es nur klappert« (Feige/Krause 2004).

Genitale Playpiercings

Im Gegensatz zu den bekannten permanenten Piercings handelt es sich bei den Playpiercings nur um vorübergehenden Körperschmuck. Verwendet werden dabei normalerweise dünne Kanülen von Spritzen, die man durch die Haut sticht und dort dann einige Zeit stecken lässt. Die Betreffenden bohren sich dabei oft mehrere Dutzend solcher Nadeln durch die Haut, fotografieren dies und veröffentlichen das Bild voller Stolz im Internet. Bei anderen Varianten des Playpiercings wird mitunter eine große Anzahl ringförmiger Schmuckstücke eingesetzt, durch die z. B. oft Bänder gezogen werden (Kasten 2007a, b). Diese Piercings haben Spiel- und Experimentiercharakter, sie dienen dazu, ungewöhnliche Erfahrungen zu machen. Jenes »Spiel« wird oft der Sadomaso-Szene zugeordnet – dies muss aber nicht per se der Fall sein, da es gerade von Jugendlichen auch als Methode der Selbsterfahrung durchgeführt wird. Der eigentliche Kick, den die User dabei haben, entsteht durch die psychische Bewertung, auf eine solche geregelte Art und Weise verletzt zu werden, wodurch im Gehirn Adrenalin und Endorphine freigesetzt werden.

Körperbereiche, die insbesondere bei sadomasochistischen Spielen auf diese Weise gepierct werden, sind Brust und Genitalien. Gerade der Intimbereich lässt sich vor dem Stechen jedoch schlecht desinfizieren und das Risiko, hier später eine Entzündung zu erleiden, ist besonders hoch. Am häufigsten werden beim Mann im Rahmen eines Playpiercings die Penisvorhaut, die Unterseite des Gliedes und das Skrotum (der Hodensack) gepierct. Hierbei wird von den Usern z.B. eine Reihe von waagerechten Nadeln an der Unterseite des Penis eingestochen – dies wird zum Teil auf dem Skrotum fortgesetzt. Vereinzelt wird im Rahmen jener Spiele auch die Glans (Eichel) durchstochen. Unbedingt vermieden werden muss ein Durchstoßen der Peniswurzel, da hier etliche sehr große Blutgefäße verlaufen. Einige Leute durchstechen sich auch mit längeren Nadeln den gesamten Hodensack in Richtung Anus, was zu beträchtlichen inneren Verletzungen und Blutungen führen kann. Ein weiteres Risiko, das von den Betreffenden oft in Kauf genommen wird, ist zu masturbieren oder Geschlechtsverkehr auszuüben, solange sich die Nadeln noch im Körper befinden.

Folgende Selbstbeschreibung stammt von einer der Internetseiten des amerikanischen BMEzine.com. Hier berichtete ein junger Mann unter dem Titel »My Deep Shaft Piercing – Some things that I learned the hard way …«, dass er schon als kleines Kind ein erstes, frühes Interesse an Genitalpiercings entwickelt hatte. Der Ursprung für diese Entwicklung war eine Hautbrücke zwischen Eichel und Vorhaut. Als er in das Alter kam, in dem Jungen anfangen zu masturbieren, begann er diese Hautbrücke in seine sexuellen Spielereien mit einzubeziehen. Später, als er seine Freundin kennenlernte, heiratete und eine Familie gründete, ließ er sich die Hautbrücke operativ entfernen. Dennoch blieb die Erinnerung an die damit verbundene Erregung tief verwurzelt und er sehnte sich nach anderen, einzigartigen sexuellen Erfahrungen. Er entdeckte dann auf einer Internetseite die Existenz von Playpiercings und begann, damit zu experimentieren. Zunächst verwendete er normale Nähnadeln, die er sich vorsichtig durch die Haut des Hodensacks stach. Er gab an, hierbei gelernt zu haben, wie man den Schmerz kontrollieren und Spaß daran haben kann, sich Dinge in die eigenen Genitalien zu stechen. Nach einiger Zeit fertigte er sich aus einem starken Draht selbst Nadeln an, die an ihren Enden scharf angespitzt waren. Er führte sie zunächst durch die Haut des Skrotums, später auch durch die Oberfläche des Penisschafts –

mitunter bohrten sich bis zu sechs Drahtstücke gleichzeitig durch diese Körperteile. Jene Experimente wurden natürlich ohne Wissen seiner Frau durchgeführt; am meisten Zeit hatte er dafür, wenn sie für eine Woche zu ihrer Schwester fuhr. in dieser Zeit veranstaltete er regelrechte Playpiercing-»Orgien«, nach denen sein Penis vor Blutergüssen blau und schwarz verfärbt war. Wenn seine Frau wieder nach Hause kam, konnte er sich oft nur im Dunkeln ausziehen. Irgendwann äußerte er den Wunsch, ein Genitalpiercing haben zu wollen. Seine Frau reagierte daraufhin nicht sonderlich ermutigend, sondern meinte lediglich, sie möge seinen Penis so wie er sei. Da verheiratet, akzeptierte er dies, denn: »I figured that she was half owner too.« Also führte er wieder alleine seine Playpiercings durch. Bald darauf kam ihm in den Sinn, »etwas Besonderes« zu machen und er entwickelte die Idee, sich Körperschmuck tief durch den Penisschaft zu stechen. Als er in der Folge eine Woche lang alleine zu Hause war, stach er eine seiner Nadeln kurz unterhalb der Eichel quer durch den Penis hindurch. Anschließend bog er das Metallstück zu einem Ring, der die Glans umfasste. Leider stellte er daraufhin fest, dass es ausgesprochen schmerzhaft war, mit diesem Schmuckstück eine Erektion zu haben, sodass er den Ring wieder entfernen musste.[3]

Ein anderer Playpiercing-Bericht handelt von einem Sadomaso-Spiel. Ein junger Mann, mit dem »Tom A. Gordon«, der Autor dieser Interneteintragung, früher schon einmal einige typische S/M-Spielchen durchgeführt hatte, lud ihn zu einer »ganz besonderen Behandlung« ein, die Schmerz und Unterordnung beinhalten sollte. Beide stimmten überein, dass die Session damit beendet werden sollte, dass eine Nadel durch das Frenum unterhalb der Eichel gestochen wurde. Dies bedeutete für seinen Partner eine regelrechte »Mutprobe«, weil dieser geradezu phobische Angst vor Nadeln und Spritzen hatte. Als das S/M-Treffen sich dann dem Ende zuneigte, reagierte er ausgesprochen ängstlich auf den Geruch des Alkohols, mit dem man sein Glied desinfiziere wollte und auf das Geräusch, das ertönte, als die Gummihandschuhe ausgepackt und angezogen wurden: »As I approached with the needle, there was almost paralysis: no breathing, and a look of absolute terror, eyes wide open. It was as though he was in a state of suspended animation. I

3 www.bmezine.com/pierce/09-male/deep/990215/deepshft.html

slipped his foreskin back gently and swabbed the frenum with alcohol. Then, as I penetrated slowly, so he would feel every millimetre of the fine needle, there was gritting of the teeth and a blood-curdling scream ... of ›Yessss!‹ It was like air being let out of a balloon – he sank back on the table, almost crying, and it was from joy, not from pain. ›More, please,‹ he said, looking up at me. [...] ›Let me try another one, please, Tom, just one more.‹ I held a hand mirror so he could see what we had accomplished: a shiny inch-and-a-half needle crossed his frenum, and the foreskin was pushing against it as it tried to slip back over the head of his cock. I began again with the alcohol swab, and ultimately there were eight needles in a row in the loose skin along the underside of his cock. After each insertion, I hugged him, gave him a kiss of appreciation, and he begged me for another needle, whimpering only a moment as he felt the slow penetration. I held the mirror for him again, and he inspected the needles as if they constituted a work of art.«[4]

Subinzision und Genitalspaltung

Playpiercings stellen bei Weitem nicht die extremste Form von genitaler Body-Modification bei Männern dar. Mitunter werden geradezu operative Eingriffe an Penis und Hoden vorgenommen, die das gesamte Aussehen dieser Organe verändern. Manche Männer lassen sich die Eichel oder den Hoden spalten, andere die Harnröhre öffnen. Der Begriff Genitalspaltung *(genital bisection)* taucht sogar schon im Internetlexikon *Wikipedia* auf. Hier wird erklärt:

> »Genital bisection in males involves the splitting of the *penis* [...]. This still allows for *erection*, though often the two halves curve into each other, making insertion more difficult. Genital bisection is an extension of a *subincision*, which is an extension of a *meatotomy*. As the *urethra* is exposed, great pleasure can allegedly be derived, supposedly due to the great abundance of nerves. This is why those who undergo previous procedures may choose to take it further, though in some cases the bisection might be done all at once.«[5]

4 http://public.diversity.org.uk/deviant/ssplyprc.htm
5 http://en.wikipedia.org/wiki/Genital_bisection

Der Ursprung dieser zunächst nicht nachvollziehbar erscheinenden Verstümmelung des männlichen Gliedes lässt sich vorwiegend in Australien verorten. Sie wird dort als Mika-Operation bezeichnet und besteht aus einer mehr oder weniger langen Aufschlitzung der Harnröhre *(Subinzision)*. Möglicherweise ist diese Praxis aus einer Hypospadie entstanden, einem angeborenen Defekt, bei dem die Harnröhre nicht an der Penisspitze endet, sondern unterhalb der Peniswurzel. Eine Subinzision wird durch die Bloßlegung der Harnröhre mittels auf der Penisunterseite ausgeführter Einschnitte, welche vom Hodensack bis zur Eichel reichen können, praktiziert. Nach der Durchtrennung der Haut wird die Wunde durch Auseinanderziehen des Gewebes bis zur Harnröhre hin erweitert. Eine Schädigung durch Verletzung der Hauptschwellkörper des Penis wird dabei vom kundigen Operateur vermieden. Der Schnitt wird mit einem zugespitzten Stein- oder Quarzmesser oder einer Muschelschale ausgeführt. Um den Operierten am Schreien zu hindern, steckt man ihm einen Schamschurz oder Ähnliches in den Mund; um ihn am Schlagen und Treten zu hindern, lässt man ihn von drei oder vier Männern fixieren – einer von ihnen pflegt während der Operation rittlings auf dem Bauche des Burschen zu sitzen (vgl. Bryk 1931). Die Operationsspalte selber ist später nur beim erigierten Glied wahrzunehmen. Ihr Vorhandensein wird jedoch an dem fast verdoppelten Umfang des Penis leicht erkannt.

Man vermutet, dass dieser Eingriff einst der Geburtenregelung diente, da auch das Sperma nicht mehr an der Eichel austreten kann, sondern unten abfließt, was die Wahrscheinlichkeit einer Empfängnis stark verringert. Klaatsch (1920) ging dagegen davon aus, dass die Öffnung homoerotischen Zwecken dient. Seinen Untersuchungen zufolge gehen die operierten Männer des Stammes Niol-Niol mit einem noch nicht genital veränderten Jüngling eine dauerhafte Verbindung ein. Der Ältere erweitert zwecks geschlechtlicher Befriedigung den Schlitz seiner Urethrea derart, dass diese bis zum Hodensack offen liegt. Nun steckt der Jüngling seinen Penis in das so entstandene Loch und erzielt durch Reiben der Geschlechtsorgane einen Samenerguss beider. Hieraus erklärt sich auch, warum die derart operierten Männer *meko-maro* (»Vulva-Besitzer«) heißen.

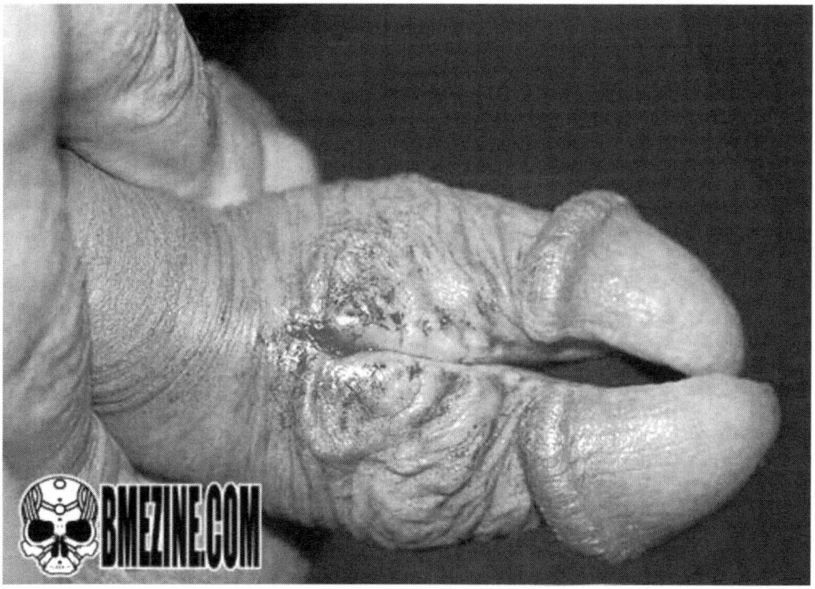

Abbildung 3: Gespaltener Penis[6]

Während im Internet diverse Fotos von gespaltenen Penissen zu sehen sind, findet man kaum Selbstbeschreibungen, aus denen etwas über die Motivation der Betreffenden erkennbar wird.

Feige und Krause (2004) zeigen Fotos des 40-jährigen Gastronomen »Didi«, der berichtet: »Einige meiner Sachen sind von BMEzine inspiriert. Dort wird vieles angeboten, vieles davon ist unästhetisch und misslungen, manches ist nur Verstümmelung. Ich überlege mir deshalb schon, wie etwas auszuschauen hat, für mich aussehen sollte, und zwar nur für mich, denn das sind Dinge, die ich für mich mache. Wie die gespaltene Eichel. Den Eingriff habe ich mit dem Thermo-Couter vorgenommen. Man kann zwar auch mit dem Skalpell einschneiden, allerdings besteht dabei die Gefahr, dass man in der Folgenacht daran verblutet, wenn niemand einen beobachtet – unweigerlich tritt nachts nämlich eine Erektion auf, und wenn der Schwanz dann aufgeschnitten ist, sind dem strömenden Blut Tür und Tor geöffnet. Das ist halt gefährlich … Aber

6 Quelle: http://wiki.bmezine.com/index.php/Image:Genital_Bisection-3.jpg

jetzt, wo es abgeheilt ist, habe ich auch einen Höllenspaß damit, das ist ein ganz neues Feeling, wenn da eine Zunge dazwischengeht, naja ... Das ist schon interessant.«

Ein Mann mit gespaltenem Penis berichtet auf der BMZine-Homepage, er habe bereits zwei *Hafada*-Piercings und zwei Tattoos. Außerdem besitze er zwei Piercings im linken Ohr und seine beiden Brustwarzen seien ebenfalls gepierct. Er beschreibt sein Aussehen und seine Gestalt als normal und durchschnittlich. Schon 1960 sei er in die Lederszene von San Franzisco geraten. Zwischen 1971 und 1979 habe er sich selbst 26 Körper- bzw. Genitalpiercings gesetzt. 1992 habe er eine Infektion bekommen und musste sämtliche Piercings entfernen. Zwischen 1993 und 1995 führte er bei sich selbst eine Meatotomie (operative Erweiterung er Harnröhre) und eine partielle Subinzision (Aufspaltung der Harnröhre) durch und schnitt dann vertikal durch die Glans bis etwa zur Hälfte der Eichel. Hierbei schnitt er jedes Mal etwa 0,3 mm tief – aber nur, wenn er erholt und ausgeruht war, was die Voraussetzung für diese Praxis darstellte. An einem gewissen Punkt traf er auf eine Arterie und musste stoppen. Es dauerte zwei Jahre, bis er einen Arzt fand, der bereit war, die Teilung der Glans ganz durchzuführen. Er wünschte sich aber mehr als nur eine gespaltene Eichel und spaltete sich im Oktober 1998 auch den Hoden, sodass er seinen Penis in den entstandenen Spalt schieben konnte. Sein Glied sei durch die Spaltung zwar 2,5 cm länger geworden, aber es gebe auch Nachteile: »there is a drawback to this in that the penis does not get as hard with erection and is unstable erect, you have to force it in to penetrate an ass or vagina. The 1 inch gain in length outweighs the instability for penetration.«

Im Mai 1999 führte er das erste Mal eine Saline-Injektion durch, eine Technik der Körperveränderung durch welche die Genitalien bis zum dreifachen ihrer normalen Größer bekommen können. Insgesamt wurden 2.000 ccm in die beiden Hodenhälften und in den Schaft seines Penis injiziert. Es dauerte sechs Stunden, die gesamte Flüssigkeit einzubringen. Leider stellte sich dann heraus, dass die angebliche isotonische Kochsalzlösung in Wahrheit nur destilliertes Wasser war. Es folgte ein drei Tage dauernder Schmerz, bis die Lösung vom Körper weitgehend absorbiert worden war.

Im Juni 2000 erweiterte er die partielle Subinzision. Wenig später entfernte er das Guiche-Piercing – seine Intention war nun, etwas gänzlich

Ungewöhnliches zu haben. Aus diesem Grund erweiterte er nun den Schnitt seines geteilten Skrotums in Richtung der gespaltenen Harnröhre. Allerdings warnte sein Urologe ihn daraufhin davor, den Schnitt noch weiter zu verlängern. Zum Aussehen seines Gliedes meinte der Mann, dass es vor dem Hintergrund einiger tribaler Kulturen durchaus normal sei: »With my genital mods, if I was to get lost and came upon an indigenous head hunter tribe I would be spared since the mods make me a friend, that is as long as they do a full subincision and the full bisected glans, and the split sack designates me as an elder.« Laut Aussage dieses Mannes macht die Spaltung des Penis und die Subinzision den Sex erfreulicher und den Orgasmus intensiver.[7]

Motive

Fasst man die angegebenen Motive der Betreffenden zusammen, die sie dazu bewegen, ihr Genital einer (meist schmerzhaften) Veränderung zu unterziehen, dann steht meist Attraktivitätserhöhung an sehr hoher Stelle. Männer mit Body-Modifications der Genitalien haben in der Regel die subjektive Empfindung, ihr Geschlechtsorgan würde nun deutlich besser aussehen als zuvor. Feige und Krause (2004) zitieren mehrere solcher Beispiele. Ein 38-jähriger Unternehmensberater mit *Prinz-Albert*-Piercing sagt unter anderem: »Ich genieße es jetzt sehr, wenn ich im Fitness-Studio unter der Dusche stehe und die Leute ganz erstaunt gucken. Das mag ich sehr. Es gibt einem, nicht nur am Schwanz, sondern ganz allgemein vom Feeling her ein gutes Gefühl – auch Stolz!«

Wie bei antiken Ureinwohnern erfüllen diese schmerzhaften Körperveränderungen aber auch die Rolle eines »modernen Mannbarkeitsrituals«, mit dem man zu beweisen versucht, erwachsen zu sein und Schmerz ertragen zu können (Kasten 2008). Fast immer sind die Träger solcher genitaler Body-Modifications nun stolz auf ihr Aussehen. Ein Versicherungskaufmann, 34 Jahre, mit *Prinz-Albert*-Piercing und Ring an der Peniswurzel, meint zum Beispiel: »Ich bin gewiss nicht exhibi-

7 http://people.tribe.net/splitsack

tionistisch, aber ich genieße es, durch die Sauna zu laufen, während die Leute gucken, und zu denken: Ja, siehste, ihr hättet auch gerne eines, aber ihr traut euch nicht« (Feige/Krause 2004).

Ein weiterer wichtiger Bereich, für manche vielleicht der wichtigste, ist die positive Verstärkung sexueller Empfindungen. Benecke (1999) zitiert eine Aussage, in der es ganz offen heißt: »Wenn man mich fragt, warum das Piercen der empfindlichsten Körperteile so um sich greift, dann kann ich einfach nur sagen: Es macht das Ficken besser.«

Es gehört wohl zu den tiefsten menschlichen Bedürfnissen, Dinge immer wieder verbessern zu wollen. Dass Männer – denen ohnehin schon vorgeworfen wird, dass sie die beinahe den ganzen Tag lang gedanklich mit Sex beschäftigt sind – hierbei auch vor Veränderungen ihrer Genitalregion nicht Halt machen, ist geradezu vorhersagbar. Es stellt sich die Frage, ob es nicht doch Bereiche unseres Körpers gibt, die von Natur aus »gut« sind und die einer Optimierung nicht wirklich bedürfen – aber letztlich muss wohl jeder Mann selbst entscheiden, wie sein *Dödel, Fummelhobel, Pipimann, Schniedelwutz* oder *Würmchen* auszusehen hat.

Literatur

Albert, S. (1997): Piercing. Hamburg (Sexologisches Institut).

Benecke, M. (1999): Body Modification: Freiwillige massive Selbstbeschädigung im Kontext einer modernen westlichen Jugendsubkultur. Poster auf der 78. Jahrestagung der Deutschen Gesellschaft für Rechtsmedizin.

Bryk, F. (1931): Die Beschneidung bei Mann und Weib. Neu Brandenburg (Gustav Fellner).

Califia, P. (1993): Modern Primitives, Latex Shamans, and Ritual S/M. In: Califia, P. (Hg.): Public Sex. The Culture of Radical Sex. Pittsburgh, PA (Cleiss Press), S. 231–241.

Christensen, W. (1989): A fashion for ecstasy: ancient Maya body modifications. In: Vale, V. & Juno, A. (Hg.): Modern Primitives: An Investigation of Contemporary Adornments and Ritual. San Francisco (Re-Search), S. 79–91.

Eibl-Eibesfeldt, I. (1997): Die Biologie des menschlichen Verhaltens. Weyarn (Seehamer Verlag).

Feige, M. & Krause, B. (2004): Piercing intim – mein kleines Geheimnis. Berlin (Schwarzkopf & Schwarzkopf).

Ferguson, H. (1999): Body piercing. BMJ 319(7225), 1627–1629.

Kasten, E. (2006): BodyModification – Psychologische und medizinische Aspekte von Piercing, Tattoo, Selbstverletzung und anderen Körperveränderungen. München (Reinhardt).

Kasten, E. (2007a): Mein Körper gehört mir. Psychologie heute 34(1), 64–69.
Kasten, E. (2007b): Weibliche genitale BodyModification. Der Gynäkologe 40(6), 489–500.
Kasten, E. (2008): BodyModification als modernes Mannbarkeitsritual. psychosozial Nr. 110(IV/2007), 117–125.
Klaatsch, H. (1920): Der Werdegang der Menschheit und die Entstehung der Kultur. Berlin (Bong & Co.).

Schamlos – Theoretische und empirische Aspekte des Trends zur Teil- und Vollintimrasur

Ada Borkenhagen & Elmar Brähler

Haare sind ein Symbol für Schönheit, Kraft, Erotik und Verführung. Von der Magie der Haare berichtet schon das Alte Testament und sie findet sich darüber hinaus in vielen Kulturen, Märchen und Mythen. In Anlehnung an Darwin beschreibt Menninghaus (2003, S. 90) die Haarlosigkeit der menschlichen Haut als »das erste und basale Modephänomen des menschlichen und vorrangig des weiblichen Körpers«.[1] Aus dem Modephänomen der arttypischen Nacktheit der menschlichen Haut folgt, dass Haare stets nur an bestimmten Stellen des menschlichen Körpers als akzeptabel und vor allem als schön galten und gelten. Folgt man Darwins Überlegungen, nach der sich menschliche Schönheit in ihren basalen Parametern als Differenz zum Affenkörper definiert, wird ersichtlich, warum die Enthaarung des ohnehin fast haarlos wirkenden weiblichen Körpers in vielen Kulturen seit Alters her zu den bevorzugten kosmetischen Handlungen gehörte und gehört. Der Mensch ist eines der wenigen Säugetiere, dessen Geschlechtsregion besonders behaart ist. Bei den meisten Säugetieren, besonders unseren nächsten Verwandten, den

1 Dabei ist es keineswegs so, dass der menschliche Körper per se weniger behaart ist als der Körper unserer behaarten Vorfahren, der Affen. Montagna stellt in diesem Zusammenhang fest, dass Menschen im Vergleich zu vielen Affenarten genauso viele Haare haben wie diese, das die menschlichen Haare jedoch nicht mehr die Konsistenz eines bedeckenden Fells haben: »Sie sind, verglichen mit der Behaarung von Fötus und Affen, so winzig und unscheinbar geworden, dass der optische Eindruck derjenige der Enthaarung und der Nacktheit ist«.

Affen, ist die Umgebung der Geschlechtsteile hingegen kahl. Bereits im Altertum kannte man für die wenigen Stellen, an denen die Behaarung des menschlichen Körpers nahezu einem Fell entspricht – die Achsel- und Intimregion –, vielfältige Enthaarungspraktiken. In den Hochkulturen Mesopotamiens und Ägyptens nutzte man Harz, Pflanzenextrakte, Tierfett, Pech oder geschliffene Steine und Muscheln zur Haarentfernung. Auf ägyptischen Grabmalereien wie auch antiken griechischen Vasenmalereien sind Frauen mit depilierter Scham dargestellt. In islamischen Kulturen gehört die Entfernung der Achsel- und Schamhaare zu den religiösen Reinlichkeitspflichten, denen regelmäßig nachzukommen ist. Auch in der europäischen Kultur war die Entfernung der Schamhaare aus unterschiedlichen Gründen wiederholt Mode: Während im Mittelalter die Entfernung der Schambehaarung vorrangig religiös motiviert war, erfolgte die Epilierung der Schamhaare Anfang des 18. Jahrhunderts wieder unter einem vornehmlich ästhetischen Aspekt. Eine mädchenhaft glatte Scham symbolisierte Jungfräulichkeit, Jugendlichkeit und Hingabebereitschaft und stellte damals das Schönheitsideal dar. In der Gegenwart schwankt die Verbreitung der Intimrasur im europäischen Kulturraum entsprechend dem vorherrschenden Modetrend: Für den deutschen Sprachraum lassen sich folgende Phasen unterscheiden: In den goldenen 20ern wurde die Intimrasur zum Symbol selbstbewusster emanzipierter Weiblichkeit, blieb jedoch weitgehend auf die Schicht der Schauspielerinnen und der Bohemiens beschränkt. In der Nazizeit entsprach naturbelassenes Schamhaar dem gängigen Ideal »natürlicher Schönheit« (vgl. Gnegel 1995). Demgegenüber beschrieb die Werbung der 1950er Jahre nach Gnegel (1995, S. 135) die Körperbehaarung als »unerwünscht«, »überflüssig«, »störend« und »lästig«. Die ärmellosen, leichten Kleider der 50er Jahre, knapper werdende Badeanzüge und Bikinis und die aufkommende Strand-, Urlaubs- und Freizeitmode ließen nun die Körperbehaarung sichtbarer werden. Entsprechend heißt es in *Messer & Schere* (1964, S. 212, zitiert nach Gnegel 1995, S. 136): »Die Mode ärmelloser Kleider sowie die modernen Badeanzüge setzen bei der gepflegten Frau die Enthaarung der Achselhöhle voraus.« Im Vergleich zur Vorkriegszeit hatte sich ein bindender Verhaltensstandard herausgebildet, in dessen Zuge die Enthaarung der Achselhöhle als unerlässlich angesehen wurde, was das folgende Zitat von Arletta Hahn (1954, S. 39) belegt: »Was auch immer Ihre Meinung zu diesem Punkt sein möge: Wenn Sie einen Badeanzug, ein Abendkleid oder ein ärmelloses Sommerkleid tragen, dann müssen Sie die Haare aus den Achselhöhlen entfernen. Sonst bieten Sie Ihren Mitmenschen einen unangenehmen, unästhetischen und irgendwie unerlaubt intimen Anblick.« Die Entfernung der Haare auf den Beinen war demgegenüber weniger bindend und beschränkte sich auf besonders dichten und dunklen Haarwuchs. Mit der Emanzipationsbewegung infolge der 68er kam es zu einer Wende: Üppige Bein-, Scham- und Achselbehaarung wurde nun zum Symbol der Befreiung von patriarchalen Normen. Noch in den 80er Jahren zeigten Popstars wie Nena freizügig üppige Achselbehaarung, was heute wieder Anstoß erregen würde. Die aktuelle Werbung bezeichnet die Körperbehaarung der Frauen nicht mehr vorrangig als lästig oder unerwünscht. Vielmehr wird der Eindruck vermittelt, die Haarentfernung sei integraler Bestandteil der Schönheits- und Körperpflege jeder sportlichen und modebewussten Frau. Durch den in den vergangenen Jahrzehnten immer größer gewordenen Beinausschnitt in der Bademode dehnte sich auch der als »Bikinizone« bezeichnete Bereich stark aus und mit ihm der Bereich, in dem die Schamhaare entfernt werden sollten. Unter dem Eindruck erotischer Bilder und vor allem pornografischer Darstellungen erlangte in den letzten Jahren auch die teilweise oder vollständige Rasur der Schamhaare eine Bedeutung, die längst über die frühere Fetischisierung hinausgeht – vor allem unter den jüngeren Frauen der westlichen Welt ist sie schon fast zu einem Teil bürgerlicher Normalität und normaler Schönheitspflege geworden. Dies wird durch die Äußerungen zahlreicher Prominenter, die sich öffentlich zur Intimrasur bekennen, unterstrichen. So sagte beispielsweise Victoria Beckham in einem Zeitungsinterview, der »Iro« (französische Intimrasur) sollte für alle Frauen ab 18 Jahren Pflicht sein. Nach Schätzungen liegt der Anteil bikinirasierter Frauen in Nordamerika derzeit bei ca. 60%, der Anteil der voll (oder frisur-) intimrasierten Frauen bei ca. 30%. Die Verbreitung der Intimrasur variiert stark innerhalb der Altersgruppen – die Schamhaarentfernung ist unter jungen Frauen weitaus stärker verbreitet als in anderen

Altersgruppen. So ergaben von den Zeitschriften *Esquire* und *Marie Claire* in den USA durchgeführte Studien, dass der Anteil der im Intimbereich rasierten Frauen umgekehrt proportional zum Alter ist: Während unter den 40–50-jährigen Frauen 45% ihr Schamhaar in natürlichem Zustand belassen, lag der Anteil unter den 20–30-jährigen bei lediglich 16%. Auch in Deutschland breitet sich die Teil- und Vollintimrasur seit einigen Jahren immer stärker aus. Seit Ende der 90er Jahre sind die Frauen in Akt- und Pornodarstellungen – wie z.B. dem deutschem *Playboy* – teilweise oder vollständig intimrasiert. 2001 wurde das erste vollständig im Intimbereich rasierte Playmate im *Playboy* gezeigt. Gleichzeitig kamen in den 90er Jahren in den Populärmedien – besonders den Frauenzeitschriften – erstmals Berichte über Oralsex bei Frauen auf. Gleichsam als Voraussetzung für diese im Trend liegende Sexualpraktik wird die weibliche Teil- bzw. Vollintimrasur von den Medien propagiert. Dass sich deutschlandweit die Intimästhetik einer teilweise depilierten weiblichen Scham etabliert hat, belegen inzwischen zahlreiche Studien zum Thema (Gesellschaft für Konsumforschung 2007; Dr. Sommer-Studie 2006, 2009): In der Dr. Sommer-Studie (2009) der Bravo geben 41% der 11–17-jährigen Jungen und 65% der 11–17-jährigen Mädchen an, sich die Schamhaare zu rasieren, dies bedeutet einen Anstieg um 11% gegenüber 2006. Die Ästhetik stellt das Hauptmotiv für die Schamhaarrasur dar, gefolgt von der Hygiene. In einer bundesweiten, repräsentativen Befragung der Universität Leipzig von 2009 bekannte sich rund die Hälfte der Frauen im Alter von 18 bis 25 Jahren zur Intimrasur, bei den Männern war der Anteil etwas geringer (Brähler 2009). Im studentischen Milieu ist die Intimrasur noch häufiger. In einer Untersuchung an 314 Psychologie- und Medizinstudenten der Universitäten Leipzig und Essen im Jahr 2007 gaben 88% der Frauen und 67% der Männer an, sich regelmäßig im Intimbereich zu rasieren (Kühne 2007).

Welche kulturellen Deutungsansätze gibt es für das Modeideal einer depilierten Scham? Und welche kulturelle Bedeutung impliziert ein solches Modeideal? Da es sich beim Modeideal der Voll- oder Teilintimrasur um ein aktuelles gesellschaftliches Phänomen handelt, findet der Diskurs über diese Praktiken vorrangig in Internetforen statt. Zusammenhängende wissenschaftliche Abhandlungen zu diesem Thema existieren bisher nicht. Im aktuellen, im Internet geführten Diskurs über die weibliche Intimrasur lassen sich unseres Erachtens zwei unterschiedliche Erklärungs- und Deutungsansätze identifizieren, die im Folgenden idealtypisch zusammengefasst werden.

Der erste Erklärungsansatz sieht im aktuellen Trend zur Intimrasur und der in dieser Hinsicht geprägten Intimästhetik eine bewusst herbeigeführte Infantilisierung. Ausgehend von dieser Prämisse wird darauf verwiesen, dass die Intimrasur die Genitalien jugendlich beziehungsweise vorpubertär erscheinen lässt. Da das Wachstum der Schamhaare aus biologischer Perspektive ein Anzeichen der Geschlechtsreife darstellt, wird die Entfernung der Schamhaare als Versuch gewertet, ein vorpubertäres Aussehen wiederzuerlangen und zumeist im Kontext einer Sexualabwehr gedeutet (vgl. Steinbach 2005): So würde die intimrasierte Frau sexuelle Unreife und damit Ungefährlichkeit signalisieren, etwa nach dem Motto »schau, so gefährlich bin ich gar nicht«. Die Vertreter der Infantilisierungsthese rekurrieren hierbei auf aus einigen afrikanischen Kulturen bekannte Deutungsmuster, in denen eine üppige Schambehaarung der Frauen für ungezügelte weibliche Sexualität und ein reifes aktives weibliches Begehren steht. Entsprechend wird der aktuelle Trend dahingehend gedeutet, dass sich die sexuell reife Frau durch die Depilation der Schamhaare zu einem verletzlichen, unbedrohlichen Kind mache und sich aus Sexualangst vor reifer genitaler Sexualität schütze. Weiterhin wird argumentiert, dass die Schamhaardepilation für bestimmte Sexualpraktiken – wie den weiblichen Oralsex – prädestiniere und dass daher die Entfernung der Schamhaare zur Verbreitung gezähmter, harmloser Sexualpraktiken führe. Im Kontext einiger psychoanalytischer Theorien wird diesbezüglich vereinzelt von prägenitalen Sexualpraktiken gesprochen. Darüber hinaus maskiere sich die Frau, indem sie sich durch Schamhaardepilation in ein ungefährliches Kind zu verwandeln versuche und bestärke so den Mann in seinem Überlegenheitsgefühl – stelle also die klassischen Sexualrollen wieder her. Bei der Schamhaarentfernung handele es sich im Wesentlichen um eine erotische Selbstbeschneidung der Frauen, um die eigene Angst wie auch die des Partners vor weiblicher Sexualität zu mindern. Die Attraktion, die eine depilierte Scham auf Männer ausübt, erkläre sich auch aus der geminderten Kastrationsangst, die mit einer mädchenhaften Intimregion verbunden sei.

Im Gegensatz zum Infantilisierungsansatz steht für den zweiten Erklärungsansatz – den ich zum Zwecke eines besseren Verständnisses den »visuellen Ansatz« nennen möchte – die enthaarte Scham nicht im Zeichen erotischer Selbstreduktion, sondern im Zeichen einer Ausweitung weiblicher Erotik. Das Sichtbarwerden der weiblichen Genitalien im Zuge der Entfernung des Schamhaars wird als Bewusstwerden der eigenen Anatomie und der Sexualität gedeutet. Durch das Schamhaar würden nach Ansicht der Visualisten – besonders wenn es lang und dicht sei – die Genitalien der Frau verdeckt [1]. Das Schamhaar bilde dabei eine visuelle und taktile Barriere. Durch die Beseitigung dieser Barriere werde die Frau empfindungsfähiger, da der Hautkontakt beim Streicheln intensiver empfunden werden könne. Besonders das Rasieren mache dabei die Haut anfangs deutlich sensibler und reizempfindlicher und mithin erotischer. Zudem würden durch die Entfernung der Schamhaare die weiblichen Genitalien sichtbarer. Diese Sichtbarkeit ermögliche der Frau, sich ihrer Genitalien wie ihrer Sexualität bewusster zu werden (vgl. Borkenhagen 1998). So mache es die Prozedur der Enthaarung in der Regel erforderlich, die Genitalien anzusehen, wobei sich die Frauen hierbei häufig erstmals der Differenziertheit ihrer Genitalien bewusst werden und die eigene Anatomie kennen lernen würden. Das Sichtbarwerden der Scham impliziere ein aktives »Sich-Zeigen« – es wird von den Vertretern des visuellen Ansatzes im Sinne eines gewachsenen weiblichen Selbstvertrauens gedeutet, etwa nach dem Motto: »Seht her, das bin ich, das ist meine Weiblichkeit und ich traue mich, sie auch zu zeigen« im Rahmen der These vom Primat des Visuellen wird auch die Attraktion erklärt, die eine enthaarte Scham auf Männer auszuüben vermag: Die enthaarte Scham böte Männern mehr und stärkere visuelle Reize und mache die entblößten weibliche Genitalien erogener [1]. Darüber hinaus wird argumentiert, dass der enthaarte Venushügel voller, praller und üppiger wirke und sich dadurch auch der visuelle Reiz verstärke [2].

Beide ausgeführten Deutungsansätze können einen Beitrag zur Erklärung der psychischen Motivation der Schamhaardepilation leisten, wobei unseres Erachtens jedoch nur im konkreten Einzelfall entscheidbar ist, ob die Schamhaardepilation im Zeichen einer Sexualabwehr oder einer Steigerung der Sexualität steht. Beiden dargestellten psychosozialen Deutungsansätzen liegt unseres Erachtens indessen vorrangig ein allgemeiner kultureller Trend zugrunde: So lässt sich feststellen, dass die zunehmende Akzeptanz der öffentlichen Präsenz bestimmter weiblicher Körperbereiche eine Enthaarung dieser Bereiche nach sich zieht. Dies gilt für Achseln und Beine genauso wie für den Genitalbereich. Knapper werdende Badebekleidung sowie die starke Präsenz von Nacktheit in den Medien tragen dazu bei, dass sich für diese Bereiche ästhetische Normen herausbilden. Es ist die »neue« Sichtbarkeit der äußeren weiblichen Genitalien, die dazu führt, dass auch für diesen Bereich explizite Schönheitsnormen aufkommen: Erstmals entwickelt sich eine für weite Schichten der Bevölkerung allgemeingültige und verbindliche Intimästhetik. Eine bis dato primär der Privatsphäre zuzuschreibende Körperregion – die Schamregion – unterliegt fortan einem Gestaltungsimperativ. Zwar hat es auch in der Vergangenheit wechselnde Moden hinsichtlich der Gestaltung des Schambereichs gegeben, wie an den wechselnden Trends in puncto weiblicher Intimbehaarung gezeigt wurde, diese waren jedoch nicht Gegenstand eines breiten öffentlichen Interesses, sondern vorrangig privater Natur. Durch die weitläufige mediale Sichtbarkeit vorrangig der weiblichen Genitalien wird ein bisher unbeachteter Körperbereich medial kolonisiert und gleichsam zu einem öffentlichen Raum gemacht (vgl. Borkenhagen 2007): So ist davon auszugehen, dass das aktuelle Modeideal der »glatt rasierten Scham« – wie jede andere Mode – auch wieder unmodern werden wird. Über kurz oder lang wird vermutlich wieder üppig wachsendes Schamhaar als schick gelten. Was sich aber jenseits dieser Moden bereits feststellen lässt, ist ein – wenn auch bislang noch vorrangig auf das weibliche Geschlecht beschränkter – Trend, den Intimbereich ebenso wie schon zuvor andere Körperbereiche zu gestalten. Es hat sich eine Intimästhetik und eine Norm etabliert, an der das Aussehen der (weiblichen) Genitalien fortan gemessen wird. Auch dieser bisher private Körperbereich unterliegt von nun an einem Gestaltungsimperativ, der den jeweiligen Moden entsprechend neue Verhaltensstandards erzeugt. Als Beleg meiner These, dass sich ein Intimideal etabliert habe und dass die Mode einer »nackten weiblichen Scham« lediglich der aktuellste Ausdruck dieses Ideals sei, mag die folgende Äußerung des bekannten Kunstkritikers Jerry Saltz (2007) gelten, die deutlich macht, in welchem Ausmaß das vorliegende Intimideal seinen Niederschlag in der Kunst als einem zentralen kulturellen Bereich gefunden hat:

»From private parts on figures in the work of Tracey Emin, Su-en Wong, Sarah Lucas and Marlene McCarty to those in the photographs and self-portraits of Patti Chang, Malerie Marder, Katy Grannan, Kembra Pfahler and Vanessa Beecroft, hairless pudenda are popping up in art galleries all over town.«

Als weiteres Indiz für die Herausbildung einer weiblichen Intimnorm kann die Etablierung einer neuen, eigenständigen Sparte kosmetischer Chirurgie, der sogenannten Female Genital Cosmetic Surgery (FGCS) gelten (Braun 2005).

Abbildung 1

Als weiterer aktueller Beleg mag die Kampagne von Tom Ford gelten, die ein vollständig intimrasiertes Model zeigt, das einen Parfümflakon vor seine Scham hält (vgl. Abbildung 1). Diese Anzeige wurde in der deutschen Internetausgabe der Zeitschrift *Vogue* vom 3. September 2007 von der Journalistin Doris Huber kommentiert: »Ganz klar ein Hingucker, diese neue Kampagne von Tom Ford. Der Effekt auf Männer steht außer Frage.« [3]

Unseres Erachtens relativiert die Prämisse der Etablierung eines allgemeingültigen Intimideals und des implizierten Gestaltungsimperativs die oben aufgeführten psychosozialen Erklärungsansätze. Beide Erklärungsmuster – einer Abwehr von Sexualität wie auch ein »befreiter« Umgang mit Sexualität – können im Einzelfall zutreffend sein, was aus der psychoanalytischen Praxis bestätigt werden kann. Die psychischen

Deutungsansätze erscheinen uns jedoch erst vor dem Hintergrund der Etablierung eines allgemeinen Intimideals verstehbar. Wie jede Kulturtechnik ist auch die Depilation des Schamhaars in psychische Motivstrukturen eingebunden, jedoch scheint die kulturelle Tendenz einer zunehmenden Ästhetisierung des Körpers und (fast) aller seiner Teile der entscheidende Faktor zu sein (vgl. Borkenhagen 2004). Die Intimmode der Schamhaarrasur ist nicht primär aus der individuellen Biografie eines Menschen zu erklären, sondern vorrangig aus dem gesellschaftlichen Kontext. Die Intimrasur stellt eine neue, von der Gesellschaft angebotene Wahlmöglichkeit dar, die es den Individuen im Sinne Devereux (1974) erlaubt, sich gleichsam für eine »konforme Devianz« zu entscheiden und sich so gegen andere Individuen abzugrenzen – und dennoch gesellschaftlich integriert zu bleiben. In Bezug auf unsere These der Etablierung eines Intimideals und mithin einer Intimmode gehen wir davon aus, dass sich über kurz oder lang die aktuelle Intimmode der weiblichen Teil- und Vollintimrasur verändern wird, wobei das Intimideal – in welcher (Mode-)Gestalt auch immer – als neue gesellschaftliche Wahlmöglichkeit bestehen bleiben wird. Für einen Wandel der aktuellen Intimmode der teil- oder vollrasierten Scham gibt es bereits Anzeichen: Neben den immer stärker in Mode kommenden Intimfrisuren (»Iro«/»landing strip« usw.), bei denen die Schamhaare nicht nur geschnitten, sondern auch gefärbt werden, finden sich im Internet bereits vereinzelt Berichte über Zöpfchenfrisuren, Ornamentics, Intimbemalungen und -tattoos. Viele weitere Varianten sind denkbar. Es handelt sich nur noch um eine Frage der Zeit, bis auch sie sich als Intimmode etablieren [1, 2, 3, 4, 5].

Literatur

Borkenhagen, A. (1998): Das körperliche Ich als geschlechtliches. Texte aus dem Colloquium Psychoanalyse 2(3), 56–67.

Borkenhagen, A. (2004): Das Konzept einer »dynamischen Identität« am Beispiel schönheitschirurgischen Embodiments. Psychologie & Gesellschaftskritik 28(3/4), 209–221.

Borkenhagen, A. (2007): Die Letzte noch nicht kolonisierte Köperregion. Märkische Allgemeine Zeitung, 16.08.2007.

Brähler, E. (2009): Verbreitung von Tätowierungen, Piercing und Körperhaarentfernung in Deutschland. Ergebnisse einer Repräsentativerhebung in Deutschland im Mai und Juni 2009. URL: http://medpsy.uniklinikum-leipzig.de/pdf/presse_tattoo_piercing.pdf (Stand: 21.07.2009).

Braun, V. (2005): Female Genital Cosmetic Surgery. Sexualities 8(4), 407–424.

Devereux G. (1974): Normal und Anormal. Frankfurt/M. (Suhrkamp).

Dr. Sommer-Studie (2006): Liebe! Körper! Sexualität! München (Bauer).

Dr. Sommer-Studie (2009): Liebe! Körper! Sexualität! München (Bauer).

GfK, Gesellschaft für Konsum- und Marktforschung (2007): Repräsentativbefragung zum Thema »Körperbehaarung und Attraktivität«. Baierbrunn (Wort & Bild Verlag).

Gnegel, F. (1995): Bart ab. Zur Geschichte der Selbstrasur. Köln (DuMont Buchverlag).

Hahn, A. (1954): Sei auch Du gepflegt und schön! Kleine Geheimnisse um die moderne Schönheitspflege der Frau. 3. Aufl. Bonn (Sammlung »Hilf Dir Selbst!«, Bd. 96).

Kühne, T. N. (2007): Subklinische und persönlichkeitspsychologische Determinanten von Menschen mit Körpermodifikationen. Unveröffentlichte Diplomarbeit. Universität Leipzig Fakultät für Biowissenschaften, Pharmazie und Psychologie, Institut für Psychologie II.

Menninghaus W. (2003): Das Versprechen der Schönheit. Frankfurt/M.(Suhrkamp).

Saltz, J. (2007): Pudenda Agenda. URL: http://www.artnet.com/magazine/features/saltz/saltz4-10-02.asp (Stand: (01.11.2007).

Steinbach, K. (2005): Zur Psychopathologie des modernen Alltagslebens 3. Die Genitalrasur. Zeitschrift für Klassische Psychoanalyse 23(1), 5–20.

Verzeichnis der Internetseiten

[1] http://www.med1.de/Forum/Sexualitaet/Anatomie/201430/4/

[2] http://www.kefk.org/portal/schamhaarentfernung/gegenwart

[3] http://www.vogue.de/vogue/1/blogs/style/?p=271

[4] http://www.die-seite.at/special/body/shavegb.php

[5] http://www.paradisi.de/Beauty_und_Pflege/Haut-_und_Koerperpflege/Intimrasur/

(Erhebungszeitraum Januar 2004 bis November 2007)

Plastische Korrekturen im weiblichen Genitalbereich

Simone Preiß

Waren die vergangenen Jahrhunderte vor allem von Unwissenheit und Verschwiegenheit gegenüber der »weiblichen Scham« geprägt, so werden sich Frauen in den modernen westlichen Gesellschaften in den letzten Jahren zunehmend des Aussehens ihrer äußeren Genitalien bewusst.

Die Rasur der Schambehaarung, die bei den unter 30-jährigen Frauen und Männern heute als selbstverständlich gilt (Dr.-Sommer-Studie 2006), führt zu einer besseren Sichtbarkeit der äußeren weiblichen Genitalregion. Hierdurch werden Abweichungen vom ästhetischen Ideal von einigen Frauen als störend oder sogar inakzeptabel empfunden. Das heutige ästhetische Genitalideal orientiert sich bezüglich des Bereichs der Vulva an einem kindlichen Zustand (»Lolita-Effekt«) mit straffen, vollen äußeren Schamlippen *(Labia majora)*, die die kleineren inneren Schamlippen *(Labia minora)* verdecken. Das Hervorschauen der *Labia minora* beim aufrechten Stand über das Niveau der *Labia majora* hinaus wird mit dem Verlust von Jugendlichkeit, einem verstärkten Sexualtrieb bis hin zur Prostitution assoziiert. Solche Herabwürdigungen des weiblichen Geschlechtes, das konstant Veränderungen durch natürliche Alterungsprozesse, Schwangerschaften und Hormonschwankungen unterworfenen ist, basieren zum einen auf traditionellen Vorstellungen (»das Gemächt des Weibes liege innwendig, das des Mannes auswendig«; Schenda 1998, S. 300) und werden zum anderen durch populistische und idealisierende Medien sowie durch die Pornoindustrie weiter manifestiert.

Die aktuelle Dr.-Sommer-Studie der Zeitschrift Bravo, *Liebe! Körper! Sexualität!* (2009), zeigt, dass nur 37% der befragten Jugendlichen noch keinen Kontakt mit Pornografie hatten; 69% aller Jungen und 57% aller Mädchen haben bereits pornografische Bilder oder Filme gesehen.

Der Wunsch nach einer Genitalkorrektur wird seit einigen Jahren auch in Deutschland immer häufiger an Gynäkologen und Plastische Chirurgen herangetragen. Als Motive für eine Operation der Schamlippen werden vor allem lange innere Schamlippen und erschlaffte äußere Schamlippen sowie Asymmetrien der Schamlippen angegeben (Borkenhagen 2009). Am häufigsten wird eine Verkleinerung der kleinen Schamlippen gewünscht. Ästhetische Gründe, motiviert durch ausgeprägte Schamgefühle gegenüber den eigenen äußeren Genitalien stehen also beim Wunsch nach einer Schamlippenreduktion im Vordergrund. Bei Vorliegen einer krankhaften Vergrößerung der Schamlippen *(Labienhypertrophie)* können zusätzlich auch funktionelle Beeinträchtigungen, wie Einschränkungen bei der Kleiderwahl (Schmerzen beim Tragen enger Kleidung), Einschränkungen beim Geschlechtsverkehr bzw. Urinieren (Invagination der inneren Labien oder Schmerzen), Einschränkungen bei Sport- und Freizeitaktivitäten (Schmerzen u.a. beim Radfahren, Wandern) und hygienische Aspekte die Entscheidung zu einer operativen Korrektur bedingen.

Anatomie der äusseren weiblichen Geschlechtsorgane *(Pudendum femininum, Vulva)*

Während das Intimideal heute massenmedial erörtert und präsentiert wird, bleiben Anstrengungen zur Erforschung und Vermittelung von Wissen über Form und Funktion der weiblichen Geschlechtsorgane dahinter zurück. So besteht selbst unter Gynäkologen eine erhebliche Unsicherheit bezüglich der Definition der vergrößerten inneren Schamlippen, der *Labienhypertrophie* (Paarlberg/Weijenborg 2008). Erst im Jahre 2005 zeigte die Vermessung von 50 prämenopausalen Frauen, dass eine große Variationsbreite (Lloyd et al. 2005) hinsichtlich Form und Färbung des äußeren Genitale der Frau existiert. Der Altersdurchschnitt der an dieser Untersuchung teilnehmenden Frauen lag bei 35,6 Jahren. Lloyd et al. (2005) stellten dabei beispielsweise Ausdehnungen der *Labia minora* zwischen Clitoris und Damm zwischen 20 und 100 mm (Tabelle 1) fest. Sie beschrieben Längen der inneren Schamlippen zwischen 7 und 50 mm, mit einer mittleren Länge von 21,8 mm. Auch die Länge der Clitoris und die Breite der *Glans clitoridis* erwiesen sich als sehr variabel (Lloyd et al. 2005). Lange innere Schamlippen stellen demzufolge eine Normvariante dar – und nichts Abnormes. Die Formvariationen der äußeren weiblichen Geschlechtsorgane haben verschiedene Ursachen, sie können unter anderem auf anlagebedingte Gewebeeigenschaften und erbliche Faktoren zurückgeführt werden.

Da keine der Frauen dieser Erhebung sich über Probleme beklagte (Lloyd et al. 2005), kann abgeleitet werden, dass eine echte *Labienhypertrophie* erst ab 5 cm Länge vorliegt. Eine Operationsindikation besteht aber auch dann nur bei zusätzlichem Vorhandensein von Beschwerden. Bei allen anderen Operationen zur Verkleinerung der inneren Schamlippen muss von einer kosmetischen Operation gesprochen werden. Liegt eine *Klitorishypertrophie* vor, ist eine hormonelle und in manchen Fällen auch eine chromosomale Untersuchung zur Abklärung von intersexuellen Erscheinungsformen anzuraten.

Zu den äußeren weiblichen Geschlechtsorganen gehören der Schamhügel *(Mons pubis)*, die großen Schamlippen *(Labia majora pudendi)*, die kleinen Schamlippen *(Labia minora pudendi)*, der Scheidenvorhof *(Vestibulum vaginae)*, der Vorhofschwellkörper *(Bulbus vestibuli)*, der Kitzler *(Clitoris)* und die Vorhofdrüsen *(Glandulae vestibulares)* zu denen die Bartholin-Drüsen gehören. Die äußeren weiblichen Geschlechtsorgane werden zusammenfassend Vulva genannt. Sie sind von den inneren Geschlechtsorganen durch den Hymen (sogenanntes »Jungfernhäutchen«) abgegrenzt. Ist der Hymen entfernt, hat man zwischen den kleinen Schamlippen Einsicht in den Scheidenvorhof. Dieser beherbergt auch die Mündung der Harnröhre *(Ostium urethrae externum)*. Auf der Innenfläche der kleinen Schamlippen münden die paarigen großen Vorhofdrüsen (*Glandulae vestibulares majores* beziehungsweise Bartholin-Drüsen). Gemeinsam mit den kleinen Vorhofdrüsen *(Glandulae vestibulares minores)* produzieren sie ein schleimiges Sekret, das den Scheidenvorhof befeuchtet, somit Epithelschäden vorbeugt und beim Geschlechtsverkehr die Reibung vermindert. Ein Verschluss der Ausführungsgänge der großen Vorhofdrüsen aufgrund einer Entzündung oder Vernarbung kann zur

Schwankungsbreite	mm	Mittel (Standardabweichung, SD)
Klitorislänge	5–35	19,1 (8,7)
Breite der Glans clitoridis	3–10	5,5 (1,7)
Distanz Klitoris – Urethra	16–45	28,5 (7,1)
Ausdehnung Labia majora zwischen vorderer und hinterer Kommissur	70–120	93 (13)
Ausdehnung Labia minora zwischen vorderer und hinterer Kommissur	20–100	60,6 (17,2)
Länge der Labia minora	7–50	21,8 (9,4)
Länge der Vagina	65–125	96 (15)
Farbe der Vulva:		
wie umgebende Haut	9	
dunkler als umgebende Haut	41	
Faltung der Labien:		
glatt	14	
mäßig	34	
ausgeprägt	2	

Tabelle 1 (nach Lloyd J et al. BJOG 2005; 112, S. 643)

Ausbildung von Retentionszysten führen, die sehr schmerzhaft sind und einer operativen Entfernung bedürfen.

Die Schamlippen vereinigen sich am *Mons pubis* in einer vorderen Kommissur, welche die Klitoris umschließt. Von der Klitoris aus durchziehen zwei Hautfalten, die *Frenula clitoridis*, die kleinen Schamlippen.

Die Klitoris besteht nicht nur aus der äußerlich sichtbaren *Glans clitoridis*, sondern auch aus dem Klitorisschaft *(Corpus clitoridis)*, der von der kapuzenartig aufsitzenden Klitorisvorhaut *(Praeputium clitoridis)* bedeckt ist. Um den Klitorisschaft und den seitlich unter dem *Musculus*

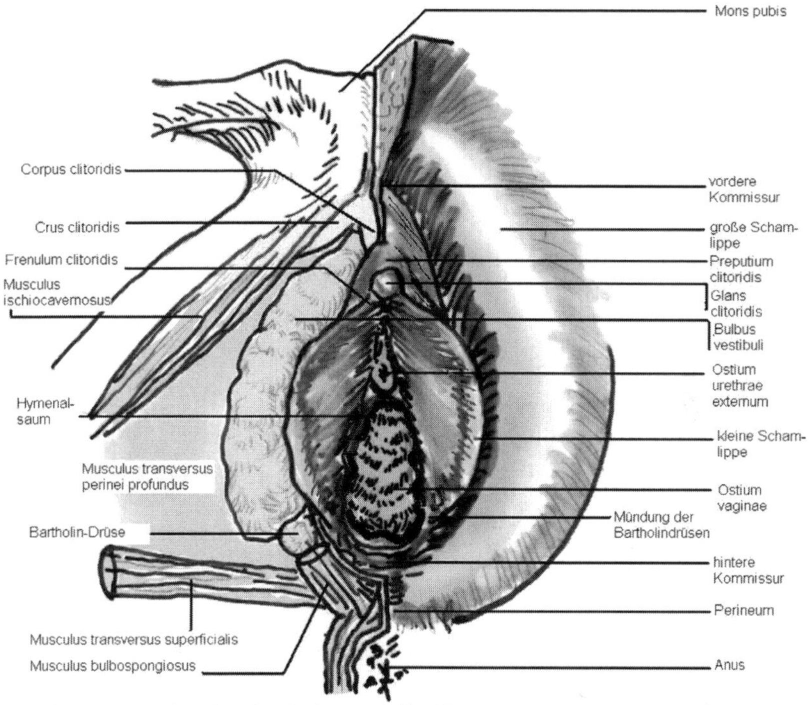

Abbildung 1: Vulva (in der linken Bildhälfte ist die Haut entfernt)

ischiocavernosus verlaufenden Klitorisschenkel *(Crura clitoridis)* herum befinden sich Schwellkörper (schwellfähiges Venengeflecht), die denen des männlichen Penis ähneln. Schwellkörpergewebe findet sich auch in der Basis der Schamlippen *(Bulbus vestibuli)*. Der *Bulbus vestibuli* wird vom *Musculus bulbospongiosus* bedeckt.

Die Vulva weist eine ausgesprochen gute Blutversorgung auf. Durch die *Arteria pudenda interna* und ihren Verästelungen werden der Anus, die Dammregion, die Schwellkörpermuskeln sowie der hintere Teil der großen Schamlippen (*Rami labiales posteriores* aus der *Arteria perinealis*) mit arteriellem Blut versorgt. Der vordere Teil der großen Schamlippen wird über Äste der *Arteria femoralis* (*Rami labiales anteriores* aus den *Arteriae pudendae externae*) versorgt. In den großen Labien anastomosieren die von vorn und hinten kommenden Gefäßäste (Hwang et al.

1985). Diese Gefäßnetze geben an die kleinen Labien wiederum multiple Gefäßbögen ab. Der venöse Abstrom des Blutes erfolgt analog über die *Vena pudenda interna*, mehrere *Venae pudendae externae* und zusätzlich in den *Plexus venosus vesicalis*.

Die vorderen Bereiche der großen Schamlippen werden von Nervenästen aus dem *Nervus ilioinguinalis* (*Plexus lumbalis*, L1–L4) durchzogen. Der hintere Teil der Schamlippen, die Dammregion sowie die Haut des Anus werden durch oberflächliche Äste des *Nervus pudendus* aus dem *Plexus sacralis* (L5–S3) innerviert. Tiefe Äste des *Nervus pudendus* innervieren auch die Schwellkörpermuskeln und die Klitoris. Diese weist bis zu 8.000 Nervenendungen auf.

Operationstechniken zur Reduktion der kleinen Schamlippen

Bisher existiert keine Standard-Operationstechnik zur Verkleinerung der inneren Schamlippen. Daher kommen derzeit verschiedene Operationsmethoden zur Anwendung. In der Regel werden die Eingriffe ambulant und in örtlicher Betäubung durchgeführt.

Zentrale Keilexzision (Alter 1998, n = 4): Über der größten Labienlänge wird eine V-förmige Exzisionslinie angezeichnet, deren Spitze an der Innenseite der kleinen Schamlippen bis in den *Introitus vaginae* reicht (Abbildung 2). Nach Infiltration eines Lokalanästhetikums erfolgt die Keilexzision zunächst an der kleineren der beiden *Labia minora*. Danach wird angleichend der Gewebeüberschuss der zweiten kleinen Schamlippe exzidiert.

Vorteil: Mit dieser Technik kann eine randständige Narbe durch Erhaltung der originären Labienkante mit ihrer spezifischen Kontur und Pigmentierung vermieden werden.

Nachteile: Verengungen des *Introitus vaginae* werden beschrieben. Der Narbenzug kann zu ziehenden Schmerzen beim Geschlechtsverkehr führen. Außerdem lässt die Technik meist nur eine ungenügende Reduktion der Länge der kleinen Labien zu und erlaubt keine Reduktion in der Periklitoralregion.

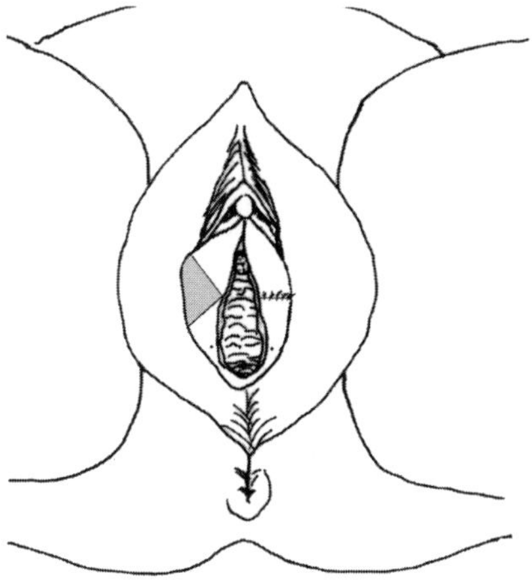

Abbildung 2: Zentrale Keilexzision (linke Bildhälfte mit angezeichneter Schnittführung, rechte Bildhälfte nach Wundverschluss)

Erweiterte zentrale Keilexzision (Alter GJ 2008, n = 407): Um die Nachteile der einfachen Keilexzision zu eliminieren, erweiterte Alter (2008) die zuvor beschriebene Technik um eine zusätzliche, an der Außenseite der kleinen Labien abweichende Schnittführung. Das äußere V wird bogenförmig bis kurz vor die vordere Kommissur verlängert (Hockey-Stock-Exzision). In der Verlängerung des V wird die Haut deepithelisiert, um eine laterale Resektion des überschüssigen kapuzenartigen Gewebes um die Clitoris *(Praeputium clitoridis)* herum zu erreichen (»lateral hood reduction«). Alternativ kann Letzteres auch als separate spindelförmige Resektion des vorderen Labienanteils erfolgen, woraus jedoch eine Narbe auf der Labienkante resultiert (»medial hood reduction«).

Vorteil: Vermehrte Reduktion der Länge der kleinen Labien einschließlich der Periklitoralregion.

Nachteil: Häufig entsteht ein Farbunterschied zwischen vorderem und hinterem Labienanteil.

Zentrale Deepithelialisierung (Choi et al. 1999, n = 6): Je nach Größe der kleinen Labien wird im zentralen Labienanteil sowohl an der Innen- als auch an der Außenseite das zu resezierende Areal angezeichnet. Nach Unterspritzen eines Lokalanästhetikums wird nun die angezeichnete Fläche deepithelisiert. Anschließend werden die Wundränder einander angenähert und vernäht (Abbildung 3).

Vorteil: Erhalt der neurovaskulären Versorgung am Labienrand.

Nachteil: Die Technik hinterlässt häufig eine dicke Labie sowie einen Weichteilüberschuss in der Periklitoralregion.

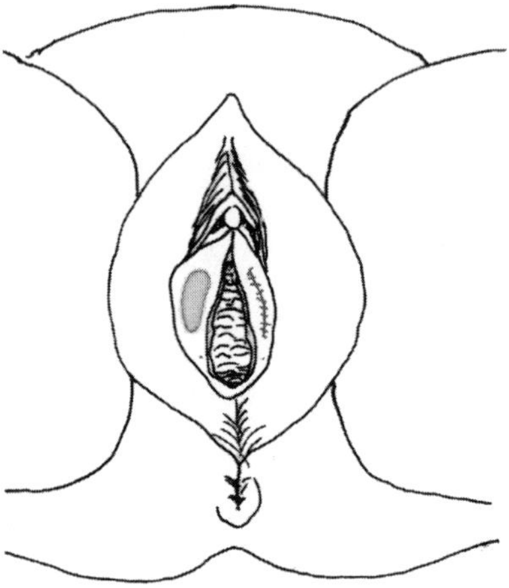

Abbildung 3: Zentrale Deepithelisierung (linke Bildhälfte mit angezeichneter Schnittführung, rechte Bildhälfte nach Wundverschluss)

Inferiore Keilresektion und Rekonstruktion mittels superior gestielter Lappenplastik (Rouzier 2000, n = 163; Munhoz et al. 2006, n = 21): Dorsal des Übergangs des *Frenulum clitoridis* in die kleinen Labien wird eine senkrechte Resektionslinie in Richtung der Labienbasis markiert. Im Winkel von 90°, parallel zur Lappenbasis, verläuft hiervon ausgehend eine weitere Resektionslinie in Richtung der hinteren Kommissur (Rouzier 2000). Nach Exzision der angezeichneten Resektionsfigur wird der anteriore Lappen in den entstandenen Defekt eingenäht und bildet die neue Labienkante (Abbildung 4). Die Lappenplastik nach Rouzier (2000) hat den Vorteil, dass der diffizile periklitorale Bereich nicht tangiert wird. Es gilt hier aber zu beachten, dass ein Verhältnis Lappenbreite zu -höhe von 1 : 2 nicht überschritten werden darf. Wird dies übersehen, sind Wundheilungsstörungen praktisch vorprogrammiert.

Munhoz et al. (2006) greifen mit einer schmalen Pinzette den mittleren Anteil der kleinen Labie und ziehen diesen bis zum hinteren Anteil des *Introitus vaginae* (Punkt B). Der Punkt des originären Labienrandes, der Punkt B spannungsfrei erreicht, wird als Punkt A markiert und bildet die spätere Lappenspitze. Das Anzeichnen des Exzisionskeiles erfolgt dann analog zur Technik von Rouzier (2000).

Vorteil: Diese Technik eignet sich insbesondere für lange, schlaffe *Labia minora*.

Nachteile: Die hintere Schnittkante liegt nah am *Introitus vaginae*, was zum Verlust von Drüsenausführungsgängen mit konsekutiver Scheidentrockenheit führen kann. Einen weiteren Nachteil stellt ein verbleibender Gewebeüberschuss im Bereich der Spitze des Resektionskeiles dar.

Zentrale Keilexzision mit 90°-Z-Plastik (Giraldo et al. 2004, n = 15): Das zentrale Drittel der kleinen Schamlippen wird keilförmig exzidiert. Erweitert wird diese bereits von Alter (1998) eingeführte Technik durch zwei Abwinkelungen von je 90°, welche jeden Schenkel des V zu einem Z werden lassen (Abbildung 5).

Vorteil: Hier soll neben der Länge der Labien auch deren Breite etwas vermindert werden und Narbenkontrakturen vorgebeugt werden.

Nachteile: Unterbrechung der neurovaskulären Versorgung am Labienrand, Nahtdehiszenz und ungenügende Reduktion der Länge der kleinen Labien.

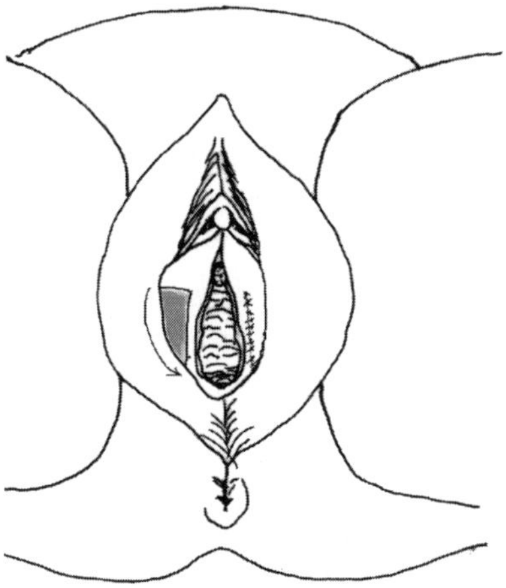

Abbildung 4: Inferiore Keilexzision (linke Bildhälfte mit angezeichneter Schnittführung, rechte Bildhälfte nach Wundverschluss)

Lineare Resektion der Ränder der kleinen Labien (Turkof et al. 2008, ohne Angabe der Anzahl der behandelten Patienten): Bei der Verkleinerung der kleinen inneren Schamlippen durch die Entfernung eines Streifens entlang der gesamten Schamlippe wird entsprechend des Wunsches der Patientin ein mehr oder weniger breiter Saum belassen. Dieser sollte mindestens 0,8 bis einen Zentimeter breit sein, um eine Überkorrektur zu vermeiden. Beide Schamlippen werden mit möglichst gleicher Spannung angehoben, die Resektionslinie

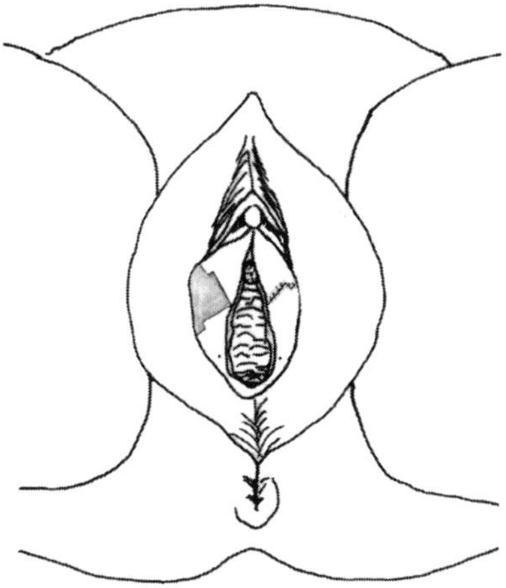

Abbildung 5: Zentrale Keilexzision mit 90° Z-Plastik (linke Bildhälfte mit angezeichneter Schnittführung, rechte Bildhälfte nach Wundverschluss)

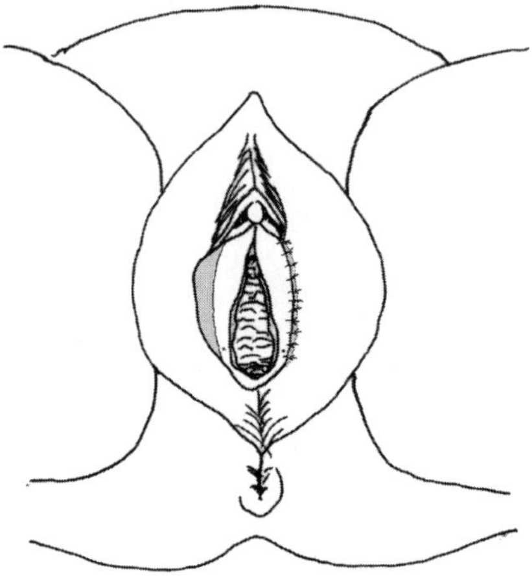

Abbildung 6: Lineare Resektion (linke Bildhälfte mit angezeichneter Schnittführung, rechte Bildhälfte nach Wundverschluss)

markiert und der Überschuss entfernt (Abbildung 6).

Vorteil: Es handelt sich um eine einfach durchzuführende Technik.

Nachteil: Nur sehr schwer lassen sich symmetrische Verhältnisse erreichen. Die Narbe befindet sich auf der Labienkante und es verbleibt ein Gewebeüberschuss periklitoral.

Laserreduktion der kleinen Schamlippen (Pardo et al. 2006, n = 55): Mittels eines Nd:YAG-Laser mit einer Leistung von 10 Watt wird das überschüssige Gewebe abgetragen. Mit dieser Technik können sowohl der zentrale Labienanteil als auch der periklitorale Labienanteil reduziert werden. Die Wundflächen werden anschließend mit einer Naht verschlossen.

Vorteil: Der Vorteil der Methode besteht gegenüber der Reduktionsplastik mittels Skalpell in einem verminderten Blutverlust aufgrund der karbonisierenden Laserwirkung. Durch das für die ablative Laserchirurgie typische schichtweise Vorgehen kann sowohl die Gefahr einer Überkorrektur minimiert als auch eine weitestgehende Symmetrie erzielt werden.

Nachteil: wie bei der Methode nach Turkof et al. (2008).

Lineare Resektion der Ränder der kleinen Labien mit Einschluss des Frenulum clitoridis und Praeputium clitoridis (Gress 2007, n = 279): Über die gesamte Länge der kleinen Labien verläuft die Schnittführung doppelt bogenförmig – der natürlichen Figur folgend – wobei ein Labienrest von 0,8–1,0 cm Höhe belassen wird. Das kaudal in die Klitoris einstrahlende Gewebe *(Frenulum clitoridis)* wird ebenfalls bogenförmig reseziert (Abbildung 7). Wichtig ist hierbei aber nicht nur die Entfernung des Hautüberschusses unterhalb der Klitoris, sondern auch im

Bereich der Klitoris selbst und darüber *(Praeputium clitoridis)*, wobei der Schnitt entlang der Falte zwischen großer und kleiner Schamlippe fortgeführt wird (»lateral clitoral hood reduction«).

Vorteil: Vermehrte Reduktion der Länge der kleinen Labien mit Einschluss der Periklitoralregion.

Nachteile: Die hintere Schnittkante liegt nah am *Introitus vaginae*, was zum Verlust von Drüsenausführungsgängen führen kann. Die große Wundfläche erhöht die Gefahr von Komplikationen bei der Heilung.

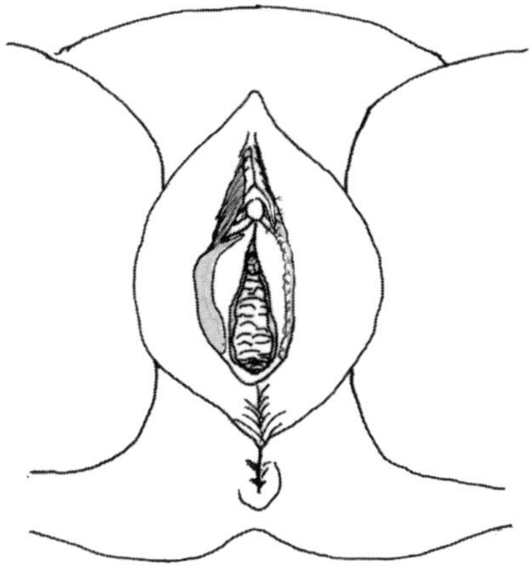

Abbildung 7: Lineare Labienrandresektion mit Frenulumeinschluss (linke Bildhälfte mit angezeichneter Schnittführung, rechte Bildhälfte nach Wundverschluss)

Zentrale fortlaufend W-förmige Resektion (Maas/Hage 1999, n = 13): Beginnend nach dem Übergang des *Frenulum clitoridis* in die kleinen Labien und vor der hinteren Kommissur endend, wird eine fortlaufend W-förmige Resektionsfigur angezeichnet, die auf der Innenseite der kleinen Labie gegenläufig zur Resektionsfigur der Außenseite verläuft (Abbildung 8). Nach Infiltration eines Lokalanästhetikums erfolgt nun die Gewebeexzision. Anschließend werden die medialen mit den lateralen Läppchen vernäht.

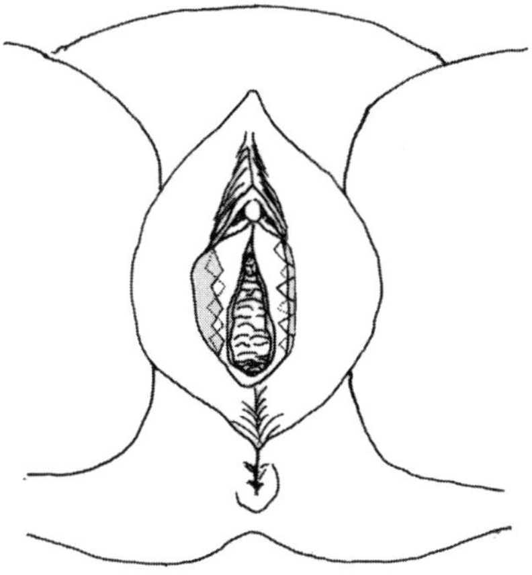

Abbildung 8: Zentrale fortlaufend W-förmige Resektion (linke Bildhälfte mit angezeichneter Schnittführung, rechte Bildhälfte nach Wundverschluss)

Vorteil: Diese Technik soll eine Narbenstrangbildung vorbeugen.

Nachteile: Wulstbildungen an der hinteren Kommissur und periklitoral sind möglich. Die kleinen Läppchen implizieren die Gefahr von Nekrosen und konsekutiven Wundheilungsstörungen. Die zickzackförmige Narbe kann Pigmentierungsstörung auf der Labienkante hinterlassen.

Nachsorge und Komplikationen

Die Nachsorge beinhaltet eine vierwöchige sexuelle Enthaltsamkeit, die Vermeidung von mechanischer Belastung durch Sport und Radfahren und eine akribische Genitalhygiene.

Das Risiko von Komplikationen bei Operationen an den äußeren weiblichen Genitalien ist abhängig von individuellen Gegebenheiten – wie z. B. dem Vorliegen von Nebenerkrankungen wie Diabetes mellitus oder anderen die Wundheilung beeinträchtigenden Faktoren wie Nikotinabusus oder die Einnahme bestimmter Medikamente. Die angewandte Technik, das verwendete Nahtmaterial und die postoperative Wund- und Narbenbehandlung haben ebenfalls einen Einfluss auf das Operationsergebnis. Die Vor- und Nachteile der einzelnen Techniken wurden im jeweiligen Abschnitt besprochen, daneben kann es grundsätzlich bei jeder Operation zu Blutungen, Nachblutungen, Wundheilungsstörungen, zum Auseinanderweichen der Wundränder (Dehiszenz), zur Fistelbildung oder zu Entzündungen kommen. Störungen der Kohabitationsfähigkeit werden durch Wundheilungsstörungen mit sekundärer Wundheilung und Bildung narbiger Verziehungen hervorgerufen. Diese Narbenzüge können auch zu Störungen der Urinentleerung führen und müssen korrigiert werden. Unabhängig von der angewandten Technik verbleiben immer auch Narben. In Abhängigkeit von der Schnittführung und dem daraus resultierenden Narbenverlauf besteht die Gefahr einer Sensibilitätsstörung.

Verbleibende Asymmetrien und Unterkorrekturen können nach Abheilung korrigiert werden. Eine Überkorrektur ist irreversibel, ferner besteht in diesem Fall die Gefahr der Ausbildung einer Verengung des *Introitus vaginae* und des Verlustes von Drüsenausführungsgängen, woraus eine relative Scheidentrockenheit mit konsekutiven Schmerzen beim Geschlechtsverkehr und chronische Epithelschäden resultieren können.

Weitere Operationstechniken zur ästhetischen Aufwertung der weiblichen Genitalregion

Neben Reduktionsplastiken der kleinen Labien werden weitere chirurgische Veränderung der weiblichen Genitalien, die unter dem Begriff *Female Genital Cosmetic Surgery* (FGCS) subsummiert werden, wie etwa die Verkleinerung oder Auffüllung erschlaffter großer Labien, angeboten. Da diese Eingriffe deutlich seltener durchgeführt werden, werden sie hier nur kurz erklärt.

Die Verkleinerung der großen, äußeren Schamlippen und des Mons pubis: Die Verkleinerung der großen, äußeren Schamlippen kann über eine spindelförmige Schnittführung erfolgen, wobei der Hautüberschuss über die gesamte Länge entfernt wird. Auch eine Fettabsaugung *(Liposuction)* ist möglich oder die Kombination beider Techniken. Voluminöse Schamhügel können ebenfalls durch eine Liposuktion verkleinert werden.

Vergrößerung der großen, äußeren Schamlippen: Zum Auffüllen altersbedingt erschlaffter oder gering ausgebildeter äußerer Schamlippen wird eine Transplantation eigenen Fettgewebes, das zuvor an anderer Stelle abgesaugt und speziell aufbereitet wird, oder die Einbringung von Hyaluronsäure angewendet. Beide Techniken erbringen häufig keine dauerhafte Auffüllung, da verpflanzte Fettzellen zum großen Teil und Hyaluronsäure vollständig vom Körper abgebaut werden – und bedürfen daher wiederholter Eingriffe.

Verkleinerung oder Verlagerung der Klitoris: Des Weiteren werden Eingriffe zur Verlagerung der Klitoris in Richtung Vaginaleingang und das sogenannte »clitoral unhooding« – das Freilegen der Klitoris durch Entfernung oder Verkürzung ihrer kapuzenartigen Vorhaut – angeboten. Diese sollen der besseren sexuellen Stimulierbarkeit dienen. Um dies zu gewährleisten, müssen die sensiblen Nerven und Blutgefäße der Klitoris unbedingt geschont werden; ansonsten droht ein Gefühlsverlust.

Das »clitoral unhooding« wurde bereits vor rund 100 Jahren praktiziert. Lenzen-Schulte (2009) verweist auf den Bedeutungswandel, den der Eingriff in der Zwischenzeit erfahren hat:

> »Wird dieser Eingriff heute zur Steigerung des Lustempfindens den Frauen angepriesen, diente er seinerzeit einem ganz anderen Zweck. Man wollte damit die Neigung der Frauen zur Masturbation eindämmen und ihr Sexualempfinden ›normalisieren‹: Die Frau sollte sich einzig durch den Geschlechtsverkehr mit einem Ehemann stimuliert fühlen.«

Gress (2007) beobachtete eine zumeist unveränderte sexuelle Stimulierbarkeit der Klitoris nach »clitoral unhooding«. Nur 9% der von Gress befragten Frauen, die sich einer Reduktion der kleinen Labien mit periklitoraler Straffung unterzogen, beschrieben diesbezüglich eine Verbesserung. Eine Verschlechterung der Klitorissensibilität trat nicht ein.

Eine tatsächliche Verkleinerung der Klitoris wird bei Anomalien ihrer Größe und Form durchgeführt, wie sie bei der Intersexualität (uneindeutige Ausprägung des Geschlechtes) auftreten können. Bei der operativen Behandlung einer Klitorishypertrophie wird der Gewebeüberschuss nach Deepithelisierung eines zirkulären Streifens an der Basis der *Glans clitoridis* unter das Hautniveau versenkt.

Vergrößerung der G-Punkt-Region und Vaginalverengung: Der Steigerung des Lustempfindens dienen auch Eingriffe im Bereich der inneren weiblichen Geschlechtsorgane, wie Straffungsoperationen an der Vagina und die Unterspritzung der bis heute nicht eindeutig nachgewiesenen G-Punkt-Region mit Hyaluronsäure oder eigenen Fettzellen. Die Straffung einer als zu weit empfundenen Vagina, z.B. nach Geburten, kann mittels oberflächlich abtragender Laser durchgeführt werden, da die Laserstrahlen zu einer Hauterneuerung und -schrumpfung führen. Auch durch die chirurgische Entfernung überschüssiger Schleimhautanteile wird die ursprüngliche Größe der Vagina wiederhergestellt. Darüber hinaus kann eine Verengung der Vagina durch Straffung des angrenzenden Muskelgewebes erreicht werden. Eine weitere Methode stellt die Eigenfettunterspritzung der Vaginalschleimhaut dar, für die jedoch meist mehrere Sitzungen notwendig sind. Dabei wird der Frau körpereigenes Fettgewebe aus dem Oberschenkel, dem Bauch oder Gesäß entnommen, um dieses nach einer speziellen Aufbereitung in den Vaginalbereich zu injizieren.

Rekonstruktion des Hymens: Vor allem in den Niederlanden, aber auch zunehmend von deutschen Chirurgen werden Jungfernhäutchenrekonstruktionen angeboten – die sogenannte »Hymenorrhaphie«, eine bisher keineswegs standardisierte Praxis. Die biologische Funktion des Hymens ist nicht geklärt, eine Hymenrekonstruktion geschieht daher allein aus sozialen und kulturellen Gründen. Meist wird sie von traditionell muslimischen Frauen gewünscht, um den Beweis der »Jungfräulichkeit« zu erbringen, obwohl es nur bei 50% aller Frauen überhaupt zu einer Blutung beim ersten Geschlechtsverkehr kommt (Wild et al. 2009).

Bei der dabei am häufigsten angewandten Operationstechnik werden die Kerben im gerissenen Hymenalsaum mit einen Skalpell angefrischt und anschließend mit selbstauflösendem Nahtmaterial fein vernäht. Die Operation wird ca. sechs Wochen vor dem geplanten Beischlaf durchgeführt. Sind keine Hymenreste mehr vorhanden, kann ein zerreißbares Biomaterial am *Introitus vaginae* eingebracht werden, das durch Reibung und Druck zerstört wird und dann eine rote Flüssigkeit freigibt. Dieser Eingriff ist bis wenige Tage vor der vorgetäuschten Deflorierung möglich.

Literatur

Alter, G.J. (1998): A new technique for aesthetic labia minora reduction. Ann Plast Surg 40(3), 287–290.

Alter, G.J. (2006): Aesthetic Genital Surgery. In: Mathes, S.J. (Hg.): Plastic Surgery, Vol. VI. Philadelphia (Elsevier), S. 404–410.

Alter, G.J. (2008): Aesthetic labia minora and clitoral hood reduction using extended central wedge resection. Plast Reconstr Surg 122(6), 1780–1789.

Baureithel, U. (2009): Welches Frauenbild unterstütze ich? URL: http://www.taz.de/nc/1/zukunft/wissen/artikel/1/welches-frauenbild-unterstuetze-ich (Stand: 10.10.2010).

Borkenhagen, A. (2008): Designervagina – Enhancement des weiblichen Lustempfindens mittels kosmetischer Chirurgie. Zur sozialen Konstruktion weiblicher kosmetischer Genitalchirurgie. psychosozial Nr. 112 (II/2008), 23–30.

Borkenhagen, A. & Kentenich, H. (2009): Labienreduktion – Neuester Trend der kosmetischen Genitalkorrektur – Übersichtsarbeit. Geburtshilfe und Frauenheilkunde 69(1), 1–5.

Bravo-Studie (2006): Dr. Sommer-Studie. Liebe! Körper! Sexualität! München (Bauer).

Bravo-Studie (2009): Dr.-Sommer Studie. Liebe! Körper! Sexualität! München (Bauer).

Choi, H.Y. & Kim, K.T. (2000): A new method for aesthetic reduction of the labia minora. Plastic Reconstr Surg 105(1), 419–422.

Giraldo, F.; González, C. & Fabiola de Haro, M.D. (2004): Central wedge nymphectomy with a 90-degree z-plasty for aesthetic reduction of the labia minora. Plast Reconstr Surg 113(6), 1820–1825.

Gress, S. (2007): Ästhetische und funktionelle Korrekturen im weiblichen Genitalbereich. Gynäkologisch Geburtshilfliche Rundschau 47(1), 23–32.

Hohl, M.K.; Scheidel, H.P. & Schüssler, B. (2008): Designer Vagina. Frauenheilkunde Aktuell (FHA) 2008(1), 4–13.

Hwang, W.Y; Chang, T.S.; Sun, P. & Chung, T.H. (1985): Vaginal reconstruction using labia minora flaps in congenital total absence. Ann Plast Surg 15(6), 534–537.

Lenzen-Schulte, M. (2009). Riskante Manipulationen. URL: http://www.faz.net/-00m4tu (Stand: 05.06.2009)

Liao, L.M. & Creighton, S.M. (2007): Requests for cosmetic genitoplasty: how should healthcare providers respond? BMJ 334(7603), 1090–1092.

Lloyd, J.; Crouch, N.S.; Minto, C.L.; Liao, L.M. & Creighton, S.M. (2005): Female genital appearance: »normality« unfolds. BJOG 112(5), 643–646.

Maas, S.M. & Hage, J.J. (2000): Functional and aesthetic labia minora reduction. Plast Reconstr Surg 10(4)5, 1453–1456.

Miklos, J.R. & Moore R.D. (2008): Labiaplasty of the labia minora: patients' indications for pursuing surgery. J Sex Med 5(6), 1492–1495.

Munhoz, A.M. et al. (2006): Aesthetic labia minora reduction with inferior wedge resection and superior pedicle flap reconstruction. Plast Reconstr Surg 118(5), 1237–1247.

Paarlberg, K.M. & Weijenborg, P.T. (2008): Request for operativ reduction of the labia minora; a proposal for a practical guideline for gynecologists. J Psychosom Obstet and Gynecol 29(4), 230–234.

Pardo, J.; Sola, V.; Ricci, P. & Guilloff, E. (2006): Laser labioplasty of the labia minora. Int J Gynaecol Obstet 93(1), 38–43.

Rouzier, R.; Louis-Sylvestre, C.; Paniel, B.J. & Haddad B. (2000): Hypertrophy of labia minora: Experience with 163 reductions. Am J Obstet Gynecol 182(1 Pt 1), 35–40.

Schenda, R. (1998): Gut bei Leibe. Hundert wahre Geschichten vom menschlichen Körper. München (C.H. Beck).

Turkof, E.; Sonnleitner, E. & Stirn, A. (2008): Schamlippenkorrektur. Wien (Wilhelm Maudrich Verlag).

Wild, V.; Poulin, H. & Biller-Andorno, N. (2009): Rekonstruktion des Hymens. Zur Ethik eines tabuisierten Eingriffs. Dtsch Arztebl 106(8), 340–341.

Designervagina oder das geschönte Geschlecht

Enhancement des weiblichen Lustempfindens mittels kosmetischer Chirurgie

Ada Borkenhagen

Anfang des neuen Jahrtausends entdeckten die Medien ein »neues« Feld kosmetischer Chirurgie: die »Designervagina« (Braun 2005). Seither nimmt die Zahl der Medienberichte über kosmetische Genitalchirurgie beständig zu. Braun (2005) spricht von kosmetischer Genitalchirurgie als dem am »schnellsten wachsenden Einsatzfeld kosmetischer Chirurgie in den USA«. Dort sind genitale Schönheitsoperationen bereits ein beliebtes Thema von Fernsehsendungen wie z.B. *Californication*. In Los Angeles ist die TV-Serie *Dr. 90210*, in der die Zuschauer live eine Vaginalverjüngung oder ein Schamlippenlifting miterleben können, ein Quotenbringer. Auch in Deutschland häufen sich Medienberichte über kosmetische Genitalkorrekturen.

Praktisch alle Bereiche der weiblichen Genitalregion können dabei Gegenstand kosmetisch-chirurgischer Veränderung werden: Möglich sind die Verengung der Vagina, die Verkleinerung der inneren Schamlippen, die Vergrößerung der äußeren Schamlippen, die Verkleinerung des Schamhügels, Reduktion der Klitorishaut, die Rekonstruktion des Jungfernhäutchens und das Aufspritzen der G-Punkt-Region mit Kollagen. Der Begriff der sogenannten *Female Genital Cosmetic Surgery* (FGCS) schließt dabei weder chirurgischen Maßnahmen im Rahmen einer Geschlechtsumwandlung oder der -anpassung bei intersexuellen Personen noch die genitale Verstümmelung ein (vgl. hierzu den Beitrag von Utz-Billing und Kentenich in diesem Band).

Gynäkologen westeuropäischer Länder (Bramwell/Morland/Garden

2007; Essén/Johnsdotter 2004; Liao/Creighton 2007), der USA (Green 2005; ACOG 2007; Goodman et al. 2007), Kanadas (Green 2005), Australiens und Neuseelands (Braun 2005) sehen sich zunehmend mit Wünschen nach einer Labienreduktion konfrontiert. Kürzlich machten Liao und Creighton (2007) im *British Medical Journal* auf die Folgen des Trends zur kosmetischen Genitalchirurgie aufmerksam: Sie berichteten, dass sich in Großbritannien die Labienreduktionen (Reduktion und Symmetrisierung der Labien) nach Angaben des *National Health Service* in den vergangenen fünf Jahren auf 800 Eingriffe pro Jahr nahezu verdoppelt habe und stellten fest, dass die Mehrzahl der Eingriffe aus ästhetischen Gründen erfolge. Der Studie »Schönheitsoperationen: Daten, Probleme, Rechtsfragen« der Bundesanstalt für Ernährung und Landwirtschaft (Korczak 2005) zufolge lässt eine Hochrechnung auf rund 1.000 Schamlippenstraffungen in Deutschland im Jahr 2005 schließen, wobei der Autor aufgrund der in diesem Bereich existierenden Tabus von einer Dunkelziffer unbekannter Größenordnung ausgeht. Nach Korczak (2005) belaufen sich die durchschnittlichen Kosten für eine Labienstraffung in Deutschland auf 785 Euro. In einer Onlinebefragung des Schweizer Meinungsforschungsinstituts *zehnvier* (2007) von 675 Internetnutzern gaben 1,8% an, eine Schamlippenverkleinerung in Erwägung zu ziehen. 3,6% hegten die konkrete Absicht, eine Schamlippenverkleinerung vornehmen zu lassen. Bei der steigenden Nachfrage nach kosmetischen Genitalkorrekturen scheint es sich um einen neuen kulturellen Trend zu handeln, was sich in der stetig steigenden Medienpräsenz kosmetischer Genitalchirurgie abzeichnet. Welches Ausmaß die offensive Werbung für kosmetische Genitalchirurgie inzwischen auch in Deutschland erreicht hat, war bis vor Kurzem in der Hamburger U-Bahn zu sehen: Die Adressen der Anbieter von Schamlippenverkleinerungen flimmerten dort über jene Monitore, die sonst über das Wetter und die neuesten Nachrichten informieren.

Wie Schönheitschirurgie allgemein muss auch kosmetische Genitalchirurgie sowohl als Medizintechnik als auch als kulturelle Praxis angesehen werden (vgl. Adams 1997; Haiken 2000). Im Folgenden möchte ich einzelne Aspekte des Trends zur kosmetischen Genitalchirurgie im Hinblick auf die implizierten kulturellen Bedeutungen analysieren.

Das Aufkommen kosmetischer Genitalchirurgie wie auch die massenhafte Verbreitung schönheitschirurgischer Eingriffe im Allgemeinen ist einer Zunahme der Bedeutung des körperlichen Erscheinungsbildes in der postmodernen Welt geschuldet (Borkenhagen 2004). War in der Vormoderne Schönheit eine Gabe Gottes, verschiebt sich in der modernen und postmodernen konsumorientierten Gesellschaft im Diskurs um Schönheit der Fokus auf Handlungen und Aktivitäten zum Erreichen von Schönheit. Diese stellt nun vorrangig das Produkt des eigenen Tuns und des eigenen Schönheitshandelns dar.

Der Körper und mit ihm alle Möglichkeiten seiner Gestaltung werden dabei immer stärker zu einem Mittel – aber auch zu einem Imperativ – zur Darstellung eigener Identität (Borkenhagen 2004). Längst sind es nicht mehr nur die sichtbaren Bereiche des Körpers, die ästhetischen Normen und damit einem Gestaltungsimperativ unterliegen, sondern auch bisher unbeachtete Körperregionen – die Schamregion und vor allem die Genitalien werden zunehmend als neuer Gestaltungsbereich entdeckt, den Frauen (und zunehmend auch Männer) nun ästhetisch gestalten können und müssen, um damit ihre eigene »Individualität« auszudrücken. Kosmetische Genitalchirurgie erscheint daher auf einer theoretischen Ebene zunächst als eine Ausweitung kultureller Körpernormen – vor allem des weiblichen Körpers – auf einen bisher unbeachteten Körperbereich. Entsprechend schreiben Allorey et al. (2001):

> »Labioplastiken sind lediglich eine logische Folge anderer kultureller Praktiken, die entwickelt wurden und dem weiblichen Genitale eine erhöhte Aufmerksamkeit und Sichtbarkeit zukommen ließen […]. In diesem Kontext ist das Trimmen der sichtbaren kleinen weiblichen Schamlippen Teil eines Kontinuums.«

Wie in dem Zitat von Allorey et al. 2001 angedeutet, ist kosmetische Genitalchirurgie Teil einer kulturellen Entwicklung, die den weiblichen Genitalien in den vergangenen zehn bis 15 Jahren eine erhöhte Aufmerksamkeit und Sichtbarkeit zukommen ließ. Als ein Beleg hierfür kann u.a. die Berichterstattung über weiblichen Oralsex in deutschen Frauenzeitschriften gelten. Die Medien – insbesondere Frauenzeitschriften – können dabei als bedeutsame kulturelle Quelle wie auch als Produzent von Schönheitsidealen und Körpernormen angesehen werden (vgl. Sullivan 2001).

In einer bundesweiten, repräsentativen Befragung der Universität Leipzig von 2009 bekannte sich rund die Hälfte der Frauen im Alter von 18 bis 25 Jahren zur Intimrasur, bei den Männern war der Anteil etwas geringer (Brähler 2009). Im studentischen Milieu ist die Intimrasur noch häufiger. In einer Untersuchung an 314 Psychologie- und Medizinstudenten der Universitäten Leipzig und Essen im Jahr 2007 gaben 88% der Frauen und 67% der Männer an, sich regelmäßig im Intimbereich zu rasieren (Kühne 2007). Im Zuge des aktuellen Trends zur Intimrasur ist es normal geworden, die teilweise oder vollständig depilierten weiblichen Genitalien in Werbebildern zu zeigen. Mit der neuen Sichtbarkeit der äußeren weiblichen Genitalien haben sich auch für diesen Bereich Schönheitsnormen herausgebildet. Es existiert von nun an eine ästhetische Norm, wie man »da unten« auszusehen hat. Diese Norm übt zum Teil einen erheblichen Druck auf Frauen aus, wenn sie z.B. durch hervorschauende innere Schamlippen nicht der geltenden Schönheitsnorm – bei der die äußeren Schamlippen optisch der Oberseite eines Brötchens ähneln und die inneren Schamlippen zu verdecken haben – entsprechen. Charakteristisch für die neue Intimästhetik, die zumeist von den irrealen Vaginaldarstellungen männlich orientierter Pornografie abgeleitet ist (vgl. Adams 1997), ist ein jugendliches, vorpubertäres Aussehen. Dies wird in einigen der von Braun (2005) analysierten Berichte über kosmetische Genitalchirurgie in den Populärmedien dezidiert angesprochen. So stellt ein Chirurg im *Shine Magazine* 2001 fest (zitiert nach Braun 2005): »A lot of women bring in Playboy, show me pictures of vaginas and say, ›I want to look like this‹.«

Kosmetische Genitalchirurgie erscheint angesichts dieser neuen Intimästhetik als geeignete Option, den Intimbereich aktiv nach den eigenen Vorstellungen gestalten zu können und der neuen ästhetischen Norm anzupassen. Dabei wird kosmetische Genitalchirurgie aber nicht nur als eine von vielen Optionen zur Körpergestaltung gepriesen, sondern Anbieter, Konsumentinnen und vor allem die Medien propagieren kosmetische Genitalchirurgie darüber hinaus als Methode, die den Frauen über die Gestaltung ihres Körpers auch mehr sexuelle Freiheit eröffnet. Schaut man sich die Medienberichte über kosmetische Genitalchirurgie an, so erscheint diese als Königsweg zu einem verbesserten weiblichen Lustempfinden.

Folgende Passage aus dem *Woman's Day Magazine* (New Zealand) aus dem Jahr 2004 (zitiert nach Braun 2005) macht dies deutlich:

> »Amanda was utterly miserable. She no longer enjoyed sex with Russell, the husband she adored, and on those rare occasions when they mad love, Amanda would insist they switch off the lights.«

Verbesserung (Enhancement) des weiblichen Lustempfindens mittels kosmetischer Genitalchirurgie

In diesem wie in anderen Berichten über kosmetische Genitalchirurgie werden immer wieder die präoperativen sexuellen Einschränkungen der Klientinnen konstatiert. Neben ästhetischen Faktoren sind es also physisch bedingte Funktionsbeeinträchtigungen, die den Wunsch nach einer kosmetischen Genitalchirurgie vermeintlich motivieren.

Folgende Äußerung eines Chirurgen aus Großbritannien macht dies deutlich (zitiert nach Braun 2005):

> »What comes in more in my practice it is not – quite often it's not purely cosmetic but there are functional complaints with the labia the size of the labia too for example […] it can be painful during intercourse because the labium keeps going in and out with every thrust.«

In diesem Zusammenhang werden auch Schmerzen als Grund für das eingeschränkte sexuelle Erleben der Klientinnen diskutiert, wobei dieses als psychologisch adäquate Antwort auf die mangelhafte genitale »Ausstattung« (Morphologie) angesehen und die weibliche Morphologie zum eigentlichen Kern des Problems erklärt wird – zum Hinderungsgrund, ein befriedigendes Sexualleben zu erleben.

Die Verbesserung der weiblichen Sexualfunktionen wird in Medienberichten als zentraler Grund für die Notwendigkeit kosmetischer Intimchirurgie angesehen. So äußert der Facharzt für Plastische und Ästhetische Chirurgie Dr. Stefan Gress in einem Interview:

> »Wenn Frauen keine Lust auf Sex mehr haben, hat das häufig körperliche Ursachen. Studien bestätigen zum Beispiel, dass die Empfindungs- und Stimulationsfähigkeit nach Geburten aufgrund der Überdehnung der Vagina im Durchschnitt um 40 Prozent reduziert ist. Aber nur wenige wissen, dass man das Problem oft durch einen medizinischen Eingriff beseitigen kann.«

Und weiter führt er aus:

> »Auch angeborene anatomische Gegebenheiten wie ein Überschuss an Klitorisvorhaut können die Stimulation behindern. Hier hilft oft eine vorsichtige Reduktion des Gewebes. Eine weitere Methode zur Luststeigerung ist die Intensivierung des G-Punktes. Während manche Frauen sehr sensibel auf eine Stimulation reagieren, empfinden andere hier gar nichts. Wir intensivieren den G-Punkt, indem wir ihn durch behutsame Unterspritzung von körpereigenem Fettgewebe oder Hyaluronsäure bis auf das Doppelte vergrößern und aufwölben. In den meisten Fällen wird dadurch die Stimulations- und Orgasmusfähigkeit enorm verbessert.«[1]

Hauptgrund für eine kosmetische Genitalchirurgie bleiben jedoch psychische Motive – vor allem das Schamerleben über ein nicht der neuen Intimästhetik entsprechendes Genitale, aus dem Gehemmtheit, Verlegenheit und Selbstunsicherheit resultieren. Nach Braun (2005) steht das Schamerleben in Bezug auf das Aussehen der eigenen Genitalien besonders im Zusammenhang mit dem Populärwerden der neuen Sexualpraktik des weiblichen Oralsexes, bei der die weiblichen Genitalien unmittelbar sichtbar sind. Die von den Patientinnen der kosmetischen Genitalchirurgie berichteten Ängste reflektieren dabei die negativen Repräsentationen weiblicher Genitalien in unserer Kultur (Borkenhagen 1998; Braun/Wilkinson 2001): Es hat den Anschein, als ob sich diese negativen kulturellen Zuschreibungen gleichsam in die Körper jener Patientinnen eingeschrieben hätten (Roberts et al. 1996).

Der Bericht von Sarah, einer 27-jährigen Sekretärin, den Braun (2005) zitiert, kann hierfür als exemplarisch gelten: Sarah hat seit ihrer Pu-

1 http://www.womenweb.de/lovesex/sex/opsimgenitalbereich

bertät ihre Schamlippen als zu lang empfunden und sich geschämt. Sie berichtet:

> »Sie (die Schamlippen) haben mein Sexleben ruiniert. Ich habe mich nie sicher und zufrieden beim Sex gefühlt. Ich fühlte mich wie eine Aussätzige. Ich habe niemanden erlaubt mich je nackt zu sehen.«
>
> »[D]as größte Problem war der Sex. Ich war mit meinem Freund seit meinem 15. Lebensjahr zusammen aber ich habe mich stets unsicher und gehemmt beim Sex gefühlt. Ich habe stets Positionen eingenommen, in denen er meine Vagina nicht sehen konnte und ich hatte niemals Oralsex, weil ich es nicht ertragen hätte, dass er mich aus nächster Nähe hätte sehen können.«

Eine mir überwiesene 39-jährige Krankenschwester mit arabischem Migrationshintergrund, die um eine operative Verkleinerung ihrer inneren Schamlippen nachsuchte, war davon überzeugt, dass sich Männer aufgrund ihrer üppigen inneren Schamlippen immer wieder von ihr trennen würden. Sie meinte, dass Männern ihre zu langen Schamlippen abstoßend fänden und üppige Schamlippen ihnen Angst machen würden. Daher war sie beim Sex stark gehemmt und konnte sich nicht wirklich entspannen und wollte sich daher einer Schamlippenverkleinerung unterziehen.

Kosmetische Genitalchirurgie als Generator einer neuen Intimästhetik

Das mittels kosmetischer Genitalchirurgie perfektionierbare weibliche Genitale repräsentiert die Ersetzung der natürlichen Verschiedenheit durch die Konformität einer normativen Intimästhetik. Diese neue weibliche Genitalästhetik ist jedoch weiterhin an den traditionellen Vorstellungen männlicher und weiblicher Sexualität orientiert, bei der Männlichkeit durch Sichtbarkeit des äußeren Genitales und die Größe desselben, Weiblichkeit dagegen durch Verborgenheit (des inneren Genitales) und Abwesenheit symbolisiert wird. Denn trotz der »neuen« Sichtbarkeit der weiblichen Genitalien dürfen diese nur sichtbar sein, sofern sie der weiblichen Intimästhetik von Verborgenheit, Jugendlichkeit und Jungfräulichkeit entsprechen. Die mittels kosmetischer Genitalchirurgie etablierte Intimästhetik greift dabei auf die Tradition der Pathologisierung langer und großer innerer Schamlippen zurück, die als Ausdruck ungehemmter weiblicher Sexualität sowie Ausschweifung und Devianz angesehen wurden (vgl. Gilman 1985). Demgegenüber galten in anderen Kulturen Frauen mit üppig wuchernden inneren Schamlippen als besonders begehrenswert. Üppige innere Schamlippen stellten hier das Symbol für sexuelle Reife und weibliche Potenz dar.

Da nur etwa die Hälfte aller Frauen der »neuen« Intimästhetik des jungfräulichen, jugendlichen Genitales entspricht, wächst der Druck, sich dem neuen Ideal mittels kosmetischer Genitalchirurgie anzupassen. Diese erscheint hierbei als probates Mittel, um mit der Anpassung an eine ästhetische Norm zugleich auch einer sexuellen Norm zu entsprechen – denn erst durch die Angleichung an die vorherrschende Genitalästhetik werden bestimmte Sexualpraktiken wie Oralsex kulturell akzeptabel. Kosmetische Genitalchirurgie suggeriert, dass spezifische Sexualpraktiken (z.B. Cunnilingus) nur im Rahmen einer limitierten weiblichen Genitalästhetik erreicht und genossen werden können. Weil die Behinderung sexueller Möglichkeiten und Befriedigung zum zentralen Topos im Kontext der Diskussion um kosmetische Genitalchirurgie in den Medien erklärt und von Seite der Chirurgen die erhöhte sexuelle Befriedigung als bedeutendes Ziel und Outcome kosmetischer Genitalchirurgie dargestellt wird, erscheint sexuelle Befriedigung nur noch über eine chirurgische Veränderung erreichbar. Folgendes Zitat aus dem *Cleo Magazine* (New Zealand, 2001) zeigt dies sehr deutlich: »Feedback from patients suggests their sex lives have improved enormously: Male urologist stated: ›I've known women who are mono-orgasmic to become multiply orgasmic as a result.‹« Erst die chirurgischen Maßnahmen erlauben den Frauen, ihr sexuelles Repertoire zu erweitern. Die Risiken kosmetischer Genitalchirurgie bleiben typischerweise in den meisten Medienberichten, den Patientenberichten oder den Berichten von Chirurgen unerwähnt. Stattdessen wird unisono ein überwältigender Zuwachs sexueller Befriedigung konstatiert.

In den Medienberichten über kosmetische Genitalchirurgie findet sich, sofern nicht dezidiert auf einen morphologischen Mangel des weiblichen Genitale rekurriert wird, implizit oder explizit die Argumentationsstrategie kosmetischer Genitalchirurgie als Psychotherapie, wobei sich die Befürworter der von Gilman 1999 für die ästhetische Chirurgie aufgezeigten sozialen Konstruktion »kosmetischer Chirurgie als Psychotherapie« bedienen. Ausgangspunkte der Entscheidung zu einem genitalchirurgischen Eingriff sind demnach psychische Motive und seelisches Leiden. Das psychische Leiden wird in den Berichten über kosmetische Genitalchirurgie so konstruiert, dass es lediglich durch eine chirurgische Maßnahme veränderbar erscheint, welche die Psyche umfassend zu wandeln und eine tiefgreifende Persönlichkeitsveränderung zu bewirken vermag. Wie kosmetische Chirurgie im Allgemeinen, so wird auch kosmetische Genitalchirurgie als Methode deklariert, die über eine chirurgische Veränderung des Körpers eine Wandlung der Seele bewirkt (Blum 2003). Kosmetische Genitalchirurgie erscheint dabei als effektivste Form körperliches und seelisches Wohlbefinden sowie sexuelle Befriedigung zu erreichen (Fraser 2003). Damit wird der Körper als das ontologisch frühere und mithin bedeutsamere Element dem Bewusstsein/der Psyche entgegengesetzt, wobei der Psyche durchaus ein bedeutender Einfluss im Kontext sexueller Befriedigung eingeräumt wird. Es ist jene psychische Veränderung, die nur mittels eines operativen Eingriffs erreichbar erscheint, die letztlich kosmetische Genitalchirurgie erfolgreich macht. Mit ihrer Argumentation knüpfen ihre Befürworter an das biologische Paradigma an, dass der Körper in einer einfachen Ursache-Wirkung-Beziehung als Ursache psychischen Befindens fungiert. Psychisches Leiden und Unzufriedenheit werden somit eindimensional auf körperliche Gegebenheiten reduziert und die Manipulation des Körpers erscheint folgerichtig als Mittel der Wahl, um seelisches Wohlbefinden und Zufriedenheit zu erreichen. Die Conditio sine qua non des Erfolges kosmetisch genitalchirurgischer Maßnahmen wird in der psychischen Transformation einer gehemmten Sexualität infolge morphologischer Mangelhaftigkeit hin zu einer befreiten, multiorgasmischen Sexualität gesehen – wobei Transformation, also die physische und psychische Verwandlung, allgemein den Schlüsselbegriff der sozialen Konstruktion von kosmetischer Chirurgie darstellt (vgl. Blum 2003; Davis 1995; Gimlin 2002).

Kosmetische Genitalchirurgie wird damit für die Nutzerinnen zu einem Weg, sich an die »neue« sexuelle Norm, die mit einer spezifischen

Intimästhetik verbunden ist, anzupassen und so dem Gefühl des Nichtnormalseins zu entkommen. Hierbei zeigt sich die Doppeldeutigkeit kosmetischer Genitalchirurgie: Einerseits impliziert sie Anerkennung und Legitimität der sexuellen Befriedigungsmöglichkeiten von Frauen, da die ästhetisch motivierten genitalchirurgischen Maßnahmen auch explizit das Ziel verfolgen, das weibliche Lustempfinden zu verbessern. Kosmetische Genitalchirurgie ist dabei Ausdruck einer allgemeinen soziokulturellen Entwicklung hin zu einer »Erotisierung der weiblichen Sexualität« (Seidman 1992, S. 24), die weibliche sexuelle Lust legitimiert. Entsprechend stellte 1996 ein Artikel im *Flare Magazine* mit dem Titel »The Sex Files« fest, dass »weibliche Befriedigung ein öffentlicher Trend sei«. Allgemein wurde Sex in den vergangenen Jahrzehnten für Männer wie für Frauen bedeutsamer (Weeks 1985, S. 7), wobei häufiger, lustvoller, variantenreicher und ekstatischer Sex zum wichtigsten Zeichen persönlichen Glücks und persönlicher Identität avancierten (D'Emilio/ Freedman 1997; Heath 1982). Im Zuge dieser Entwicklung erhielt die sexuelle Befriedigung den Status eines unhinterfragbaren Gutes, was auch die allgemeingültige liberale Sexualrhetorik widerspiegelt, die den aktuellen westlichen Diskurs über Sexualität bestimmt. Weil der Geschlechtsakt vorrangig als Domäne der Befriedigung und Lust konzeptualisiert wird (Seidman 1991), wird sexuelle Befriedigung zum legitimen und verpflichtenden Ziel des befreiten sexuellen Subjekts. Es haben sich kulturelle Erwartungen etabliert, nach denen jedes Individuum das Recht und die Pflicht hat, ein Maximum an sexueller Befriedigung in seinen Beziehungen zu realisieren. Im Zuge der Bedeutungszunahme von Lust und Befriedigung werden auch die körperliche Erlebnisfähigkeit und sexuelle Techniken bedeutsamer (Seidman 1991), gleichzeitig nehmen jedoch Gefühle des sexuellen Unbefriedigseins zu. Die weibliche sexuelle Befriedigung erscheint vor diesem Hintergrund besonders prekär, da sie unsicherer, weniger sichtbar und damit weniger kontrollierbar ist als die männliche. Angesichts des neuen sexuellen Befriedigungsimperativs kann kosmetische Genitalchirurgie als »normalisierende Praktik« (vgl. Boddy 2002) und damit als Mittel verstanden werden, den weiblichen Körper zu kontrollieren. Kosmetische Genitalchirurgie stellt aus dieser Sichtweise eine Strategie der Anpassung an diese Normen dar (vgl. Sheldon/Willkinson 1998).

Fazit

Das Aufkommen kosmetischer Genitalchirurgie als kulturelles Massenphänomen im Zeichen der Verbesserung des weiblichen Lustempfindens wirft die tiefgreifende ethische Frage auf, bis zu welchem Grad der menschliche und vor allem der weibliche Körper diesem Ziel angepasst werden sollte. Eine kritische kulturelle Reflexion über die »neue« Kulturtechnik einer ästhetisch motivierten Genitalchirurgie, welche die implizierten Konzepte von Sexualität, Weiblichkeit und Körperlichkeit explizit werden lässt und damit einer Reflexion erst zugänglich macht, erscheint dringend notwendig. Kosmetische Genitalchirurgie existiert als Folge wie auch als Generator einer neuen Intimästhetik und kann als normalisierende Praktik (Boddy 2002) und damit als Handlung der Anpassung an gesellschaftliche Normen verstanden werden. Die soziale Konstruktion und mediale Propaganda kosmetischer Genitalchirurgie als Mittel zur Verbesserung des weiblichen Lustempfindens lässt diese als etwas erscheinen, was im allgemeinen Interesse der Frauen liegt. In den gängigen Berichten über kosmetische Genitalchirurgie erscheint sie daher zum einen als emanzipativer Akt, der weibliche Lust legitimiert, zum anderen jedoch auch als Methode, die weibliche Lust limitiert: So legitimiert das Konzept der kosmetischen Genitalchirurgie die Orgasmusfähigkeit und -würdigkeit der Frau und erklärt sie zum Ziel der operativen Eingriffe. Im Zuge dieser Affirmation der weiblichen Orgasmusfähigkeit wird diese jedoch zugleich zur Norm, an der weibliche Sexualität und der weibliche Körper fortan gemessen werden. Es handelt sich dabei um eine Norm, die nicht von allen Frauen selbstverständlich erreicht wird, sondern die immer erst einer Veränderung des weiblichen Körpers – vorzugsweise mittels ästhetischer Genitalchirurgie – bedarf. So erscheint auch vor dem Hintergrund dieses (neuen) Ideals des orgasmusfähigen weiblichen Körpers dieser erneut – wie in den traditionellen Konzeptionen von Weiblichkeit – als defizitär. Denn auch dieses neue Körperideal wird, wie bereits erwähnt, nicht von Natur aus von jeder Frau selbstverständlich erreicht, sondern der defizitäre weibliche Körper muss erst durch eine einschneidende Veränderung – eine ästhetische Genitalchirurgie – diesem Ideal angepasst werden. Trotz der Liberalisierung, die mit dem Idealbild des orgasmusfähigen weiblichen Körpers verbunden ist, wird auch in dieser sozialen Konstruktion aus der weitgehenden Unsichtbarkeit der inneren weiblichen Genitalien der (Kurz-)Schluss gezogen, dass die weiblichen sexuellen Befriedigungsmöglichkeiten – im Vergleich zur gut sichtbaren männlichen Erektion – defizitär seien. Dies bedeutet aber nichts anderes, als dass weibliche Sexualität, wie in der patriarchalischen Kultur gängig, weiterhin am Maßstab männlicher Anatomie gemessen wird und damit defizitär erscheint. Der weibliche Orgasmus ist nicht sichtbar und nicht gleichermaßen verfügbar wie der männliche. Mittels kosmetischer Genitalchirurgie erscheint die weibliche sexuelle Erregung kontrollierbarer und verfügbarer. Anstatt die sexuellen Praktiken an den Körper anzupassen, dient kosmetische Genitalchirurgie dazu, den weiblichen Körper mittels einer bestimmten Intimästhetik an spezifische sexuelle Praktiken anzupassen. Dieses Versprechen macht sicherlich einen wesentlichen Teil ihrer aktuellen Attraktivität aus.

Anhang

Im Juli 2009 hat die *Deutsche Gesellschaft für Gynäkologie und Geburtshilfe e. V.* eine Stellungnahme zur Intimchirurgie herausgegeben, die an dieser Stelle zur inhaltlichen Abrundung des Themas wiedergegeben werden soll.

Stellungnahme der DGGG zur Intimchirurgie

Eingriffe in die körperliche Integrität von Frauen und Männern waren und sind aufgrund geschlechtsspezifischer Normen in allen Kulturkreisen üblich und nicht Bestandteil der Heilkunde – auch wenn es sich um nicht unerhebliche operative Eingriffe handelte.

- Infolge eines veränderten Schönheitsideals, was Form, Aussehen und Funktionalität des weiblichen Genitales angeht und dem dafür vorhandenen Medieninteresse, haben sich die Anfragen von Frauen nach kosmetischen Genitaloperationen und auch die Zahl der durchgeführten Operationen erhöht. Bei diesen Operationen handelt es sich im Einzelnen um Verkleinerungen der inneren und Vergrößerungen der äußeren Schamlippen (Labioplastien mit ggf. Reduzierung des Präputiums oder Neupositionierung der Clitoris),

- Gewebsveränderung und Eigenfettunterspritzung sowie Liposuktionen (Fettabsaugung am Schamhügel und an den äußeren Schamlippen) zur optischen Veränderung,
- Vaginalverengung (durch zirkuläre Eigenfettunterspritzung oder chirurgisch) bei zu weit empfundener Vagina,
- Vergrößerung des G-Punktes durch Kollagen-, Hyaluronsäure- oder Eigenfettinjektionen in diesem Bereich (was zu einem Anschwellen der G-Punktregion und damit zur Steigerung des sexuellen Lustempfindens führen soll),
- der Rekonstruktion des Jungfernhäutchens (Revirgination, Hymenoplastik) aus soziokulturellen Gründen.

Bisher sind die Gründe für die Inanspruchnahme dieser Operationen ungenügend untersucht.

Für die Labienreduktion sind aus wissenschaftlichen Studien als Operationsbegründung bekannt: Größe und Asymmetrie der Schamlippen, Schamgefühle beim Sich-Zeigen, Einschränkung bei der Kleiderwahl oder beim Geschlechtsverkehr und Urinieren, sowie bei Sport und Freizeitaktivitäten (z. B. Radfahren oder Wandern …). In anderen Studien werden überwiegend ästhetische Motive als Hauptgrund für die Labienreduktion angeführt, während funktionelle Einschränkungen dann seltener als Operationsindikation angeführt werden.

Bei der Rekonstruktion des Hymens sind psychosoziale Gründe (Depression, Einsamkeit, Identitätskonflikte oder sogar Suizidalität) insbesondere bei Frauen aus anderen Kulturkreisen ausschlaggebend.

Gemeinsam ist allen diesen kosmetischen Operationen an den weiblichen Genitalien, dass Risikoeinschätzungen und Komplikationsraten dieser Operationen fehlen, nicht bekannt sind oder verharmlost werden (keine Nachuntersuchungen über längere Zeiträume). Zu den Komplikationen und Risiken dieser Eingriffe zählen Wundheilungsstörungen und Entzündungen, Narbenbildungen, Sensibilitätsstörungen mit herabgesetzter sexueller Empfindlichkeit, veränderte taktile Empfindungen bis hin zu deutlichen Funktionsbeeinträchtigungen der Genitalien (z. B.

Dyspareunie, Nichteintreten der gewünschten Stimulationswiederherstellung). Durch Narbenbildung und Asymmetrie kann es zu Schmerzen beim Gehen, Sitzen, bei sportlicher Betätigung und beim Geschlechtsverkehr kommen, die auch noch Jahre nach der Operation vorhanden sein und das Sexualleben und die Lebensqualität negativ beeinflussen können.

Neben diesen potenziellen Komplikationen und Risiken – auch bei einem guten kosmetischen Ergebnis – ist es von besonderer Relevanz, dass es heute keinerlei verbindliche Fort- und Weiterbildungscurricula entsprechender Fachgesellschaften gibt und damit auch eine qualitätssichernde Ergebnisbeurteilung rein subjektiv und nicht objektivierbar ist. Entsprechende Operationen sollten nur nach entsprechender Weiterbildung und persönlicher theoretischer und klinischer Erfahrung durchgeführt werden. Von erfahrener Hand ausgeführt, sind operativ bedingte Komplikationen selten. Auf jeden Fall sollten Standards entwickelt und publiziert werden.

Darüber hinaus liegen keine wissenschaftlichen Daten vor, die nachweisen, dass diese Eingriffe zu anhaltenden psychischen Verbesserung führen. Der Unzufriedenheit von Frauen und jungen Mädchen mit ihren Genitalien muss durch vermehrte Information und Bewusstseinsbildung bezüglich des ohne Nachteil vielfältigen Erscheinungsbildes der weiblichen Genitalien entgegengetreten werden. Für die tägliche Praxis ist deshalb zu fordern, dass vor jeglicher schönheitschirurgischer Operation im Genitalbereich ein ausführliches ärztliches Gespräch, gegebenenfalls unter Hinzuziehung eines Psychologen/Psychiaters zu führen ist, insbesondere bei Hinweisen auf depressive Stimmungen, Sexualstörungen, Selbstwertstörungen oder Reifungskonflikte.

Bei der Verkleinerung der Schamlippen und auch hinsichtlich anderer Methoden der Intimchirurgie sollten die vom *American College of Obstetricians and Gynecologists* gegebenen Empfehlungen berücksichtigt werden:

1. Vor einem solchen Eingriff sollten die Motive für die Operation genau abgeklärt werden.
2. Es sollte ein körperlicher Befund für den Eingriff vorliegen.
3. Die Patientinnen müssen darüber aufgeklärt werden, dass bisher keine ausreichenden wissenschaftlichen Daten darüber vorliegen,

dass diese Eingriffe zu anhaltenden psychischen oder funktionellen Verbesserungen führen.

4. Es muss über die Risiken der Eingriffe, wie Infektionen, veränderte Sensibilität, Dyspareunie, Verwachsungen und Narben umso detaillierter aufgeklärt werden, je weniger der Eingriff den Charakter einer ärztlichen Heilmaßnahme hat. Diese ausführliche Aufklärung muss sorgfältig dokumentiert werden.
5. Es muss darauf hingewiesen werden, dass es für diese Operationen keine wissenschaftlich erarbeiteten Operationsstandards gibt, die bei unzureichenden Operationsergebnissen als Klagegrund verwendbar wären.

Autoren:

Prof. Dr. Dr. med. Rudy Leon De Wilde, Vorstand DGGG, Oldenburg
Dr. phil. Ada Borkenhagen, Berlin
Dr. Gisela Gille, Lüneburg
Prof. Dr. med. Caroline Nestle-Kraemling, Vorsitzende der AWO, Düsseldorf
Prof. Dr. med. Stefan Gress, München
Prof. Dr. med. Heribert Kentenich, Berlin
Prof. Dr. med. Rolf Kreienberg, Präsident der DGGG, Ulm

Literatur

ACOG, American College of Obstetrics and Gynecology Committee on Obstetrics Practice (2007): Vaginal »rejuvenation« and cosmetic vaginal procedures. Obstet Gynecol 110(3), 737–738.

Adams, A. (1997): Moulding Women's Bodies: The Surgeon as Sculptor. In: Wilson, D.S. & Laennec, C.M. (Hg.): Bodily Discursions Gender, Representations, Technologies. New York (State University of New York Press), S. 59–80.

Allorey, P.; Maderson, L. & Grover, S. (2001): The politics of pemale genital surgery in displaced communities. Critical Public Health 11(3), 189–201.

Blum, V.L. (2003): Flesh Wounds: The Culture of Cosmetic Surgery. Berkeley (University of California Press).

Boddy, J. (2002): Verkörperte Gewalt? Beschneidung, Geschlechterpolitik und kulturelle Ästhetik. In: Duden, B. & Noeres, D. (Hg.): Auf den Spuren des Körpers in einer technogenen Welt. Opladen (Leske + Budrich), S. 148–172.

Borkenhagen, A. (1998): Das körperliche Ich als geschlechtliches. Colloquium Psychoanalyse 2(3), S. 56–67.

Borkenhagen, A. (2004): Das Konzept einer »dynamischen Identität« am Beispiel schönheitschirurgischen Embodiments. Psychologie & Gesellschaftskritik 28(3/4), 209–221.

Brähler, E. (2009): Verbreitung von Tätowierungen, Piercing und Körperhaarentfernung in Deutschland. Ergebnisse einer Repräsentativerhebung in Deutschland im Mai und Juni 2009. URL: http://medpsy.uniklinikum-leipzig.de/pdf/presse_tattoo_piercing. pdf (Stand: 21.07.2009).

Bramwell, R.; Morland, C. & Garden, A. (2007): Expectations and experience of labial reduction. A qualitative study. BJOG 114(12), 1493–1499.

Braun, V. (2005): In search of (better) sexual pleasure. Female genital cosmetic surgery. Sexualities 8(4), 407–424.

Braun, V. & Wilkinson, S. (2001): Socio-cultural Representations of the vagina. Journal of Reproductive and Infant Psychology 19(1), 17–32.

Davis, K. (1995): Reshaping the Female Body. The Dilemma of Cosmetic Surgery. New York (Routledge).

Dr. Sommer-Studie (2006): Liebe! Körper! Sexualität! München (Bauer).

Dr. Sommer-Studie (2009): Liebe! Körper! Sexualität! München (Bauer).

D'Emilio, J. & Freedman, E. B. (1997): Intimate Matter. A History of Sexuality in America. Chicago (The University of Chicago Press).

Essén, B. & Johnsdotter, S. (2004): Female genital mutilation in the West: traditional circumcision versus genital cosmetic surgery. Acta Obstet Gynecol Scand 83(7), 611–613.

Fraser, S. (2003): The agent within. Agency repertoires in medical discourse on cosmetic surgery. Australian Feminist Studies 18(40), 27–44.

GfK, Gesellschaft für Konsum- und Marktforschung (2007): Repräsentativbefragung zum Thema »Körperbehaarung und Attraktivität«. Baierbrunn (Wort & Bild Verlag).

Gilman, S. (1985): Difference and Pathology: Stereotypes of Sexuality, Race and Madness. Ithaca (Cornell University Press).

Gilman, S. (1999): Making the Body Beautiful: A Cultural History of Aesthetic Surgery. Princeton (Princeton University Press).

Gimlin, D. L. (2002): Body Work. Beauty and Self-Image in American Culture. Berkely (University of California Press).

Green, F. J. (2005): From clitoridectomies to »designer vaginas«. The medical construction of heteronormative female bodies and sexuality through female genital cutting. Sexualities, Evolution and Gender 7(2), 153–187.

Goodman, M. P. et al. (2007): Is electiv vulvar plastic surgery ever warranted, and what screening should be conducted preoperatively? J Sex Med 4(2), 269–276.

Haiken, E. (2000): The making of the modern face. Cosmetic surgery. Social Research 67(1), 81–97.

Heath, S. (1982): The Sexual Fix. New York (Schocken Books).

Korczak, D. (2005): »Schönheitsoperationen: Daten, Probleme, Rechtsfragen – Abschlussbericht«. Projektnummer 05HS020, Auftraggeber: Bundesanstalt für Ernährung und Landwirtschaft, Deichmanns Aue 29, 53179 Bonn.

Kühne, T. N. (2007): Subklinische und persönlichkeitspsychologische Determinanten von Menschen mit Körpermodifikationen. Unveröffentlichte Diplomarbeit. Universität

Leipzig, Fakultät für Biowissenschaften, Pharmazie und Psychologie, Institut für Psychologie II.

Liao, L.M. & Creighton, S.M. (2007): Requests for cosmetic genitoplasty. how should healthcare providers respond? BMJ 334(7603), 1090–1092.

Roberts, C.; Kippax, S.; Spongber, M. & Crawford, J. (1996): »Going down«: Oral sex, imaginary bodies and HIV. Body and Society 2(3), 107–124.

Seidman, S. (1991): Romantic Longings. Love in America 1830–1980. New York (Routlegde).

Seidman, S. (1992): Embattled Eros: Sexual Politics and Ethics in Contemporary America. New York (Routlegde).

Sheldon, S. & Wilkinson, S. (1998): Female Genital Mutilation and Cosmetic Surgery. Regulating nontherapeutic Body Modification. Bioethics. Oxford (Blackwell).

Sullivan, D.A. (2001): Cosmetic Surgery. The Cutting Edge of Commercial Medicine in America. New Brunswick (Ruttgers University Press).

Weeks, J. (1985): Sexuality and its Discontents: Meanings, Myths and Modern Sexualities. London (Routlegde & Kegan Paul).

zehnvier (2007): Studie Schönheit und Schönheitschirurgie 2007 – Ergebnisbericht für Deutschland. URL: www.zehnvier.ch/data/1210268637_Schoenheit_Deutschland.pdf (Stand: 12.01.2009).

Die Rekonstruktion des Hymens

Medizinische, ethische und psychosoziale Aspekte

Verina Wild & Rachel Neuhaus Bühler

Einleitung

Bereits im Mittelalter wird das Hymen[1] als »Wächter der Jungfräulichkeit« beschrieben (Coyne Kelly 2000, S. 27); das »Brechen« und Bluten des Hymens wird mit dem Verlust der Jungfräulichkeit in Verbindung gesetzt (ebd., S. 30). Es existieren auch mittelalterliche Überlieferungen, in denen Tricks beschrieben werden, mittels derer Jungfräulichkeit – verstanden als das Bluten beim ersten Geschlechtsverkehr – vorgetäuscht werden kann; z. B. durch das Einführen einer mit Blut gefüllten Taubenblase in die Vagina, die im Moment der Penetration platzt (ebd., S. 32). Auch heute noch ist das Vortäuschen einer Blutung zum »Beweis ihrer Jungfräulichkeit« für viele Frauen von elementarer Bedeutung. Etliche Frauen lassen zu diesem Zwecke eine »Rekonstruktion des Jungfernhäutchens« (oder Hymenorrhaphie/Hymenrekonstruktion) vornehmen. Es handelt sich dabei um eine gynäkologische/plastische Operation am Hymenalsaum. Sie wird weltweit von GynäkologInnen und Plastischen ChirurgInnen vorgenommen. Ziel ist es, den Hymenalsaum so zu rekonstruieren, dass bei erneutem Geschlechtsverkehr eine Blutung erfolgt. In letzter Zeit wird die Operation vereinzelt thematisiert und auch als ethisches Problem wahrgenommen (Mernissi

1 Auch die maskuline Form – »der Hymen«– ist geläufig.

1982; Kandela 1996; Cindoglu 1997; Logmans et al. 1998; Usta 2000; Eich 2008; Wild et al. 2009).

Es gibt außerdem Hinweise darauf, dass – auch verheiratete – Frauen eine Hymenorrhaphie vornehmen lassen, um ihrem Ehemann oder Partner eine Freude zu bereiten, oder ihn mit einem »Valentinsgeschenk« zu überraschen[2]. Dieses Phänomen ist vor dem Hintergrund des »Boom« der plastischen Vaginalchirurgie zu verstehen, deren Ziel es u. a. ist, die sexuelle Lust zu steigern. Der weitaus häufigere Grund für die Entscheidung zu einer Hymenorrhaphie ist jedoch die Angst der betreffenden Frauen vor der »Schande«, nicht als Jungfrau in die Ehe einzugehen. Ihnen drohen in diesem Zusammenhang soziale Isolation und teilweise auch gewalttätige oder sogar lebensbedrohliche Übergriffe. Frauen, die aus diesen Gründen eine Hymenrekonstruktion anstreben, leben häufig in einem sozialen Umfeld mit traditionellen, meist religiös motivierten Konventionen, so etwa mit islamischem (Schirrmacher 2007), traditionell katholischem (Roberts 2006), aber auch russisch orthodoxem, jüdischem etc. Hintergrund. Der gesellschaftliche Druck, als Jungfrau in die Ehe zu gehen, kann für diese Frauen ernsthafte psychische Folgen wie Depression, Einsamkeit, Identitätskonflikte bedeuten und sogar Suizidalität nach sich ziehen (Bekker et al. 1996). Die Sorgen der Frauen sind durchaus begründet, denn es gibt dokumentierte Fälle, in denen Frauen aufgrund nicht nachweisbarer Jungfräulichkeit oder vermuteter vorehelicher Defloration verstoßen, misshandelt oder sogar ermordet werden (Cileli 2005; Schirrmacher 2007).

Die Debatte, ob Ärzte eine Hymenorrhaphie durchführen sollten oder nicht, wurde bereits 1987 auf einer Tagung der »Islamic Organization of Medical Sciences« in Kuwait geführt. Der damalige Beschluss verbot alle Änderungen am menschlichen Körper, die »Betrugscharakter« hätten (Bentlage/Eich 2007). Die Diskussion über eine 2007 erlassene Fatwa, in der die Rekonstruktion des Hymens als zulässig erklärt wurde (Fatwastab

2 In einem Online-Portal über Plastische Chirurgie wird als einer der Gründe für eine Hymenrekonstruktion angegeben: »manchmal wollen Frauen nur ihre Partner erfreuen und die zweiten Flitterwochen erleben« (http://www.kosmetische-plastische-chirurgie.eu/verfahren/rekonstruktion-des-jungfernhautchens-hymenoplastik; letzter Zugriff: 08.10.2010). Ein Arzt berichtet in der *New York Times*: »I have colleagues in the United States whose patients do this as a Valentine's present to their husbands« (http://www.nytimes.com/2008/06/11/world/europe/11virgin.html?_r=2&ref=todayspaper&oref=slogin; letzter Zugriff: 08.10.2010).

2007), wird seither äußerst kontrovers geführt. Im Zusammenhang mit der Annullierung einer Ehe in Lille im Mai 2008 rückte die Operation weltweit in den Fokus der Öffentlichkeit (vgl. Kalweit 2008). Unter anderem aufgrund von Migrationsbewegungen werden auch Ärztinnen und Ärzte in Deutschland zunehmend mit der Anfrage konfrontiert (vgl. Ates 2007). Sie müssen folglich Stellung dazu nehmen und begründet handeln, was angesichts der ethischen Implikationen häufig problematisch ist.

In diesem Beitrag werden definitorische und technische Begriffsklärungen vorgenommen (Hymen, Hymenrekonstruktion, Abgrenzung zur weiblichen Genitalbeschneidung). Wir werden die Relevanz der Thematik erläutern und die ethischen Probleme schildern, die mit der Operation einhergehen. Zum Abschluss geben wir eine Übersicht über einige empirische Erhebungen, die am Institut für Biomedizinische Ethik der Universität Zürich zu diesem Thema durchgeführt werden und präsentieren erste Ergebnisse.

Das Hymen

Laien stellen sich unter dem Jungfernhäutchen eine den Vaginaleingang verschließende Haut vor, die während des ersten Geschlechtsverkehrs wie Papier einreißt (Herrmann et al. 2008) oder »platzt«[3]. Das Hymen ist jedoch normalerweise nur bis kurz vor der Geburt ein verschlossenes Häutchen am Vaginaleingang. Im Laufe der kindlichen Entwicklung bildet sich dieses Häutchen zu einer elastischen Schleimhautfalte am Vaginaleingang, die einem Saum ähnelt, zurück. Diese Schleimhautfalte besitzt kein einheitliches Aussehen, sondern zeigt vielfältige anatomische Variationen. Daher erstaunt es nicht, dass bereits erfolgter Geschlechtsverkehr nicht immer zu nachweisbaren Veränderungen des Hymens führt und dass gewisse Veränderungen wie Furchen oder

3 Auf die Forumsanfrage im Internet: »Wenn man seine Regel noch nicht hat, blutet man dann trotzdem beim ersten Sex?« antwortete ein User: »Ja, der Hymen platzt. In einigen Kulturen: Wehe der Braut, wenn nach der Hochzeitsnacht kein Blut auf dem Laken zu sehen ist« (http://iq.lycos.de/qa/show/702311/Wenn-man-seine-regel-noch-nicht-hat-blutet-man-da-trotzdem-beim-ersten-sex/; letzter Zugriff: 06.07.2009).

Kerben des Hymens auch bei Mädchen nachweisbar sind, die keinen Geschlechtsverkehr hatten (Adams et al. 2004). Da das Hymen je nach Beschaffenheit beim ersten Geschlechtsverkehr keine Rissverletzungen zeigen muss, kommt es auch oftmals nicht zu einer Blutung. Studien geben Hinweise darauf, dass es nur bei weniger als 50% der Frauen zu einer Blutung beim ersten Geschlechtsverkehr kommt (Amy 2008). Entgegen dieser anatomischen Fakten hält sich der Irrglaube, Jungfräulichkeit könne durch Blut auf dem Laken in der Hochzeitsnacht bewiesen werden. Breit angelegte Sexualaufklärung würde entscheidend dazu beitragen, diesen Mythos zu überwinden und damit auch die Praxis der Hymenrekonstruktion hinfällig werden zu lassen.

Das Verfahren der Hymenorrhaphie

Die Hymenorrhaphie selbst ist ein relativ einfacher chirurgischer Eingriff und von der weit umfangreicheren Vaginalplastik zu unterscheiden. Es gibt keine offizielle, standardisierte Technik und der Eingriff selbst wird kaum in der medizinischen Fachliteratur diskutiert. Wir fanden lediglich eine Studie, die zwei Techniken miteinander vergleicht. Über einen Zeitraum von 14 Jahren wurden Operationen von sechs Frauen dokumentiert. Bei zwei Frauen wurde das Epithel angefrischt und dann vernäht, bei vier Frauen wurde eine Cerclage durchgeführt, die in dem Artikel detailliert beschrieben wird. Bei einer Konsultation in der darauffolgenden Woche zeigten die vier Frauen, die eine Cerclage erhalten hatten, hinsichtlich der Form des operierten Hymens ein »zufriedenstellenderes« Ergebnis als die anderen beiden (Ou et al. 2008).

Wichtig ist bei der Operation, dass eine ausreichend große Öffnung für das Abfließen des Menstruationsblutes bestehen bleibt. Die Operation findet unter Lokalanästhesie oder in Vollnarkose statt. Eine Blutung nach der Operation kann nie garantiert werden. Da die Hymenorrhaphie nicht Gegenstand der ärztlichen Ausbildung ist, lernen sich ÄrztInnen üblicherweise untereinander an. Die Kosten für eine Operation belaufen sich in Deutschland für die Patientin laut Anzeigen im Internet zwischen 500 und 4.000 Euro. Valide Auskünfte über das genaue Verfahren, über Notwendigkeit und Art der Anästhesie sowie über Risiken und Komplikationen gibt es nicht.

Gehört Hymenorrhaphie zur weiblichen Genitalbeschneidung?

In explorativen Gesprächen mit Ärztinnen und Ärzten in Deutschland stellte sich heraus, dass viele von ihnen keine Kenntnis davon haben, dass Hymenrekonstruktionen hierzulande tatsächlich durchgeführt werden. Etliche – außerhalb des Fachbereichs der Gynäkologie oder der Plastischen Chirurgie – wissen nicht einmal, dass diese Operation überhaupt existiert. Zudem kommt es leicht zu einer Verwechslung mit der weiblichen Genitalbeschneidung, die wir im Folgenden ausräumen möchten.

Die bislang geleistete öffentliche Aufklärungsarbeit und Forschung zur weiblichen Genitalbeschneidung hat in den letzten Jahren große Fortschritte erzielt. Laut WHO-Klassifikation wird sie in vier Typen unterteilt. Als Typ III wird die Infibulation bezeichnet, bei der (mit oder ohne Beschneidung der Klitoris) der Vaginaleingang verengt wird, indem die *Labiae minores* oder *majores* vernäht werden. Die Absicht, den Vaginaleingang zu verengen, liefert vermutlich den Grund für mögliche Verwechslungen mit der Hymenorrhaphie. Aufgrund der Technik, der Art des Eingriffs, der Komplikationsrate und anderer komplexer Gründe sind diese beiden Eingriffe jedoch grundlegend voneinander zu unterscheiden. Lediglich hinsichtlich der moralischen Bedeutung, die der sexuellen Abstinenz vor der Ehe beigemessen wird, sind Parallelen zu finden. Zur Hymenorrhaphie liegen bislang keine umfassenden empirischen Daten vor, weder über die tatsächliche Motivation für diese chirurgische Intervention noch über die Konsequenzen eines solchen Eingriffs. Daher können in einem Vergleich von Genitalbeschneidung und Hymenorrhaphie aufseiten der Hymenorrhaphie nur Vermutungen stehen, die unter anderem auf unseren ersten empirisch erhobenen Daten beruhen. Die folgende Tabelle stellt ausgewählte Fakten zu beiden Praktiken dar.

Ethische Aspekte der Hymenorrhaphie

Bei oberflächlicher Betrachtung der Thematik könnte der Eindruck entstehen, die Rekonstruktion des Hymens stelle kein ethisches Problem dar, da der Wunsch nach der Operation ein selbstbestimmter Akt

	Genitalbeschneidung	Hymenorrhaphie
Motivation	*Mögliche Motive** – Soziale Konvention, kulturelle Tradition – Teil der »richtigen« Erziehung, Vorbereitung auf Erwachsensein und Ehe – Bestandteil »guter« Sexualität, z.B. kein vorehelicher Geschlechtsverkehr (Verengung der Vagina) oder verringerte Lust (Klitoridektomie) – Schaffung eines »sauberen« und »schönen« Körpers	*Vermutete Motive* – »Wiederherstellung der Jungfräulichkeit« nach vorehelichem sexuellen Kontakt – Angst vor Strafe/Schande – Steigerung der Heiratschancen – Liebes-/Treuebeweis an den (künftigen) Ehemann
Durchführende Person	Je nach Land unterschiedlich. Wird in Nigeria z.B. meist durch traditionelle Beschneider oder Beschneiderinnen durchgeführt, nur selten ist geschultes Gesundheitspersonal involviert (Asekun-Olarinmoye/Amusan 2008). In Ägypten nimmt dagegen die Durchführung durch Ärzte zu (Tag-Eldin et al. 2008).	Meist geschultes Gesundheitspersonal (hauptsächlich Ärztinnen und Ärzte)
Zeitpunkt	Zwischen Säuglingsalter und 15 Jahren	Meist Monate, Wochen bis Tage vor der Hochzeit
Kontext	Rituelle Praxis. Dabei entweder öffentlicher Initiationsritus oder geheim gehaltene Praktik. Entscheidung wird meist von Verwandten getroffen.	Individuelle Entscheidung der Frau, die meist vor Familie geheim gehalten wird. Entscheidung steht im Spannungsfeld von traditionell geforderter sexueller Abstinenz vor der Ehe und selbstbestimmtem Sexualverhalten.

Tabelle 1: Vergleich von Genitalbeschneidung und Hymenorrhaphie: ausgewählte Fakten (Die Informationen stammen, wenn nicht anders gekennzeichnet, aus den WHO-Informationen zu »Female genital mutilation« von Mai 2008: http://www.who.int/mediacentre/factsheets/fs241/en/index.html; letzter Zugriff: 08.10.2010)*

sei, sodass aus Respekt für die Autonomie der Frau gefordert werden müsse, ihren Wunsch zu erfüllen. Zudem sei der Eingriff – insbesondere bei Lokalanästhesie – mit nur minimalen Risiken verbunden und der durchführende Arzt (Gynäkologe oder Plastischer Chirurg) sei fachlich geeignet, die Operation angemessen durchzuführen. Mit diesen Argumenten werden sowohl das medizinethische Prinzip des Nicht-Schadens als auch die Förderung des Wohlbefindens der Frau hinreichend berücksichtigt.

Schon eine kurze ethische Analyse zeigt jedoch, dass eine Reihe von bisher nicht diskutierten Fragen gestellt werden muss und dass die oben illustrierte unkritische Auffassung sowohl auf der konkreten Handlungsebene als auch aus gesellschaftlicher Perspektive infrage gestellt werden muss.

Konkrete medizinethische Handlungsperspektive

Auf der konkreten Handlungsebene bilden sich für Ärztinnen und Ärzte einige ethische Fragen heraus. So ist grundsätzlich nach dem Inhalt von ärztlichen Handlungsaufträgen zu fragen. Lässt sich die Hymenorrhaphie überhaupt durch den ärztlichen Handlungsauftrag legitimieren, wenn sie keinen medizinischen Nutzen aufweist, wenn es keine anerkannte oder offiziell erlernbare Technik dafür gibt, wenn aufgrund fehlender Studien keine Aussagen über Risiken und Komplikationen möglich sind, und vor allem, wenn Hymen ohnehin anatomisch unterschiedlich geformt sind, sodass eine »Rekonstruktion« de facto gar nicht möglich ist? Des Weiteren ist eine mögliche, ethisch problematische Komplizenschaft der Ärztinnen und Ärzte zu diskutieren: Macht sich die handelnde Ärztin mit der Rekonstruktion des Hymens möglicherweise zur Komplizin patriarchaler Machtstrukturen? Zudem ist eine Diskussion der Patientenautonomie als ein fundamentales medizinethisches Prinzip notwendig. Handelt es sich bei dem Wunsch nach einer Hymenrekonstruktion überhaupt um eine »autonome« Patientenentscheidung? Wie wird eine solche definiert? Müssen eventuell kultursensitive Komponenten einbezogen werden, die das Prinzip der Autonomie auf eine bestimmte Weise relativieren dürfen? Wie gehen Ärztinnen und Ärzte mit der Zwangslage um, in der sie sich befinden, wenn rationale, medizinische und ethische Gründe gegen eine Operation sprechen, die Frau aber offensichtlich ohne die Operation

Ausgrenzung, Gewalt oder gar den »Ehrenmord« fürchtet? Letztlich spielen auch berufsethische Aspekte eine Rolle, wenn über die Hymenrekonstruktion im Zusammenhang mit dem »booming business« der Genitalchirurgie nachgedacht wird. Darf der Eingriff mit seinen gesellschaftlichen und psychosozialen Implikationen überhaupt den Status einer teuer bezahlten Privatleistung haben?

Zunächst ist es interessant, diese Fragen vor dem Hintergrund berufsethischer Kodizes wie ärztlichen Standesordnungen oder dem »International Code of Ethics« der *World Medical Association*[4] zu erörtern. Darüber hinaus ist eine grundlegende Auseinandersetzung mit dem Medizin- und Selbstverständnis der handelnden Ärzte notwendig. Damit fügt sich die Diskussion der Rekonstruktion des Hymens in andere aktuelle biomedizinethische Diskussionen ein (etwa hinsichtlich ethischer Grenzen der Plastischen Chirurgie oder des Human Enhancements, aber auch im Rahmen von Diskussionen über die Ziele der Medizin und der Finanzierung im Gesundheitswesen[5]).

Ethische Fragen aus der gesellschaftlichen Perspektive

Das Thema »Hymenrekonstruktion« berührt zudem gesellschaftlich relevante Fragen der universalen oder partikularen Rechte von Menschen in bestimmten kulturellen Kontexten. So muss etwa vor dem Hintergrund der »Allgemeinen Erklärung der Menschenrechte« von 1948[6], die als international anerkannte Norm gelten kann, gefragt werden, ob Einschränkungen der Rekonstruktion des Hymens begründet werden können, etwa hinsichtlich des Rechts auf Geschlechtergerechtigkeit oder des Rechts auf individuelle Freiheit. Bedeutet die Durchführung der Operation die Aufrechterhaltung und Verfestigung des »Mythos Jungfräulichkeit« – und werden dadurch Geschlechterungerechtigkei-

4 http://www.wma.net/en/30publications/10policies/c8/index.html (letzter Zugriff: 08.10.2010)

5 Wie sie beispielsweise umfassend von der SAMW im Rahmen des Projektes »Zukunft Medizin Schweiz« diskutiert werden (http://www.samw.ch/de/Projekte/Zukunft-Medizin-Schweiz.html; letzter Zugriff: 08.10.2010).

6 http://www.un.org/en/documents/udhr/index.shtml (letzter Zugriff: 08.10.2010)

ten manifestiert und perpetuiert? Bedeutet das Recht auf Freiheit nicht auch ein Recht auf selbstbestimmte Sexualität? Welche Rolle spielen partikulare kulturelle Kontexte in der Frage nach der Verfügbarkeit über den Körper und das eigene sexuelle Verhalten (vor der Ehe und danach)? Auch kulturspezifische Dokumente wie »Die Kairoer Erklärung der Menschenrechte im Islam« von 1994/2004[7] sind in den Diskussionskontext einzubeziehen: Ergeben sich aus der modifizierten Formulierung der Frauenrechte und aus der Bindung an die Scharia besondere Einschränkungen oder Möglichkeiten?

Empirische Untersuchungen

Vor dem Hintergrund der hier aufgeworfenen Fragen sind empirische Untersuchungen zur Hymenrekonstruktion unseres Erachtens eine Möglichkeit, sich der Thematik kontextsensitiv zu nähern. Publikationen, die empirische Daten zum Thema beinhalten, sind bislang äußerst selten und erwähnen allenfalls Einzelfälle. Allerdings sind der Tabucharakter der Thematik und eine notwendige Geheimhaltung sicherlich entscheidende Hinderungsgründe für umfassendere empirische Erhebungen. Eine andere Ursache könnte eine grundsätzliche Unterschätzung der medizinethischen und psychosozialen Relevanz der Operation sein.

Im Jahre 2008 haben wir am Institut für Biomedizinische Ethik der Universität Zürich mit der empirischen Untersuchung und der ethischen Analyse von Hymenrekonstruktionen begonnen. Als ein wesentliches Resultat zeigte sich dabei, dass Anstrengungen hinsichtlich einer Verbesserung der derzeitigen Situation im Interesse der betroffenen Frauen dringend geboten sind. Zudem wurde deutlich, dass bei empirischen Erhebungen ein besonders sensibler und zurückhaltender Umgang mit den betroffenen Frauen und ihren intimen Sorgen und Erlebnissen nötig ist, damit sie in jedem Fall anonym bleiben.

Da die Operation in islamischen Ländern häufig durchgeführt wird,

7 http://www.humanrights.ch/home/upload/pdf/061015_Projet-Charte-arabe.pdf (letzter Zugriff: 08.10.2010)

haben wir in einer schweizerisch-tunesischen Kooperation ein Forschungsprojekt in Tunis, Tunesien begonnen (Wild et al. 2009)[8]. In einer ersten Interviewreihe wurden neben den betroffenen Frauen auch Ärzte und Ärztinnen, Psychologinnen, Begleiterinnen zu den Operationen, Hebammen und andere Beteiligte befragt, um Informationen über die Praxis der Hymenorrhaphie zu erlangen. Während der Pilotphase des Projekts hat sich herausgestellt, dass die Operation weit verbreitet ist und »unter der Hand« ein wichtiges Gesprächsthema, insbesondere unter jungen Leuten, darstellt. Aufgrund des Tabucharakters der Thematik und der dringend erforderlichen Vertraulichkeit im Umgang mit den Befragungen wurden jedoch quantitative, aber auch übermäßig regulierte qualitative Erhebungen von den Befragten tendenziell abgelehnt. Die Wissenschaftlerin, die vor Ort die Gespräche führte, musste sich daher in ihrer Feldforschung flexibel auf die Gegebenheiten einstellen und in den Begegnungen insbesondere die Privatsphäre der Befragten wahren. Bei alledem waren teilweise auch methodische Einschränkungen in Kauf zu nehmen (etwa hinsichtlich der Zahl der Befragten, der Vergleichbarkeit der Interviews und der Homogenität der befragten Gruppen). Es zeigte sich, dass insbesondere die Begleiterinnen zu den Operationen (meist Freundinnen der betroffenen Frauen) aus der beobachtenden Perspektive heraus die psychische Spannung, die mit der Operation einhergeht, sehr deutlich zu schildern vermochten. Das folgende Zitat stammt von einer Frau, die ihre Freundin zu der Operation begleitete[9]:

> »Ich war wie zerrissen, weil ich gegen diese Operation bin. Ich kann sie nicht akzeptieren. Ich habe das nur gemacht, um meiner Freundin einen Gefallen zu tun. Vor allem, weil sie mir erklärt hat, warum sie all das auf sich genommen hat. Es besteht eine Art gesellschaftlicher Druck, der dafür verantwortlich ist, dass sie einen solchen Eingriff akzeptiert hat. Also, ich habe es nur ihr zuliebe getan. Aber im Grunde hab ich das alles als sehr schmerzhaft erlebt. […] Während ich auf sie gewartet habe, habe ich viel nachgedacht: Warum nimmt sie das hin, schließlich handelt es sich um

8 Das Projekt wird von der Schweizerischen Akademie der Medizinischen Wissenschaften (SAMW) gefördert (http://www.research-projects.uzh.ch/p10738.htm). Die ausführliche Publikation der Studie ist in Vorbereitung.

9 Das Interview wurde von unserer Kollaborationspartnerin Hinda Poulin in Tunis auf Französisch und Arabisch geführt.

eine Aggression, eine Beschädigung ihrer physischen, sexuellen Intimität. Danach, als wir zu zweit im Auto saßen, habe ich die Nerven verloren. Ich bin richtig ausgeflippt, ich war im Auto und habe ihr gesagt, dass ich sie nicht mehr so leiden sehen kann. Sie hat geweint, als sie mich so zerstört gesehen hat. Das hat mich enorm berührt. Ich hätte niemals gedacht, dass ich in meinem Leben so etwas durchmachen würde. Ich erinnere mich, dass sie auch geweint hat. Sie hat mir gesagt: ›Allah ralab, andernfalls kann ich nicht heiraten und ich möchte doch Kinder, ich möchte heiraten.‹ Ich habe sie zu ihr nach Hause begleitet und bin anschließend gleich nach Hause gegangen. Ich habe geduscht und das war's.«

Eine ähnliche psychosoziale Problemkonstellation haben wir in einer weiteren empirischen Untersuchung in der Schweiz nachweisen können. Wir untersuchten die anonymen Anfragen an Online-Ärzte zum Thema der Hymenorrhaphie, die in den Datenbanken der medizinischen Online-Beratung des Universitätsspitals Zürich und des Kinderspitals Zürich dokumentiert sind (Wild et al. 2010). Die Auswertung der 22 Fragen an diese medizinischen Online-Beratungsangebote von 2000 bis 2008 zeigte deutlich die Zwangslage auf, in der sich die anfragenden Frauen befanden. Es war auffällig, dass sich die Frauen weniger nach der Art des Vorgehens, den Risiken oder möglichen Nebenwirkungen erkundigten, sondern vorrangig wissen wollten, ob der Eingriff überhaupt stattfinden könne, wie teuer er sei und wie schnell er vorgenommen werden könne. Das folgende Beispiel einer Anfrage an die medizinische Onlineberatung des Kinderspitals Zürich soll exemplarisch für die Inhalte der Anfragen stehen und zeigen, in welch problematischer Situation sich die Frauen befinden:

»Vor zwei Jahren habe ich eine OP gemacht, damals meinte die Ärztin, dass die OP gut gelaufen ist. Seitdem hatte ich keinen Geschlechtsverkehr und bin auch nicht mehr zum Frauenarzt gegangen. Jetzt werde ich in drei Monaten heiraten, und es ist mir wichtig, in der Hochzeitsnacht zu bluten. Also bin ich zum Frauenarzt gegangen, um zu schauen, ob alles ok ist. Die Ärztin meinte, dass ich auf gar keinen Fall bluten werde, da man problemlos eindringen kann. Ich war geschockt. Habe damals 400 Euro bezahlt, umsonst. Die Ärztin meinte, ich sollte nochmals eine OP machen lassen. Was soll ich jetzt machen. Wann sollte man die OP machen? Einen Monat vor der Hochzeit? Muss ich die Kosten wieder bezahlen? Ich bin

> Studentin und arbeite nicht. Wie kann ich Hilfe bekommen? Es ist mir sehr wichtig. Was gibt es für Tricks, um zu bluten!«

Als ein weiterer Datenpool erwiesen sich Internetforen, in denen sich die Forenteilnehmer über die Möglichkeiten der Hymenorrhaphie anonym austauschen. So fanden wir zahlreiche Foren, in denen die verzweifelte Frage nach der Möglichkeit einer Rekonstruktion des Jungfernhäutchens gestellt wurde. Auch in den Foren überwogen die Fragen nach Möglichkeit, Kosten und Ort der Operation. Neben der Mundpropaganda stellt der Austausch in diesen Foren wohl eine der bedeutendsten anonymen Informationsquellen dar. Die folgenden Zitate stammen allesamt aus dem gleichen Internetforum[10]. Der hier exemplarisch ausgewählte Thread wurde mit der unten aufgeführten Eingangsfrage vom 11. August 2005 begonnen. Insgesamt wurden 463 Antworten und Kommentare darauf gegeben. Der Thread wurde am 16. Dezember 2009 aufgrund von allzu aufgeheizten Diskussionen von den Moderatoren geschlossen. Viele der Kommentare drehten sich um Anfragen nach konkreten Adressen in bestimmten Städten, an die sich die Frauen wenden konnten, und um diesbezügliche Antworten – aber auch um eine grundsätzliche, teilweise moralisierende Einschätzung der Situation. Aus den ausgewählten beispielhaften Zitaten spricht die Angst, der Zeit- und der gesellschaftliche Druck von außen auf die jungen Frauen:

> Eingangsfrage 11.8.2005:
> »Ich brauche dringend Informationen wo man das Jungfernhäutchen wieder zunähen kann … und wie viel das etwa kostet … bitte helft mir …«

> 07.09.07:
> »Ihr seid ALLE so widerlich verlogen. So eine Doppelmoral und Doppelgesichtigkeit!! Abartig«

10 http://www.paradisi.de/Health_und_Ernaehrung/Anatomie/Jungfernhaeutchen/Forum/211.php (letzter Zugriff: 08.10.2010).

16.09.07:
»hallo leute! Ich habe mein jungfernhäutchen nähen lassen vor 4 monaten hat 600 € gekostet es wurde mit örtliche betäubung gemacht es war schlimm«

21.04.08:
»bitteee ... ich brauche dringend hilfe ich muss spätestens in 1 1/2 jahren mein jungfernhäutchen wieder haben, wenn eher wär noch besser ich weiß nämlich nicht wann ich heiraten soll! kennt jemand einen frauen arzt in sachsen der das macht aber es darf nicht mehr als 600euro kosten! danke«

28.07.08:
»Ich muss auch mein Jungfernhäutchen wieder nähen lassen, da ich nächstes Jahr heiraten werde. Ich habe am Donnerstag einen Termin, da man feststellen muss ob es überhaupt noch geht. Ich werde jemanden heiraten den ich über alles liebe. Ich habe einen Fehler gemacht bei meinem 1. Freund – wir waren verlobt und dann hat er mich stehen gelassen. Soll ich jetzt mit meinem ganzen Leben dafür bezahlen? Soll meine Familie dafür bezahlen? Habe leider keine andere Möglichkeit, es ist alles so schwer. Mir geht es echt beschissen. Mein jetziger Verlobter würde mich nie so akzeptieren. Ich habe total Angst vor dieser OP aber mir bleibt nichts anderes übrig. ALLAH soll mir verzeihen, er weiß wie es mir geht und das ich keine andere Lösung habe ... :-(ich will sterben.«

Anhand dieser ersten Datenerhebungen in den Online-Datenbanken und in Tunesien zeigt sich deutlich, dass es sich bei der Hymenorrhaphie um eine in vielerlei Hinsicht problematische Operation handelt. Obwohl es sich um einen medizinischen Eingriff handelt, kann hier nicht von einem Modell klassisch kurativer Medizin gesprochen werden. Schließlich liegt keine organische Erkrankung vor, und auch eine psychische Erkrankung ist nicht unbedingt zu vermuten. Auch von wunscherfüllender Medizin, die sich auf die »Gesundheit von Gesunden« konzentriert, wie etwa bei einem Facelifting, kann nicht die Rede sein (Kettner 2009, S. 11). Wie also sind die Rechte und Pflichten der anfragenden Frau und der operierenden Ärzte zu verstehen? Auffällig ist, dass die Frauen kaum nach Risiken und Nebenwirkungen der Operation fragen – wie dies sonst bei chirurgischen Eingriffen üblich ist –, sondern eher, ob die Operation überhaupt durchgeführt werden kann und wie schnell. Die Operation wird zudem aus anderen Gründen gewünscht als zur Wiederherstellung der eigenen Gesundheit, nämlich aus *heteronom* bestimmten Gründen, die an traditionelle Überzeugungen anknüpfen, eine Frau müsse erstens als unberührte und somit ehrenhafte »Jungfrau« in die Ehe gehen und zweitens, sie müsse dies in der Hochzeitsnacht durch eine Hymenalsaumblutung »belegen«. Es spielt dabei keine Rolle, ob die Frau diese Überzeugungen teilt oder nicht. Die anfragende Frau wirkt somit nicht wie eine autonom handelnde Person, was dem Ideal der aufgeklärten Patientin entspricht, sondern wird durch die patriarchalisch geprägten Vorstellungen der unberührten Jungfrau in jene (Zwangs-)Lage gebracht. Es kann davon ausgegangen werden, dass die Betroffenen in der Regel unter erheblichem Druck handeln.

Die Rekonstruktion des Hymens bricht somit wesentlich mit dem grundlegenden Selbstverständnis der Medizin, im Einvernehmen mit der freiwillig entscheidenden Patientin Krankheiten zu heilen und Gesundheit zu fördern. Dennoch, vor dem Hintergrund eines weitreichender gefassten Verständnisses medizinischer Aufgaben, das involviert, menschliches Leben zu schützen und Leiden – auch präventiv – zu lindern, ist es im individuellen Fall durchaus nachvollziehbar, wenn ÄrztInnen sich dafür entscheiden, zu operieren.

Ausblick

Aus wissenschaftlicher Perspektive stellen die Hintergründe und Implikationen der Hymenorrhaphie ein eher neues und bislang wenig bearbeitetes Wissenschaftsfeld dar. Wir haben in einer theoretischen Analyse und ersten empirischen Erhebungen dazu gezeigt, dass eine Beachtung dieses Phänomens aufgrund der damit einhergehenden ethischen und psychosozialen Probleme geboten ist. Es wurde deutlich, dass die Hymenrekonstruktion von aktueller gesellschaftlicher

Relevanz und Brisanz ist, da sich viele Frauen zunehmend in einem Spannungsverhältnis zwischen einer liberalen und selbstbestimmten Lebensweise auf der einen und traditionellen Strukturen auf der anderen Seite befinden. Wir haben gezeigt, dass der Mythos, der dieser Operation zugrunde liegt, keinen Wahrheitsgehalt hat, denn nicht jedes Hymen blutet beim ersten Geschlechtsverkehr: Blut ist daher kein Beweis für Jungfräulichkeit. Am Beispiel der Hymenrekonstruktion werden die Zwänge und Schwierigkeiten, die aus diesem Irrglauben entstehen können, besonders deutlich. Eine wissenschaftliche Analyse dieser Operation ist besonders sinnvoll, wenn sie interdisziplinär durchgeführt wird (und etwa Aspekte der Medizin, Ethik, Recht, Kulturwissenschaft, Psychologie einbezieht) und wenn sie eine enge Anbindung an die Praxis sucht, indem sie mit Beratungsstellen, gynäkologischen Praxen und gegebenenfalls auch mit Betroffenen selbst im Austausch steht. Folgende konkrete Desiderate bestehen:

- Es fehlt derzeit ein umfassendes Verständnis für die Frauen, die eine Hymenorrhaphie wünschen. Mehr empirische Forschung, die sensibel vorgeht und die der individuellen Lage der Frauen respektvoll begegnet, ist notwendig.
- Aufgrund der zu vermutenden Zwangslage der anfragenden Frauen ist es nicht gerechtfertigt, aus der Hymenrekonstruktion einen hohen finanziellen Gewinn zu ziehen.
- Anstatt die Operation zu tabuisieren oder vorschnell zu verurteilen, ist es notwendig, den anfragenden Frauen Hilfestellung anzubieten, etwa in Form von psychosozialer Beratung oder Sexualberatung.
- Es ist dringend notwendig, gesellschaftliche Aufklärung in Hinblick auf die unterschiedliche Anatomie des Hymens und die Variabilität seiner Blutung beim Geschlechtsverkehr zu betreiben.

Um langfristig die Notwendigkeit einer Hymenrekonstruktion hinter uns zu lassen, ist die Forderung zu stellen, sich für eine selbstbestimmte Sexualität von Frauen einzusetzen und mithilfe von Aufklärung und öffentlichen Diskussionen den »Mythos der Jungfräulichkeit« mehr und mehr infrage zu stellen.

Literatur

Adams, J.A.; Botash, A.S. & Kellogg, N. (2004): Differences in hymenal morphology between adolescent girls with and without a history of consensual sexual intercourse. Arch Pediatr Adolesc Med 158(3), 280–285.

Amy, J.-J. (2008): Certificates of virginity and reconstruction of the hymen. Eur J Contracept Reprod Health Care 13(2), 111–113.

Asekun-Olarinmoye, E.O. & Amusan, O.A. (2008): The impact of health education on attitudes towards female genital mutilation (FGM) in a rural Nigerian community. Eur J Contracept Reprod Health Care 13(3), 289–297.

Ates, S. (2007): Der Multikulti-Irrtum. Berlin (Ullstein).

Bekker, M.; Rademakers, J.; Mouthan, I. & De Neefe, M. (1996): Reconstructing hymens or constructing sexual iunequality? Service provision to islamic young women coping with the demand to be a virgin. Journal of Community & Applied Social Psychology 6(5), 329–334.

Bentlage, B. & Eich, T. (2007): Hymen repair on the Arabic internet. ISIM Review 19, 20–21.

Cileli, S. (2005): Frauen in der Türkei – zwischen Mittelalter und Moderne. Politische Studien 56(401), 22–29.

Cindoglu, D. (1997): Virginity tests and artificial virginity in modern Turkish medicine. Womens Studies International Forum 20(2), 253–261.

Coyne Kelly, C. (2000): Performing virginity and testing chastity in the Middle Ages. London (Routledge).

Eich, T. (2008): Verfügungsrechte am eigenen Körper in der sharia am Beispiel von Schönheitsoperationen, Intersexualität und Hymen-Restauration. In: Steineck, C. & Döring, O. (Hg.): Kultur und Bioethik. Baden-Baden (Nomos), S. 149–162.

Fatwastab (2007): Ist die Durchführung einer das Hymen wiederherstellenden Operation von der Scharia her zulässig oder nicht? Das Ägyptische Fatwa-Amt.

Herrmann, B.; Dettmeyer, R.; Banaschak, S. & Thyen, U. (2008): Kindesmisshandlung medizinische Diagnostik, Intervention, rechtliche Grundlagen. Heidelberg (Springer).

Kalweit, C. (2008): Die Unberührbaren. Süddeutsche Zeitung, 21.06.2008.

Kandela, P. (1996): Egypt's trade in hymen repair. Lancet 347(9015), 1615.

Kettner, M. (2009): Wunscherfüllende Medizin: Die Beiträge im Kontext. In: Kettner, M. (Hg.): Wunscherfüllende Medizin. Ärztliche Behandlung im Dienst von Selbstverwirklichung und Lebensplanung. Frankfurt/M., New York (Campus).

Logmans, A.; Verhoeff, C.; Raap, A.; Creighton, F. & Van Lent, M. (1998): Should doctors reconstruct the vaginal introitus of adolescent girls to mimic the vaginal state? Who wants the procedure and why? BMJ 316(7129), 459–460.

Mernissi, F. (1982): Virginity and patriarchy. Womens Studies International Forum 5(2), 183–191.

Ou, M.-C.; Lin, C.-C.; Pang, C.-C. & Ou, D. (2008): A cerclage method for hymenoplasty. Taiwan J Obstet Gynecol 47(3), 355–356.

Roberts, H. (2006): Reconstructing virginity in Guatemala. Lancet 367(9518), 1227–1228.

Schirrmacher, C. (2007): Ehrenmord in islamisch geprägten Gesellschaften. Schweizerzeit (8). URL: http://www.schweizerzeit.ch (Stand: 01.07.2009).

Tag-Eldin, M.A.; Gadallah, M.A.; Al-Tayeb, M.N.; Abdel-Aty, M.; Mansour, E. & Sallem, M. (2008): Prevalence of female genital cutting among Egyptian girls. Bull World Health Organ 86(4), 269–274.

Usta, I. (2000): Hymenorrhaphy: what happens behind the gynaecologist's closed door? J Med Ethics 26(3), 217–218.

Wild, V. et al. (2010): Anfragen an Online-Ärzte über die Möglichkeit einer operativen Rekonstruktion des Hymens: Datenerhebung am Universitätsspital Zürich und am Kinderspital Zürich. Praxis 99(8), 1631–1637.

Wild, V.; Poulin, H. & Biller-Andorno, N. (2009): Rekonstruktion des Hymens: Zur Ethik eines tabuisierten Eingriffs. Dtsch Arztebl 106(8), A-340/B-292/C-284.

Weibliche Genitalverstümmelung (Female Genital Mutilation)

Eine Intimmodifikation mit langer Tradition

Isabell Utz-Billing & Heribert Kentenich

Einführung

Die weibliche Genitalverstümmelung (Female Genital Mutilation, FGM) ist eine Form der Intimmodifikation, die seit über 2000 Jahren durchgeführt wird. Der Begriff FGM beschreibt jegliche nicht-therapeutisch, sondern z.B. religiös oder kulturell begründete, teilweise oder vollständige Entfernung oder Verletzung des weiblichen äußeren Genitale (WHO 1997).

Die weibliche Genitalverstümmelung ist ein sensibles Thema, das fest in der Tradition und Kultur der jeweiligen Gesellschaftsordnung verwurzelt ist. In vielen Regionen gilt FGM als Initiationsritus, durch den junge Frauen in die Gesellschaft aufgenommen werden. Versuche, als Außenstehender dieses Ritual infrage zu stellen, werden oft als Einmischung in die Tradition und Diktat westlicher Lebensweisen abgelehnt. Zahlreiche – und je nach Region unterschiedliche – Argumente werden zur Rechtfertigung der FGM aufgeführt. Letztlich bleibt der Ursprung dieser Tradition jedoch unklar. Aus menschenrechtlicher Sicht stellt FGM einen Versuch dar, Frauen eine untergeordnete Stellung zuzuweisen, indem man sie mit einem Stigma versieht, das sie ständig daran erinnert, dass sie »nur Frauen« sind. Die Genitalverstümmelung verwehrt der Frau das Recht auf körperliche Unversehrtheit. Sie dient als Mittel, die weibliche Sexualität zu unterdrücken (Gruenbaum 2001; Mandura 2004) und muss als Verletzung der Menschenrechte betrachtet werden.

In den meisten Regionen Afrikas spricht man von »Beschneidung« bzw. davon, ob eine Frau »offen« oder »geschlossen« ist. Der Ausdruck »Beschneidung« sollte kritisch verwendet werden, da er – analog zur männlichen Zirkumzision – nur die Entfernung der klitoralen Vorhaut betrifft. Auf internationaler Ebene sollte der Begriff »weibliche Genitalverstümmelung« gebraucht werden. Er trifft die Irreversibilität und Schwere des Eingriffs besser und wird auch von den Vereinten Nationen in allen offiziellen Dokumenten verwendet. Den Patientinnen gegenüber sollte man dennoch den Begriff »Beschneidung« verwenden, um sie mit der Wortwahl nicht zusätzlich zu stigmatisieren.

Prävalenz und geografische Verteilung

Laut WHO werden mindestens zwei Millionen Mädchen pro Jahr verstümmelt (WHO 1995). Weltweit sind schätzungsweise 150 Millionen Frauen und Mädchen von FGM betroffen. Die meisten dieser Frauen leben in 28 afrikanischen Staaten (Toubia 1999). Am häufigsten wird die weibliche Genitalverstümmelung in Somalia, dem nördlichen Sudan, Erithrea, Sierra Leone und Djibouti praktiziert (WHO 1996). Das einzige Land, in dem auf nationaler Ebene Untersuchungen zur Häufigkeit von weiblicher Genitalverstümmelung durchgeführt wurden, ist der Sudan. Die Ergebnisse zeigten, dass bis zu 90% der sudanesischen Mädchen und Frauen beschnitten sind (El Dareer 1983). FGM erfolgt jedoch auch in den südlichen Teilen der arabischen Halbinsel, am persischen Golf und in muslimischen Gemeinden in Indien, Malaysia und Indonesien (Toubia 1999). Zunehmend ist auch die Verbreitung unter Immigranten in Europa, Kanada, Australien, Neuseeland und den USA (Armstrong 1991; Vissandjee et al. 2003). In einer britischen Untersuchung waren 80% der Einwanderinnen aus Somalia, Jemen, Erithrea und Äthiopien »beschnitten« worden bzw. wollten bei ihren Töchtern eine weibliche Genitalverstümmelung durchführen lassen (Black/Debelle1995). Die Mädchen werden hierzu häufig von ihrer Großmutter in ihr Heimatland gebracht, aber auch in Europa werden weibliche Genitalverstümmelungen durchgeführt.

Durchführung und Typen der FGM

Die Genitalverstümmelung wird meist von älteren Frauen in traditioneller Weise mithilfe von Messern, Skalpellen, Glasscherben, Rasierklingen und ähnlichem vorgenommen (WHO 1999). Die »Operation« dauert ca. 15–20 Minuten. Anästhetika oder Analgetika werden in den meisten Fällen nicht verwendet; zur Blutstillung werden Salben aus Kräutern oder Asche auf die Wunden aufgetragen. Bei der Infibulation (Typ III der Genitalverstümmelung, siehe unten) werden die Wundränder mit Dornen oder Seide zusammengehalten. Durch schlechte hygienische Verhältnisse, ungeeignete Instrumente, unzureichende Beleuchtung und mangelnde medizinische Kenntnisse wird den Frauen und Mädchen zusätzlicher Schaden zugefügt. In manchen Ländern erfolgt die weibliche Genitalverstümmelung zunehmend durch medizinisches Personal wie z.B. Hebammen oder Ärzte (Medikalisierung der FGM).

Das Lebensalter, in dem die Genitalverstümmelung durchgeführt wird, ist regional sehr unterschiedlich (Myers et al.1985). In Äthiopien und Nigeria werden die Mädchen im Alter von sieben bis acht Tagen beschnitten, in Somalia, im Sudan und in Ägypten dagegen erst mit fünf bis zehn Jahren. In manchen Gegenden Ostafrikas findet FGM sogar erst während der Hochzeitsnacht, in Westafrika während der ersten Schwangerschaft statt. Insgesamt wird die weibliche Genitalverstümmelung jedoch sowohl in den Herkunftsländern dieser Praktik als auch unter der Migrantenbevölkerung in immer jüngerem Alter durchgeführt. Damit sollen Fragen der Schulbehörden vermieden sowie verhindert werden, dass sich die Mädchen gegen den Eingriffs wehren können.

Laut WHO werden vier Typen der FGM unterschieden. Diese Klassifikation kann lediglich theoretisch erfolgen und ist ein vereinfachendes System, um dem behandelnden Arzt die Beschreibung einer Vielzahl verschiedener Eingriffe zu erleichtern (Toubia 1995).

- *Typ I* (siehe Abbildung 1): Die sogenannte »Sunna« beschreibt ursprünglich die Entfernung der Vorhaut der Klitoris. Der Eingriff wird in dieser minimalen Form nur sehr selten durchgeführt, meistens wird die Klitoris zum größeren Teil oder vollständig entfernt (Toubia 1994).

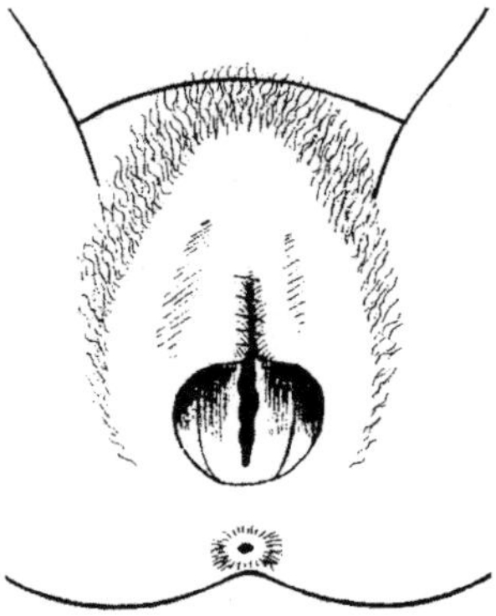

Abbildung 1: Modifizierte Sunna

- *Typ II:* Bei dieser Form der FGM erfolgt die Entfernung der Klitoris und eine teilweise oder vollständige Entfernung der kleinen Schamlippen. Das Ausmaß des Eingriffs variiert bei diesem Typ beträchtlich. Es wurden Fälle beschrieben, bei denen die Wundränder so zusammenwuchsen, dass lediglich eine kleine Öffnung – ähnlich wie nach einer Infibulation – verblieb (Iregbulem 1980; Kere/Tapsaba 1994). Zusammen mit der »Sunna« macht diese Form etwa 85% der FGM aus.
- *Typ III* (siehe Abbildung 2): »Infibulation« oder »pharaonische Beschneidung« genannt, bedeutet dieser Typ der FGM die Entfernung von Klitoris, kleinen und großen Schamlippen und die anschließende Vernähung der Restvulva mit Seide bzw. der Verschluss mit Dornen. Durch Einführen eines Fremdkörpers, der ein vollständiges Verkleben der Wundränder verhindert, verbleibt eine kleine Öffnung für Urin und Menstruationsblut (Daw 1970). Nach dem Eingriff werden die Beine des Mädchens zusammengebunden, sodass es mehrere Wochen lang ruhig gestellt ist. Anschließend ist die verbleibende Vaginalöffnung von festem Narbengewebe umgeben (Mustafa 1966; Dirie 1992).

Die Infibulation betrifft insgesamt ca. 15–20% aller Frauen mit Genitalverstümmelung; im Sudan, in Somalia, Djibouti, Äthiopien, Mali und Ägypten sogar 80–90%.

Zum Geschlechtsverkehr muss die verbleibende kleine Vaginalöffnung dilatiert werden, dies geschieht meist durch den Ehemann. Trotz dieser schmerzhaften Prozedur ist der Verkehr oft nicht möglich, und es muss – wie auch zur Geburt – die Defibulation durchgeführt werden. In manchen Regionen erfolgt dies in der Hochzeitsnacht durch den Bräutigam mithilfe eines Messers (Ussher 1991). Nach einer Entbindung wird meist durch Reinfibulation erneut eine nur kleine Vaginalöffnung geschaffen, die als erregender für den Mann gilt und die Illusion der Jungfräulichkeit aufrechterhalten soll (Van der Knaak 1992).

- *Typ IV:* Unter diesem Typ werden verschiedene andere Formen der Genitalverstümmelung zusammengefasst wie z.B. das Einstechen, Beschneiden, Dehnen oder Verätzen von Klitoris/Schamlippen, das Ausschaben der Vagina und das Einschneiden von Klitoris und umliegendem Gewebe (Angurya-Schnitte) sowie der Vagina (Gishiri-Schnitte).

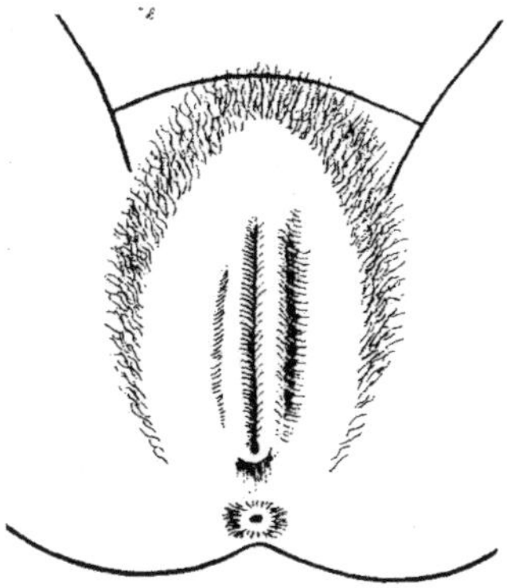

Abbildung 2: Pharaonische Beschneidung

Geschichtlicher Hintergrund

Die erste bekannte Quelle zu FGM stammt aus dem fünften Jahrhundert vor Christus. Herodotus berichtet hier von einer in Ägypten und Äthiopien praktizierten Klitorisbeschneidung an Töchtern höherer Kasten. 25 vor Christus beschrieb der griechische Historiker Strabone die Beschneidung in Ägypten. Unklar bleibt, ob sich der Ursprung dieser Praxis im Mittleren Osten und im Bereich der arabischen Halbinsel befand und sich von dort durch arabische Händler weiter nach Afrika ausbreitete, oder ob er direkt in Ostafrika lag. Zudem vermuten viele Autoren, dass die weibliche Genitalverstümmelung in vielen Ländern zeitgleich eingeführt wurde (Kaso-Thomas 1987).

Aus den 1960er und 1970er Jahren stammen die ersten Erfahrungsberichte von Ärzten, die in verschiedenen afrikanischen Ländern Patientinnen mit weiblicher Genitalverstümmelung behandelten (Shandall 1967; Verzin 1975). 1978 veröffentlichte Hosken den ersten systematischen Artikel über Epidemiologie, Prävalenz und Ursprung von FGM weltweit. In den 1980er und 1990er Jahren folgten weitere Veröffentlichungen. Diese stellen noch immer die wesentliche Informationsquelle in Bezug auf FGM dar (Hosken 1978, 1982 und 1993). Auch Toubia veröffentlichte ab 1993 eine Vielzahl von Studien und Zusammenfassungen zum Thema FGM und aktualisierte die Berichte von Hosken (Toubia 1993, 1994, 1995, 1999).

Gründe für FGM

Zahlreiche Argumente werden zur Rechtfertigung der FGM aufgeführt. Ursprünglich stellte die Genitalverstümmelung wahrscheinlich ein Mittel zur Geburtenkontrolle und Förderung des patriarchalen Familiensystems dar.

Sie dient noch immer als Initiationsritual und ist Teil der kulturellen Tradition vieler Regionen und Länder (Gruenbaum 2001; Mandura 2004). Die weibliche Genitalverstümmelung wird als Symbol der Weiblichkeit und ethnischen Zugehörigkeit betrachtet. Das Mädchen wird durch den Eingriff in die Gemeinschaft aufgenommen. Es wird nur dann von dieser akzeptiert und gilt nur dann als »wirkliche Frau«, wenn es »beschnitten« ist. Eltern lassen die Genitalverstümmelung bei ihren Töchtern durchführen, um ihnen eine gute Zukunft und Glück zu sichern (Mackie 2000).

Zudem soll die weibliche Genitalverstümmelung die Frau vor Verdächtigungen, Ungnade und ihrer eigenen Sexualität »schützen«. Ein korrektes moralisches Verhalten der Frau und die Treue zu ihrem Ehemann sollen damit gewährleistet werden.

Die Zeremonie der Beschneidung symbolisierte ursprünglich den Übergang vom Mädchen zur Frau. Immer häufiger wird heute der Eingriff jedoch schon bei Kleinkindern durchgeführt (Mackie 2000; Gruenbaum 2001).

Auch hygienische und gesundheitliche Faktoren werden zur Rechtfertigung der Genitalverstümmelung angeführt. So soll das Fehlen der Klitoris die Vagina sauber halten und die Fruchtbarkeit erhöhen. Toubia berichtete 1993 von der Vorstellung, dass die Klitoridektomie die sexuelle Lust des Ehemanns steigere und die Kinder- und Müttersterblichkeit senke (Toubia 1993). In Ägypten wird die Entfernung der äußeren Genitalien und der Körperbehaarung als ein Attribut für Schönheit gesehen. Die Klitoris dagegen gilt in manchen Regionen (Mali, Burkina

Faso, Westafrika) als Symbol für Männlichkeit (Hosken 1982), das es zu beseitigen gilt.

Verschiedene wirtschaftliche Gründe führen zur Erhaltung und auch zur zunehmenden Verbreitung der FGM. Der Brautpreis wird zum Teil proportional zum Ausmaß der Operation bezahlt. Ein Mädchen gilt nur dann als jungfräulich, wenn es beschnitten ist. Die »Beschneiderinnen« genießen einen hohen sozialen Status, sie erwirtschaften gute Verdienste durch die Infibulation, aber auch durch die Defibulation bei einer Geburt oder in der Hochzeitsnacht. In manchen Regionen wird FGM erst jetzt als zusätzliche Verdienstmöglichkeit auch durch Hebammen durchgeführt.

Beweise für einen religiösen Ursprung können nicht gefunden werden. FGM wird nicht nur von Moslems, sondern auch von Christen (Katholiken, Protestanten, Kopten), Animisten und Atheisten praktiziert. Weder in der Bibel noch im Koran finden sich Vorschriften zur Beschneidung der Frau (Brooks 1995; Shell-Duncan/Hernlund 2000a). Der Prophet Mohammed äußerte sich zurückhaltend: »Wenn es sein muss, beschneide, aber zerstöre nicht! Es ist besser für die Frau und schöner für den Mann.« Dennoch ist in vielen Gegenden die weibliche Genitalverstümmelung unter Moslems stärker verbreitet als unter Christen. An der Elfenbeinküste sind ca. 80% der muslimischen, jedoch nur 16% der christlichen Frauen beschnitten.

Gesundheitliche Folgen

Die meisten Frauen, die einer weiblichen Genitalverstümmelung unterzogen werden, leiden an gesundheitlichen, psychischen oder sozialen Folgen. Das Ausmaß dieser Probleme hängt stark von der Form der Beschneidung ab; im Allgemeinen bringt die Infibulation die meisten Komplikationen mit sich. Beeinflusst werden diese jedoch auch stark durch die Erfahrung des Durchführenden, die hygienischen Bedingungen, den Gesundheitszustand und die Kooperation des Mädchens bzw. der Frau während des Eingriffs (Koso-Thomas 1987). Weil medizinische Hilfe oftmals schwer zugänglich ist – oder aber aus Angst vor rechtlichen Konsequenzen – werden schätzungsweise nur etwa 15–20%

der Komplikationen durch medizinisches Personal behandelt (Elchalal 1997). Häufig jedoch wäre eine lebenslange medizinische Behandlung der Frauen notwendig. Da viele von ihnen schon im Kindesalter der weiblichen Genitalverstümmelung unterzogen wurden, bringen sie spätere gesundheitliche Folgen und geburtshilfliche Probleme oft nicht mit dem Eingriff in Verbindung oder betrachten sie als normal. Studien zur Sterblichkeitsrate von Mädchen nach FGM gibt es nicht; man muss jedoch davon ausgehen, dass die Sterblichkeit hoch ist (Aziz 1980; Modawi 1973).

Als Folgen der weiblichen Genitalverstümmelung sind akute und chronische physische Komplikationen sowie psychische und soziale Folgen zu nennen:

a) Akute Komplikationen: Blutungen während oder nach dem Eingriff können zu Blutarmut, Kreislaufproblemen, Schock und Tod führen. Akute Infektionen führen zu Abszessen und Wundheilungsstörungen (El Dareer 1983). Andere Komplikationen können hohes Fieber, Tetanusinfektionen (2%) (Agagua 1982) oder ein septischer Schock (2%) (Aziz 1980) sein. Harnverhalt sowie eine Verletzung von Blase, Urethra, Vagina und Rektum wurden beschrieben (Dirie/Lindmark 1992; Aziz 1980). Durch gewaltsames Festhalten der Frau während des Eingriffs kann es zu Knochenbrüchen im Bereich der Arme, Beine oder Schlüsselbeine kommen (Elchalal/Gilis 1997).
b) Chronische Komplikationen: Häufige chronische Komplikationen nach weiblicher Genitalverstümmelung sind ein Harnverhalt sowie chronische Harnwegsentzündungen. Durch Verletzung angrenzender Gewebe bei dem Eingriff kann es zu dauerhafter Harn- und Stuhlinkontinenz kommen.

   Chronische Unterleibsentzündungen, aber auch eine durch Narbenbildung verengte Scheide führen zu Unfruchtbarkeit. Nach Typ III der weiblichen Genitalverstümmelung sind schätzungsweise 25-30% der Frauen unfruchtbar (Meniru 1994). Frauen nach FGM leiden durch teilweisen oder vollständigen Verschluss der Scheidenöffnung unter starken Schmerzen beim Geschlechtsverkehr und bei der Menstruation.

   Durch den Eingriff der Genitalverstümmelung selbst, durch

Geburten und Defibulationen mit unzureichend sterilisierten Instrumenten sowie durch ein erhöhtes Risiko von Verletzungen beim Geschlechtsverkehr durch Narbengewebe ist das Risiko für eine HIV-Infektion erhöht (Obermeyer 1999; Shell-Duncan/Hernlund 2000a).

Vor allem bei Frauen nach weiblicher Genitalverstümmelung des Typs III ist mit Komplikationen während der Schwangerschaft und Geburt zu rechnen. Durch die Bildung von Narbengewebe kann es zu einem verlängerten Geburtsverlauf kommen. Dies führt beim Kind häufig zu einer unzureichenden Sauerstoffversorgung oder zum Tod (Balk 2000). Durch Defibulation unmittelbar vor der Geburt kann die Entbindung erleichtert und das Risiko von Geburtsverletzungen gesenkt werden. Patientinnen entbinden nach Defibulation ebenso häufig vaginal wie andere Frauen (De Silva 1989). Die Rate an Dammrissen, Wundinfektionen, Wundheilungsstörungen und postpartalen verstärkten Nachblutungen ist jedoch erhöht (De Silva 1989; Shandall 1967).

Durch wiederholte Defibulation und Reinfibulation besteht immer wieder ein Risiko für starke Blutungen mit Anämie oder Todesfolge (Larsen/Okonofua 2002; Hakim 2001; De Silva 1989).

In einer großen prospektiven Studie der WHO aus dem Jahr 2006, in der die Folgen der weiblichen Genitalverstümmelung bezüglich Schwangerschaft und Geburt an 28.509 Frauen untersucht wurden, zeigte sich für alle Schweregrade der FGM ein deutlich erhöhtes Risiko für einen verlängerten Krankenhausaufenthalt, einen Dammriss unter der Geburt, die Notwendigkeit einer Reanimation des Neugeborenen sowie für ein Versterben der Mutter im Krankenhaus. Die Häufigkeit eines Kaiserschnitts und eines verstärkten Blutverlustes unter der Geburt (>500 ml) war bei Typ II und III der FGM erhöht (WHO 2006).

c) Psychische und soziale Folgen: Die Genitalverstümmelung kann ein schwerwiegendes, unauslöschbares Trauma hinterlassen. Die Erlebnisse während des Eingriffs, bei dem meist auch die Vertrauenspersonen des Mädchens anwesend sind, können sich tief in das Unterbewusstsein des Mädchens eingraben und Verhaltensstörungen verursachen. Folge kann der Verlust des Vertrauens in die Bezugsperson sein, da mit den meisten Mädchen zuvor nicht über den Eingriff gesprochen wurde. Sie erleben bei der Genitalverstümmelung Unterlegenheit und Unterdrückung. Diese Gefühle prägen häufig ihr weiteres Leben.

Oft gilt bei der Beschneidung das Verbot, Schmerz laut zu äußern. Schreit, weint oder wehrt sich das Mädchen, kann der Ausschluss aus der Gemeinschaft drohen. Dies verstärkt das Trauma der körperlichen Verletzung. Unter Umständen ist die körperliche und seelische Belastung so stark, dass die Betroffenen das Erlebnis nicht nur verdrängen, sondern abspalten. Frauen wissen, dass sie genitalverstümmelt sind, können sich jedoch nicht an die Durchführung erinnern, ähnlich wie dies auch bei Vergewaltigungs- und Folteropfern beobachtet werden kann.

Langfristig leiden die Frauen unter vielfältigen psychischen Symptomen wie dem Gefühl von Unvollständigkeit und Minderwertigkeit, chronischer Reizbarkeit, Frigidität.

Durch den Verlust der Klitoris kommt es bei einem Teil der Frauen zu mangelnder Orgasmusfähigkeit. Eine ägyptische Studie aus dem Jahr 1996 zeigte an 651 Frauen, dass ihre Libido durch den Eingriff nicht vermindert war, die Fähigkeit zum Orgasmus jedoch – je nach Ausmaß der Operation – eingeschränkt war (Karim/Ammar 1996). Ein Zusammenhang zwischen der weiblichen Genitalverstümmelung und der Kohabitationsfrequenz wurde nicht nachgewiesen (Stewart et al. 2002). Durch Probleme beim Geschlechtsverkehr und Infertilität werden jedoch gehäuft Paarprobleme beobachtet.

Chronische gesundheitliche Probleme wie z.B. Harn- oder Stuhlinkontinenz erschweren die Teilnahme der Frauen am normalen sozialen Leben (Baasher 1979; Behrendt/Moritz 2005).

Auch psychosomatische Beschwerden und psychiatrische Erkrankungen wie Neurosen, Angststörungen, Psychosen und Depressionen treten bei Frauen nach FGM häufiger auf. Viele durch die Genitalverstümmelung traumatisierte Frauen haben keine Möglichkeiten, ihre Gefühle und Ängste auszudrücken und leiden im Stillen.

Medikalisierung der FGM

Unter Medikalisierung der FGM versteht man die Durchführung der Genitalverstümmelung durch Ärzte oder anderes medizinisches Personal.

Auf einer Konferenz der Al-Azhar-Universität in Kairo 2006 wurde bestätigt, dass etwa die Hälfte aller weiblichen Genitalverstümmelungen in Ägypten heutzutage durch ärztliches Personal erfolgt. Auch in städtischen Regionen in Mali und Nigeria ist es inzwischen üblich, dass Krankenschwestern die »Beschneidung« durchführen.

Die Medikalisierung der weiblichen Genitalverstümmelung ist kritisch zu betrachten. Auf der einen Seite kann durch sie die Komplikationsrate und eventuell auch das Ausmaß des Eingriffs reduziert werden. Verschiedene Formen der »Medikalisierung« wurden erprobt. In den 1970er und 1980er Jahren wurden im Sudan und in Somalia traditionelle Hebammen in der Praxis der weiblichen Genitalverstümmelung geschult (Van der Knaak 1992). Aus Kenia wurde über die Verteilung von prophylaktischen Antibiotika, sterilen Einmalrasierern und Tetanus-Impfungen an Mädchen, die beschnitten werden sollten, berichtet. Diese prophylaktischen Maßnahmen senkten die Rate an frühen Komplikationen durch FGM um etwa 70% (Shell-Duncan et al. 2000b). In Krankenhäusern im Sudan wurde die weibliche Genitalverstümmelung angeboten, jedoch nur der Typ I der FGM durchgeführt (Obiora 1997).

Auf der anderen Seite besteht durch die Medikalisierung die Gefahr der Verharmlosung und verzögerten Eliminierung der weiblichen Genitalverstümmelung (Gordon 1991; Toubia 1993; Dorkenoo 1994; Shell-Duncan 2001). Die WHO verurteilte 1982 die Durchführung beziehungsweise Beteiligung von medizinischem Personal an der Genitalverstümmelung der Frau als unethisch. In den 1990er Jahren schlossen sich verschiedene internationale Organisationen dieser Stellungnahme an (FIGO 1994; ACOG commitee opinion 1995).

Benefit durch Defibulation

Frauen, die sich in Deutschland nach einer weiblichen Genitalverstümmelung in einer gynäkologischen Praxis oder Klinik vorstellen, werden häufig mit der Frage nach dem Wunsch einer Defibulation konfrontiert.[1]

Eine einzige Publikation aus dem Jahre 2006 untersuchte an 40 Frauen den Benefit einer Defibulation. 95% dieser Frauen waren Somalis. Der Grund für ihre Durchführung der war bei 30% der Frauen eine Schwangerschaft mit dem Wunsch nach einer normalen, vaginalen Entbindung. 30% der befragten Frauen litten unter Schmerzen bei der Regelblutung, 20% klagten über eine Unfähigkeit zum Geschlechtsverkehr und 15% über Schmerzen bei diesem.

100% der Patientinnen und 100% der Ehemänner gaben an, mit dem Ergebnis, dem Aussehen des eröffneten Genitals und der Verbesserung der Sexualität zufrieden zu sein. In keinem Fall traten schwerwiegende intra- oder postoperative Komplikationen auf. Bei 50% der Frauen wurde unter der Narbe Klitorisgewebe gefunden. 12% der Patientinnen hatten auch nach der Defibulation weiterhin Beschwerden, vor allem Schmerzen beim Geschlechtsverkehr. 53% sprachen mit ihren Angehörigen über den Eingriff, 94% der Frauen würden den Eingriff anderen empfehlen (Nour 2006). Trotz dieser überaus positiven postoperativen Ergebnisse sollte eine Defibulation immer eine individuelle Entscheidung darstellen und nur nach ausführlichem Gespräch mit der Frau über Benefit und Risiken erfolgen.

Rechtliche Situation

Die weibliche Genitalverstümmlung muss als Verletzung der Menschenrechte betrachtet werden (Wilson 1993).

Viele internationale Organisationen, wie z.B. die WHO, die World Medical Association, die UNESO, UNICEF und das Europa-Parlament verurteilen weibliche Genitalverstümmelung. Ein spezifisches Gesetz, das FGM verbietet, gibt es in Europa nur in Großbritannien, Schweden, Norwegen, Dänemark und Belgien (Dorkenoo/Elworthy 1992). Außerhalb Europas haben folgende Länder Gesetze gegen die weibliche Geni-

1 Der Begriff Defibulation beschreibt das Eröffnen der Vagina nach einer Infibulation, der Begriff Reinfibulation das Wiederverschließen der Scheide nach der Defibulation.

talverstümmelung verabschiedet: Ägypten, Australien, Benin, Burkina Faso, Djibouti, Elfenbeinküste, Ghana, Guinea, Guinea-Bissou, Kanada, Kenia, Neuseeland, Niger, Senegal, Simbabwe, Tansania, Togo, Uganda, die USA sowie die Zentralafrikanische Republik. Die Bestrafung reicht von einer Geldstrafe bis zur lebenslangen Haftstrafe.

In Deutschland ist ein entsprechendes Gesetz laut Juristen nicht notwendig, da die weibliche Genitalverstümmelung als einfache, gefährliche oder schwere Körperverletzung (§223, §224, §226 StGB) oder Körperverletzung mit Todesfolge (§227 StGB) bzw. Misshandlung von Schutzbefohlenen (§225 StGB) zählt und damit strafbar ist. Dies gilt auch dann, wenn der Eingriff auf Verlangen bzw. mit Einwilligung der Patientin erfolgt, da er gegen die guten Sitten verstößt – dieser Verstoß ist nach der deutschen Rechtsordnung bei der FGM generell anzunehmen. Das gleiche gilt, wenn die gesetzlichen Vertreter des Opfers, also meistens die Eltern, in die Beschneidung eingewilligt haben. Auch eine Berufung auf ihre religiösen Anschauungen steht einer Verurteilung und Bestrafung der an dem Eingriff beteiligten Personen nicht entgegen, da die Verstümmelung des weiblichen Genitales die körperliche Unversehrtheit des Mädchens beziehungsweise der Frau erheblich beeinträchtigt, nicht rückgängig gemacht werden kann und die Würde des Opfers verletzt. Dem Durchführenden droht damit in Deutschland eine Freiheitsstrafe von bis zu 15 Jahren (Drucksache des deutschen Bundestags, Nr. 14/6682).

Der Deutsche Ärztetag 1996 in Köln hat folgenden Entschluss hinsichtlich der rituellen weiblichen Genitalverstümmelung verabschiedet: »Der 99. Ärztetag verurteilt die Beteiligung von Ärzten an der Durchführung jeglicher Form von Beschneidung weiblicher Genitalien und weist darauf hin, dass entsprechend der Generalpflichtklausel der Berufsordnung für die deutschen Ärzte derartige Praktiken berufsrechtlich zu ahnden sind.«

Die Beschneidung ist damit in Deutschland zwar verboten, laut UNICEF, Terre des Femmes und dem Berufsverband für Frauenärzte bleiben viele rechtliche Fragen jedoch ungeklärt (Pressemitteilung von UNICEF, Terre des Femmes, Berufsverband der Frauenärzte 04/05). Darf bzw. muss ein Arzt seine Schweigepflicht brechen, um ein gefährdetes Mädchen davor zu schützen, in seinem Heimatland oder auch in Deutschland beschnitten zu werden? Bislang haben Ärzte in diesem Fall das Recht, ihre Schweigepflicht zu brechen, eine Meldepflicht wie z.B. in Frankreich gibt es jedoch nicht.

FGM – Was wird dagegen getan?

Durch ein gesetzliches Verbot wird die weibliche Genitalverstümmelung kriminalisiert und der Durchführende bestraft. Ob diese gesetzlichen Regelungen die Tradition der FGM jedoch wirksam bekämpfen können, ist umstritten. Bildungsprogramme, die in der Bevölkerung der betroffenen Länder ein Bewusstsein hinsichtlich der Problematik fördern, über die medizinischen Folgen informieren und über Menschenrechte aufklären, sollten die gesetzlichen Verbote zweifellos begleiten. Auch die Verurteilung der weiblichen Genitalverstümmelung durch religiöse Führer kann einen Beitrag zur Eliminierung von FGM leisten.

Am 26. Oktober 2005 veröffentlichten islamische Geistliche in Somalia eine Fatwa gegen die Genitalverstümmelung von Mädchen, in der sie diese Praxis als unislamisch verurteilten. Sheich Nur Barud Gurhan, der stellvertretende Vorsitzende der Dachorganisation somalischer Geistlicher in Mogadischu, setzte die weibliche Beschneidung mit einem Mord gleich. Im November 2006 trafen sich unter der Schirmherrschaft des Großmuftis von Ägypten zehn religiöse Führer der islamischen Welt in der Al-Azhar-Universität in Kairo. Nach Anhörung internationaler Ärzte wurde die Entscheidung gefällt, die weibliche Genitalverstümmelung als Verbrechen gegen die Menschheit und als Verstoß gegen die Werte des Islam einzustufen. Der Beschluss der Konferenz gilt als Fatwa, als islamisches Rechtsgutachten.

Literatur

ACOG (1995): Committee Opinion. Guidelines for Women's Health Care. Third Edition, S. 242–246.

Agagua, N. & Egwuatu, V. (1982): Female circumcision: management of urinary complications. J Trop Pediatr 28(5), 248–252.

Armstrong, S. (1991): Female circumcision: fighting a cruel tradition. New Scien 02.02.1991 (1754), 42–47.

Aziz, F.A. (1980): Gynecologic and obstetric complications of female circumcision. Int J Obstet Gynaecol 17(6), 560–563.

Baasher, T. (1979): Psychological aspects of female circumcision. In: WHO/EMRO technical publication no. 2. Traditional practices affecting the health of women and children. Geneva (World Health Organization), S. 71–105.

Balk, D. (2000): To marry and bear children? The demographic consequences of infibulation in Sudan. Boulder, CO (Lynne Rienner Publ.).

Behrendt, A. & Moritz, S. (2005): Posttraumatic stress disorder and memory problems after female genital mutilation. Am J Psych 162(5), 1000–1002.

Black, J.A. & Debelle, G.D. (1995): Female genital mutilation in Britain. BMJ 310(1590), 1590–1592.

Brooks, G. (1995): The verses. Guardian Weekend, 11.03.1995, 12–19.

Daw, E. (1970): Female circumcision and infibulation complicating delivery. The Practitioner 204(222), 559–563.

De Silva, S. (1989): Obstetric sequelae of female circumcision. Eur J Obstet Gynecol Reprod Biol 32(3), 233–240.

Dirie, M. & Lindmark, G. (1992): The risks of medical complications after female circumcision. East Afr Med J 69(9), 479–482.

Dorkenoo, E. (1994): Cutting the Rose: Female Genital Mutilations: The Practice and Prevention. London (Minority Rights Publications).

Dorkenoo, E. & Elworthy, A. (1992): Female Genital Mutilation: Proposals for Change. London (Minority Rights Publications).

Elchalal, U.; Ben-Ami, B. & Gilis, R. (1997): Ritualistic female genital mutilation: current status and future outlook. Obstet Gynecol Surv 52(10), 643–651.

El Dareer, A.A. (1983): Epidemiology of female circumcision in the Sudan. Trop Doct 13(1), 41–45.

FIGO, Montreal (1994): www.figo.org/projects/general_assembly_resolution_FGM (letzter Zugriff: 21.10.2010).

Gordon, D. (1991): Female circumcision and genital operations in Egypt and the Sudan: A dilemma for Medical Anthropology. Med Anthropol Q 5(1), 3–14.

Gruenbaum, E. (2001): The female circumcision controversy. Philadelphia (University of Pennsylvania Press).

Hakim, L. (2001): Impact of female genital mutilation on maternal and neonatal outcomes during parturition. East African Med J 78(5), 255–258.

Hosken, F. (1978): The epidemiology of female genital mutilations. Trop Doctor 8(3), 150–156.

Hosken, F. (1982, 1993): The Hosken Report: Genital and sexual mutilation of females. Lexington, MA (Women's International Network News).

Iregbulem, L.M. (1980): Post-cirumcision vulval adhesions in Nigerians. Br J Plast Surg 33(1), 83–86.

Karim, M. & Ammar, R. (1996): Female circumcision and sexual desire. Ain Shams Med J 17, 2–39.

Koso-Thomas, O. (1987): The circumcision of women. A strategy for eradication. London (Zed Books), S. 25–28.

Kere, L.A. & Tapsaba, I. (1994): Charity will not liberate women. In: Marsky, J. (Hg.): Private Decisions, Public Debate. Women, Reproduction and Population. London (Panos Press), S. 43–56.

Larsen, U. & Okonofua, F.E. (2002): Female cirumcision and obstetric complications. Int J Gynecol Obstet 77(3), 255–265.

Mackie, G. (2000): Female genital cutting: the beginning of the end. Boulders, CO (Lynne Rienner Publ.).

Mandura, M.U. (2004): Female genital mutilation in Nigeria. Int J Gynecol Obstet 84(3), 291–298.

Meniru, G. (1994): Female genital mutilation. Brit J Obstet Gynaecol 101(9), 832.

Modawi, S. (1973): The impact of social and exonomic changes in female circumcision. In: Sudan Medical Association (Hg.): Proceedings of the Third Congress of Obstetrics and Gynaecology, Khartoum. Sudan Medical Association Congress Series 1. Khartoum (Sudan Medical Association), S. 242–254.

Mustafa, A.Z. (1966): Female circumcision and infibulation in the Sudan. J Obstet Gynaecol Br Commonw 73(2), 302–306.

Myers, R.; Omorodoin, F. & Isenalumber, A. (1985): Circumcision: its nature and practice among some ethnic groups in S. Nigeria. Soc Sci Med 21(5), 581–585.

Nour, N. (2006): Defibulation to treat female genital cutting: Effect on health and sexual function. Obstet and Gynecol 108(1), 55–60.

Obermeyer, C. (1999): Female genital surgeries: the known, the unknown, and the unknowable. Med Anthropol Q 13(1), 79–106.

Obiora, L.A. (1997): Bridges and barricades: rethinking polemics and intransigence in the campaign against female circumcision. Case Western Law Review 47(2), 275–278.

Shandall, A.A. (1967): Circumcision and infibulation of females: a general consideration of the problem and a clinical study of the complications in sudanese women. Sudan Med J 5(4), 178–212.

Shell-Duncan, B. (2001): The medicalization of female »circumcision«: harm reduction or promotion of a dangerous practice? Soc Sci Med 52(7), 1013–1028.

Shell-Duncan, B. & Hernlund, Y. (2000): Female »cirumcision« in Africa: dimensions of the practice and debates. Boulder, CO (Lynne Rienner Publ.).

Shell-Duncan, B.; Muruli, L.A. & Obiero, W. (2000): Women without choices: the debate over medicalization of female genital mutilation and its impact on rural community. In: Female »circumcision« in Africa: culture, controversy and change. Boulder, CO (Lynne Rienner Publ).

Stewart, H.; Morison, L. & White, R. (2002): Determinants of coital frequency among married women in Central African Republic: the role of female genital cutting. J Biosoc Sci 34(4), 525–539.

Toubia, N. (1993): Female Genital Mutilation: A call for Global Action. New York (RAINBO), S. 21–42.

Toubia, N. (1994): Female genital mutilation and the responsibility of reproductive health professionals. Int J Gynecol Obstet 46(2), 127–135.

Toubia, N. (1995): Female Genital Mutilation: A Call for Global Action. 2nd edition. New York (RAINBO), S. 42–45.

Toubia, N. (1999): Caring for Women with Circumcision. New York (RAINBO).
Ussher, J. (1991): Women's Madness: Misogyny or Mental Illness? Hemel Hempstead (Harvester Wheatsheaf).
Van der Knaak, A. (1992): Female circumcision and gender identity: a questionable alliance. Soc Sci Med 35(6), 777–787.
Verzin, J. A. (1975): Sequelae of female circumcision. Trop Doctor 5, 163–169.
Vissandjee, B.; Kantiebo, M. & Levine, A. (2003): The cultural context of gender identity: female genital, excision and infibulation. Health Care Wom Internat 24(2), 115–124.
WHO (1995): Female Genital Mutilation Report of a WHO Technical Working Group. Geneva (WHO).
WHO (1996): Female genital mutilation information pack, Gender and Women's Health Department. Geneva (WHO).
WHO (1997): Female genital mutilation: A Joint WHO/UNICEF/UNFPA Statement. Geneva (WHO).
WHO (1999): Female genital mutilation. Programmes to date: what works and what doesn't. Geneva (WHO).
WHO (2006): Female genital mutilation and obstetric outcome: WHO collaborative prospective study in six African countries. The Lancet 367(9525), 1835–1841.
Wilson, H. W. (1993): What's culture got to do with it? Excising the harmful tradition of female circumcision. Harvard Law Review 106(8), 1944–1961.

Chancen und Grenzen der Maßnahmen gegen weibliche Beschneidung am Beispiel von Benin

Anne Cordes

Einführung

Weltweit versuchen sich Gruppen durch einen Ausdruck der Einzigartigkeit von anderen Gruppen zu unterscheiden. Eine Körperveränderung, sei es durch Tätowierungen, Piercings oder Narben, stellt eine gängige Methode zur Abgrenzung von anderen dar. Manchmal dient diese körperliche Markierung dem Ausdruck der Individualität, um sich von der Masse abzuheben. Häufig dient sie aber auch dazu, eine Gruppenzugehörigkeit zu demonstrieren (Schneider 1997, S. 356). Auch die Beschneidung der weiblichen Genitalien ist häufig ein Ausdruck einer gesellschaftlichen Ordnung. Es genügt nicht, die Beschneidung von Mädchen und Frauen als eine Verstümmelung zu bezeichnen und diesen Eingriff ohne eine differenzierte Betrachtung seiner Hintergründe zu verbieten. Über die gesundheitlichen Risiken, die weibliche Beschneidung mit sich bringen kann, ist an vielen Stellen bereits berichtet worden. Die soziale Komponente der Beschneidung wird jedoch meistens nur angerissen. Erklärungsmuster der verschiedenen Ethnien, wieso die Beschneidung von Mädchen und Frauen Teil ihrer Gesellschaft ist, werden zwar dargestellt, aber gleichzeitig belächelt. Beachtet man die Tatsache, dass noch in den 1940er Jahren sowohl in Frankreich, England, Deutschland als auch in den USA weibliche Beschneidung durchgeführt wurde, um Frauen von Hysterie, Epilepsie und Melancholie zu befreien, eröffnet sich ein neuer Blickwinkel, aus dem man diese Praktik betrachten sollte

(Magoha/Magoha 1999, S. 268; Althanassiou et al. 1999, S. 1401). Dank umfassender Bildung und Aufklärung befinden sich die Frauen in diesen Staaten heute in der glücklichen Lage, dass Beschneidung nicht länger als eine Therapie betrachtet wird.

Viele internationale Aktionen zielen darauf ab, die Beschneidung von Frauen und Mädchen auf der ganzen Welt dauerhaft zu beseitigen – jedoch mit überschaubarem Erfolg. Einer der Gründe für das Misslingen solcher Maßnahmen ist die mangelnde Kenntnis über die soziale Einbettung der Beschneidung in die jeweiligen Kulturen. Die Beweggründe für die weibliche Beschneidung sind unterschiedlich und hängen von der jeweiligen kulturellen Gruppe ab. Ich möchte mit diesem Beitrag am Beispiel des westafrikanischen Staates Benin zeigen, dass die Beschneidung von Mädchen und Frauen nicht nur ein risikoreicher chirurgischer Eingriff ist, sondern darüber hinaus auch beleuchten, dass soziale Faktoren die treibende Kraft hinter diesem Eingriff sind. Die Angaben, die ich diesbezüglich mache, sind das Ergebnis einer Forschungsreise nach Benin und zahlreicher Gespräche mit Personen, die in unterschiedlichster Form in die Beschneidung von Mädchen und Frauen involviert sind: BeschneiderInnen, religiöse Führer, Eltern, Eheleute, junge Mädchen sowie Mitarbeiter von *Non Government Organizations* (NGOs) und des Gesundheitswesens. Durch diese Kontakte hatte ich die Gelegenheit zu erfahren, welche Veränderungen Aufklärungskampagnen bewirken können und wo ihre Grenzen sind.

An dieser Stelle möchte ich darauf hinweisen, dass ich mich gezielt von dem Begriff der »weiblichen Genitalverstümmelung« distanziere. Dieser Begriff dient dazu, auf eine provokative Art die Öffentlichkeit zu erreichen, um Mitstreiter für die Bekämpfung der weiblichen Beschneidung zu finden. Er wird jedoch dem Stellenwert, den die Beschneidung von Frauen und Mädchen in den jeweiligen Ethnien einnimmt, nicht gerecht. Dort wird dieser Eingriff nicht als Verstümmelung, sondern als Teil der Kultur aufgefasst. Vor diesem Hintergrund und in Anbetracht der Tatsache, dass es unterschiedliche Formen der Beschneidung mit unterschiedlichen gesundheitlichen Schweregraden gibt, halte ich es für schwierig, beschnittene Frauen als »verstümmelt« zu bezeichnen. Gleichzeitig möchte ich aber betonen, dass ich jegliche – sinnvoll eingesetzte – Bemühungen unterstütze, junge Mädchen und Frauen vor einer Beschneidung zu bewahren. Da ich mich im Folgenden auf die

Situation im westafrikanischen Staat Benin beziehen werde, verwende ich als Bezeichnung für die Beschneidung den Begriff der Exzision, eben jene Form, die dort ausschließlich durchgeführt wird.

Exzision in Benin

Im Jahre 2004 führte ich in Benin eine Evaluierung von Aufklärungskampagnen durch, die auf die Beseitigung der Exzision abzielten. Hierbei ging es vor allem darum, die Einstellung der beninischen Bevölkerung zur Exzision zu erfassen. Um ein möglichst umfassendes Bild zu erhalten, suchte ich persönliche Gespräche mit Frauen, Männern und Kindern in verschiedenen Dörfern, mit Beschneidern und Beschneiderinnen, mit religiösen Führern sowie Mitarbeitern des Gesundheitswesens und der verschiedenen NGOs.

Die Beschneidung von Mädchen und Frauen findet sich nicht in jedem afrikanischen Land. Auch in Ländern, die allgemein dafür bekannt sind, dass in ihnen Frauen beschnitten werden, gibt es Gebiete, in denen diese Praktik nicht durchgeführt wird. Dies ist auch in Benin der Fall. Während im Norden des Landes Exzision weit verbreitet ist, herrscht im Süden des Landes große Unwissenheit darüber. Laut einer Studie des *Institut National de la Statistique et de l'Analyse Économique* (INSAE) gaben im Jahr 2006 lediglich 13 Prozent der beninischen Frauen an, beschnitten zu sein. Diese 13 Prozent setzen sich vor allem aus Frauen und Mädchen der Bariba, Peulh (Fulbe) und Yom/Lokpa zusammen. Mehr als die Hälfte der Frauen, die diesen Ethnien angehören, sind der Studie zufolge beschnitten (Djagba/Gomez 2007, S. 153).

Gemäß der WHO-Einteilung von Beschneidungstypen wird in Benin zu 98 Prozent die Exzision durchgeführt (ebd., S. 154). Den Frauen oder Mädchen werden demnach die Klitoris und teilweise bis gänzlich die kleinen Schamlippen abgetrennt. Fälle von Infibulation[1] oder abgewan-

1 Unter Infibulation versteht man die Entfernung der Klitoris, der inneren Schamlippen sowie der inneren Schichten der äußeren Schamlippen. Die übrig gebliebenen äußeren Schamlippen werden dann beispielsweise mit Dornen aneinander befestigt. Die verbleibende Haut wächst zusammen, wobei darauf geachtet wird, dass eine winzige Öffnung übrig bleibt, durch die Urin und Menstruationsblut gelangen kann.

delten Formen sind nicht bekannt, jedoch auch nicht auszuschließen. Die mangelnde Kenntnis über die weibliche Anatomie sowie teilweise eine altersbedingte Sehschwäche der BeschneiderInnen führen wahrscheinlich dazu, dass es zu Abwandlungen des Eingriffs kommt (Sargent 1989, S. 30).

Der Großteil der Exzisionen findet in den ersten fünf Lebensjahren statt. Es sind aber auch etliche Exzisionen im Alter von fünf bis zwölf Jahren bekannt. Aktuell lässt sich der Trend beobachten, dass Mütter, von denen meist der Wunsch nach der Beschneidung ihrer Tochter ausgeht, die Exzision zu einem möglichst frühen Zeitpunkt durchführen lassen. Nur ein sehr geringer Anteil der beninischen Frauen wird im Erwachsenenalter beschnitten. Der Zeitpunkt der Exzision hängt stark von der Ethnienzugehörigkeit ab. Während die Bariba, Boko, Baatonau, Yom und Peulh die Mädchen im Jugendalter beschneiden lassen (Djagba/Gomez 2007, S. 154), finden bei den Waama Exzisionen hauptsächlich bei erwachsenen Frauen statt.

Als Zeitraum für die Beschneidung dient die Trockenzeit von November bis Mai, was auf wirtschaftliche Zusammenhänge zurückzuführen ist. Zu dieser Zeit werden die Mädchen nicht mehr allzu dringend auf den Feldern gebraucht, da die Ernte vorüber ist. Zusätzlich heißt es, dass der Harmattan, ein trockener und kühler Wind, eine heilende Wirkung auf die entstehenden Wunden hat (Panafrican News Agency 2000). Wird der Exzision eine stark rituelle Bedeutung zugesprochen, unterliegt die Durchführung konkreten Vorgaben. In manchen Ethnien dürfen Jungen und Mädchen beispielsweise nicht im gleichen Jahr beschnitten werden.

Nur selten wird in Benin behauptet, dass Exzision zur Kontrolle und Einschränkung der weiblichen Sexualität diene. Der Verweis auf Tradition und Brauch hingegen wird neben Sozialisierungsprozessen und religiösen Vorschriften in den Dörfern am häufigsten genannt. Im Falle der religiös motivierten Exzision ist diese entweder auf den Islam oder auf indigene Glaubensvorstellungen zurückzuführen, besonders der Norden Benins ist stark muslimisch geprägt. Christliche Gruppen in Benin führen keine Exzisionen durch (Office of the Senior Coordinator for International Women's Issues 2001).

Exzisionen werden bis auf wenige Ausnahmen in einem traditionellen Rahmen durchgeführt. Dies erfordert die Anwesenheit eines traditionellen Beschneiders bzw. einer Beschneiderin. Djabga und Gomez stellten fest, dass 84 Prozent der Exzisionen von Frauen durchgeführt werden (Djagba/Gomez 2007, S. 156). »Ältere Frauen bzw. Großmütter sind besonders am Erhalt der Praxis interessiert, da sie die gesellschaftliche Rolle der Bewahrerinnen von Tradition erfüllen; ihr Alter verleiht ihnen einen höheren Status, Autorität und die Möglichkeit, Einfluss auszuüben« (Schneider 1997, S. 358). Die Berufung zur Beschneiderin erhöht zusätzlich ihr Ansehen in der Gemeinschaft. Doch nicht nur das Ansehen spielt eine entscheidende Rolle. Frauen bleibt in der Regel der Zugang zu Bildung verwehrt; sie haben nur begrenzte Möglichkeiten, Geld zu verdienen. Die Berufung zur Beschneiderin stellt bislang ein sicheres Einkommen dar. Der Lohn für eine Exzision schwankt zwischen 1.000 und 10.000 CFA Franc (ca. eineinhalb bis 15 Euro) pro Person[2] und ist regional abhängig. Ebenso ist es möglich, dass ein Beschneider oder eine Beschneiderin mit Nahrungsmitteln oder Kleidung bezahlt wird (Panafrican News Agency 2000).

Initiativen gegen Exzisionen in Benin

In Benin begann eine offizielle kritische Auseinandersetzung mit Exzision im Jahr 1979. Die beninische Regierung orientierte sich dabei an den Handlungsrichtlinien der WHO. Es wurde ein regionales *Inter-African Committee* in Benin (CI-AF/Bénin) gegründet, und im Laufe der 1990er Jahre engagierten sich immer mehr nationale und internationale NGOs gegen die Beschneidung von Mädchen und Frauen.

Die ersten Bemühungen um ein Gesetz gegen Exzisionen seitens der Regierung haben einen Rückgang der Praktik in den Städten zur Folge gehabt. In den ländlichen Gegenden hingegen herrschte weiterhin die Meinung vor, dass eine unbeschnittene Frau in einem Zustand von Schande lebe (Sargent 1989, S. 31). Um effektiv gegen eine Praktik wie die Exzision vorzugehen, ist die Verabschiedung eines entsprechenden Gesetzes nur bedingt sinnvoll.

2 Das Pro-Kopf-Jahreseinkommen in Benin beläuft sich auf ca. 550 Euro. Ein Drittel der Bevölkerung lebt jedoch unterhalb der Armutsgrenze von 1 Euro pro Tag.

> »Moves should be made to gradually replace the practice but mere repression through legislation has been shown to be counter productive. [...] Legislation banning FGM would be more effective and should be effected only after such campaigns have been successfully carried out« (Magoha/Magoha 1999, S. 271).

Sollte ein Gesetz gegen Exzision ohne entsprechende vorherige Aufklärungsarbeit verabschiedet werden, wird es sich als schwierig erweisen, die tatsächliche Situation im jeweiligen Land zu evaluieren. Antworten bei Umfragen sind nur schwer auf ihren Wahrheitsgehalt hin zu überprüfen (Sargent 1989, S. 32). Die Gefahr, dass Exzisionen heimlich weiterhin durchgeführt würden, ist groß; eine Kontrolle würde somit schier unmöglich. »While history tells us that legislation alone cannot change social behaviour, the fact that many African and Western countries have recently enacted laws prohibiting the practice creates a de facto role for legislation, the effect of which should be closely observed and documented in the coming years.« (Rahman/Toubia 2000, S. XIV) Ein Gesetz allein bewirkt demnach keine Veränderungen. Es muss von Aufklärungskampagnen begleitet werden. Mehr noch: Diese müssen den Weg für die Einführung eines Gesetzes ebnen.

Um dieser Aufgabe gerecht zu werden, führten die nationalen und internationalen NGOs in Benin anfangs gemeinsame Projekte durch. Nachdem die deutsche NGO INTACT ihre Aufklärungskampagnen jedoch inhaltlich und regional erweiterte, zog sich CI-AF/Bénin aus der Zusammenarbeit zurück. Detmar Hönle, ein Mitarbeiter von INTACT, spekulierte in einem Gespräch mit der Frankfurter Rundschau, ob dieses Verhalten »nicht vor allem dazu dient, den Ast zu erhalten, auf dem man sitzt, also letztlich das Ende der Beschneidung wirksam hinauszuzögern« (Hönle/N'Djounoufa 2001, S. 14). Der Chef von CI-AF/Bénin in Djougou, Jaques Biao Gnao, bestätigte selbst, dass eine Zusammenarbeit auf nationaler Ebene nicht funktioniere. Alle beteiligten Gruppen wollten den Erfolg für sich beanspruchen. Die Zusammenarbeit zwischen den von INTACT unterstützten NGOs verläuft jedoch weiterhin vorbildhaft. Zu ihnen zählen die NGOs Dignité Féminine, Potal Men, Ti-Winti, APEM *(Association pour la Protection de l'Enfance Malheureuse)* und MORITZ *(Mouvement Régional d'appui aux Initiatives des Travailleuses en Zone rurale)*. Jede NGO ist für ein bestimmtes Gebiet in Benin, und damit für eine bestimmte Ethnie verantwortlich. Ratschläge und Verbote, die aus dem Ausland kommen, werden von diesen selten akzeptiert. Aber auch innerhalb Benins herrscht zwischen den Ethnien eine gewisse ablehnende Haltung, sodass nur NGO-Mitarbeiter derselben Ethnie Zugang zu den jeweiligen Dorfbewohnern finden.

In jedem einzelnen Dorf, das ich im Rahmen meiner Forschung willkürlich ausgesucht hatte, hatten bereits Aufklärungskampagnen über Exzision stattgefunden. Dies ist bemerkenswert, da ich auch Dörfer besuchte, die aufgrund mangelhafter Infrastruktur schwer zu erreichen waren. Auf die Frage, welche Konsequenzen eine Exzision nach sich ziehen könne, wurde in den Dörfern von einer erhöhten Infektionsgefahr berichtet, von der Gefahr des Verblutens und von Komplikationen bei Geburten und Schwangerschaften. Es stellt sich nun aber die Frage, ob der Inhalt dieser flächendeckenden Aufklärungskampagnen von den Dorfbewohnern auch angenommen wurde. Überall wurde versichert, dass die oben aufgeführten Informationen über die gesundheitsschädlichen Folgen einer Exzision von NGO-Mitarbeitern vorgetragen wurden. »Vorgetragen« ist insofern das richtige Wort, als das bloße Informieren nicht zwangsläufig bedeutet, dass der Inhalt auch als zutreffend anerkannt wird.

Nach einer Aufklärungswelle in den 1990ern wurde schließlich im März 2003 ein entsprechendes Gesetz zum Verbot der Exzision verabschiedet. Vor allem in Gegenden, in denen Exzisionen durchgeführt werden, ist man über diese Entwicklung informiert, was sich auf eine flächendeckende Aufklärungskampagne von UNICEF zurückführen lässt. Mitarbeiter von UNICEF besuchen im Zuge dieser Kampagne die Dörfer und lesen den Gesetzestext in der jeweiligen Lokalsprache vor.

Koso-Thomas kam in ihren Studien in Sierra Leone zu dem Ergebnis, dass Bildung im direkten Zusammenhang mit der Beschneidung von Frauen und deren Ausmaß steht. Gebildete Männer und Frauen wiesen weibliche Beschneidung häufiger zurück als ungebildete Personen (Koso-Thomas 1987, S. 35). Auch eine Umfrage unter sudanesischen Studenten ergab, dass diese zu 75 Prozent die Beschneidung von Frauen ablehnen (Jaleel et al. 2002, S. 851). »Aus der in der Regel untergeordneten sozialen und ökonomischen Stellung der Frau resultiert im Durchschnitt ein niedriger Bildungsgrad, der den circulus vitiosus der Unterprivilegierung unterhöhlt« (Diesfeld 1989, S. 35). Ungebildete Frauen wissen nicht, wie ein gesundes weibliches Organ aussieht. Gesundheitliche Schäden, die nach einer Exzision auftreten, werden von ihnen häufig auf übernatürliche Kräfte und Hexerei zurückgeführt, da sie den Zusammenhang zwischen Infektionen und einer offenen Wunde nicht akzeptieren (Koso-Thomas 1987, S. 12, 36). Ein niedriger Alphabetisierungsgrad stellt eines der fundamentalen Hindernisse der Bekämpfung von Exzision dar, eine »Veränderung der Wahrnehmung [ist] unter diesen Bedingungen nur schwer zu erreichen« (Hoestermann/Small 1997, S. 258). In Benin hat sich ebenfalls bestätigt, dass Frauen, die keine Schulbildung erfahren haben, häufiger beschnitten sind als jene mit Schulbildung. Auch ist zu beobachten, dass mit zunehmendem Bildungsgrad die Häufigkeit der Exzision abnimmt (Djagba/Gomez 2007, S. 153). Um Exzisionen nachhaltig zu bekämpfen, sollte demnach auch bei der Bildung der jungen Mädchen angesetzt werden.

> »Nonformal education can be used to promote self-evaluation of the community and its problems. Women must understand the social, cultural and industrial barriers that inhibit change in the lives, including their own perceptions of their abilities, families, communities, and governments« (Diven 1998, S. 85).

Exzision bei den Waama

Die Waama leben im Norden Benins, im Departement Atacora und unterscheiden sich hinsichtlich der Durchführung von Exzisionen maßgeblich von den anderen beninischen Ethnien. Die Beschneidung von Frauen bei den Waama dient nicht nur der Erlangung eines höheren Status der Frau, sondern ist auch sehr stark mit dem Fetischglauben verbunden. Hinzu kommt, dass bei den Waama keine Frau, sondern ein Mann die Beschneidungen durchführt. Dieser übt seine Tätigkeit nicht aus einer finanziellen Motivation heraus aus, sondern aus gesellschaftlichen und religiösen Gründen.

In unerwartet offenen Gesprächen mit Waama-Frauen und -Männern wurden mir diverse Gründe für die Notwendigkeit einer Exzision genannt, unter anderem Unfruchtbarkeit und körperliche Schwäche. In diesem Fall sucht man einen traditionellen Führer, einen *chef féticheur* auf und bittet diesen um Rat. Jener entscheidet schließlich, nachdem er sein Orakel befragt hat, ob eine Exzision durchgeführt werden muss.

Der starke Bezug zu einer indigenen Glaubensvorstellung wird anhand des Messers deutlich, das bei den Waama zur Beschneidung von Mädchen – aber auch von Jungen – benutzt wird. Von einem Mann aus dem Dorf Cotiacou zwischen Toucoutouna und Tanguièta erfuhr ich, dass das Messer kein beliebiges sein darf, sondern von dem Beschneider selbst hergestellt und dann an einem heiligen Ort deponiert werden muss. Dort, so sagen die Waama, kletterten Skorpione über das Messer, wodurch es ebenfalls heilig würde. Dies sei auch der Grund, warum man es nicht säubern dürfe, denn sonst ginge diese heilige Kraft verloren.

Durch die Aufklärungskampagnen ist den Waama bekannt, dass die Verwendung von unsterilen Operationsinstrumenten das Infektionsrisiko bei einer Exzision erhöht. Allerdings wird zur Beschneidung von Jungen und Männern weiterhin ein rituelles Messer benutzt, das in der Regel nicht gewaschen werden darf. Lediglich in Toucoutouna erklärten mir meine Gesprächspartner, dass man jetzt auch für die Beschneidungen von Jungen saubere bzw. jeweils verschiedene Messer verwende. Der Präsident der NGO Ti-Winti, Pasteur Martin Sakoura, erzählte mir, dass er sich innerhalb seiner Organisation auch darum bemühe, die Bedingungen für die Beschneidung von Jungen zu verbessern. Leider fänden diese Bemühungen nicht die gleiche Beachtung wie die Bekämpfung der Exzision. Hanny Lightfoot-Klein sagte zu diesem Sachverhalt in einem Interview: »Natürlich ist es bei Frauen viel fürchterlicher und es wird mehr abgeschnitten. Aber wenn eines fürchterlicher ist als das andere, dann ist das andere doch immer noch fürchterlich« (Lightfoot-Klein 2003, S. 14). Die Tatsache, dass sich die Bedingungen bezüglich der Beschneidung von Jungen nicht verändert haben, lässt erkennen, dass die Gefahr von unsterilen Operationsinstrumenten noch nicht verinnerlicht wurde.

Die *chefs féticheurs* besitzen ein hohes Ansehen in der Waama-Gemeinschaft und verfügen damit auch über eine starke Machtposition. Diese Macht ist eng verbunden mit der Ausführung von Exzisionen, da die Ernennung eines *chef féticheurs* im Rahmen einer Zeremonie stattfindet, bei der die Beschneidung von Mädchen ein integraler Bestandteil ist. Die

Einmischung von außen und das Verbot von Exzisionen führten sogar dazu, dass NGO-MitarbeiterInnen, aber auch ehemalige Beschneider Mordandrohungen erhielten. Ein *chef féticheur* erklärte diesen Widerstand wie folgt: »Kann es denn noch einen bedeutenden traditionellen Waama-Chef ohne diese Zeremonie geben, durch die er seine Funktion erhält?« Den Respekt, der den *chefs féticheurs* entgegengebracht wird, bemerkte ich auch bei einem Beschneider aus Tanguièta. Es versicherte mir, dass er keine Exzision mehr durchführen wolle – sollte ihn aber ein *chef féticheur* dazu auffordern, würde er gehorchen. Er erklärte mir: »Wenn ich ihm nicht gehorche, ziehe ich seinen Zorn auf mich. Dann muss ich und meine ganze Familie sterben.«

Ein entscheidender Unterschied zu den anderen Ethnien ist das Beschneidungsalter der Waama. Hier entscheiden erwachsene Frauen zum Teil selbst, ob sie beschnitten werden möchten. Obwohl bereits Aufklärungskampagnen stattgefunden haben und die Waama mir sämtliche Gründe, die gegen eine Exzision sprechen, aufzählen konnten, machten sie keinen Hehl daraus, dass sie von diesen Gründen nicht überzeugt waren. Für jedes Argument, das gegen Exzision sprach, lieferten sie ein Gegenbeispiel. Als es um Komplikationen bei der Geburt ging, riefen sie eine Frau herbei, die ihr Kind problemlos auf dem Feld zur Welt gebracht hatte. In dem Waama-Dorf Torna erklärte mir der Dorfchef, er habe sich mit der Problematik der Exzision intensiv beschäftigt und beschlossen, in seinem Dorf eine Testphase durchzuführen. In einem Jahr wurden keine Mädchen bzw. keine Frauen beschnitten. Das Ergebnis sei jedoch das gleiche gewesen: Manche Mädchen wurden krank, manche starben. Für ihn war damit bewiesen, dass eine Beschneidung von Mädchen und Frauen nicht der Grund für eine schlechte gesundheitliche Verfassung sei. In dem Waama-Dorf Kouarfa bei Toucoutouna sagte mir eine Frau: »Wir sind nicht glücklich über dieses Verbot. Seitdem wir unsere Mädchen nicht mehr beschneiden dürfen, sind schon vier Mädchen gestorben.« Bei den Waama werden Frauen unter anderem beschnitten, wenn sie Anzeichen von körperlicher Schwäche zeigen – eine Exzision dient hier der Heilung. Diese war aufgrund des Exzisionsverbots nicht mehr möglich, sodass nach Aussage der Waama den Mädchen nicht mehr geholfen werden konnte. Auch in Cotiacou, ebenfalls ein Waama-Dorf, bestätigten mir die Frauen, dass sie nicht damit einverstanden seien, dass ihnen eine Praktik verboten werde, die bereits ihre Vorfahren durchgeführt hätten.

Massnahmen gegen Exzision bei den Waama

Der Start einer Aufklärungskampagne gestaltet sich besonders schwierig, wenn die Bewohner eines Dorfes bereits von einer NGO enttäuscht worden sind, so auch der Fall in Tanguièta. Der Dorfchef berichtete von einem CI-AF/Bénin-Mitarbeiter, der für seine Arbeit von den Geldgebern ein Moped zur Verfügung gestellt bekommen hatte. Mit diesem Moped sollte er in die Dörfer fahren, Seminare abhalten oder Hilfsgüter verteilen. Stattdessen nutzte er das Moped ausschließlich zu privaten Zwecken und verwendete die Hilfsgüter für sich persönlich. Damit Aufklärungskampagnen überhaupt erst akzeptiert werden, ist es notwendig, dass zwischen den Dorfbewohnern und den NGO-Mitarbeitern eine Vertrauensbasis aufgebaut wird. Im Falle der Waama hatte man festgestellt, dass es sich auch um einen Wao[3] handeln muss, der die Aufklärungskampagnen leitet, da sonst nicht einmal ein Gespräch zustande kommt.

Eine weitere Hürde auf dem Weg zu gelungener Aufklärung stellt die enge Verbundenheit mit dem Fetischglauben dar. In anderen Ethnien, in denen die Beschneiderinnen ihren Lebensunterhalt über die Ausübung von Exzisionen bestreiten, kann man diesen Frauen über Kleinkredite alternative Einkommensquellen aufzeigen. Im Fall der Waama ist der Beschneider jedoch nicht an das Geld, sondern an die Befehle eines *chef féticheurs* gebunden. Initiationsriten zu verändern, gestaltet nicht so schwierig wie die Beeinflussung eines Glaubens. Im Jahr 2003 erreichte die Verurteilung eines bekannten Beschneiders namens Natikou Bona eine große Öffentlichkeit. Bona hatte öffentlich verkündet, dass er niemals aufhören würde, Beschneidungen durchzuführen, diese gehörten schließlich zur kulturellen Identität der Waama. Er arbeitete diesbezüglich sehr eng mit den mächtigen lokalen *chefs féticheurs* zusammen. Das kürzlich verabschiedete Gesetz erlaubte nun den Beschneidungsgegnern,

3 Wao ist die Singular-Bezeichnung eines Waama-Mitgliedes.

Bona anzuzeigen. Dies führte dazu, dass Bona in Tanguièta eine längere Haftstrafe verbüßen musste. Nachdem er aus dem Gefängnis entlassen wurde, führte ein Journalist des Radiosenders ORTB ein Interview mit ihm. In diesem Interview erzählte Natikou Bona von der schrecklichen Zeit im Gefängnis und von dem Prozess, der ihm gemacht wurde. Bona begleitete ab diesem Zeitpunkt die NGO-Mitarbeiter auf ihren Touren durch die Dörfer, um deren Bewohner davon zu überzeugen, mit der Beschneidung von Mädchen und Frauen aufzuhören. Die Reaktion der *chefs féticheurs* auf das Interview und die öffentliche Verurteilung von Exzisionen durch einen der bedeutendsten Beschneider der Waama war erfreulich. Sie näherten sich den NGOs an und waren zu einer offiziellen Diskussionsrunde bereit. Einer unter ihnen, der *chef féticheur* Yarikaté Yoro, sagte schließlich: »Wenn ein starker Wind weht, wird der Baum, der sich der Richtung des Windes widersetzt, umfallen und sich nie wieder aufrichten!« In einem Radio-Interview erklärte Yarikaté Yoro, dass er die Veränderungen in seinem Land anerkenne und seiner Gemeinschaft nicht schaden wolle, indem er sich gegen diesen Wandel stelle. Er verkündete, dass ihn ab sofort niemand mehr aufsuchen müsse, um die Beschneidung eines Mädchens zu erbitten. Die *chefs féticheurs* der Waama waren schließlich zu einem Kompromiss bereit: Sie akzeptierten, dass der Akt der Beschneidung nicht weiter durchgeführt wurde, bestanden aber auf den Fortbestand der Zeremonien, in denen die Exzision einst ein Bestandteil war.

Chancen und Grenzen von Massnahmen gegen Exzision

Die Bekämpfung von weiblicher Beschneidung ist nur dann sinnvoll und erfolgreich, wenn die Praktik nicht isoliert betrachtet, sondern der soziale Kontext mit einbezogen wird. Im Falle von Benin stießen die NGOs auf die ersten Hürden, als sie das Vertrauen der Dorfbewohner gewinnen wollten. Vorausahnend, dass ein Europäer beim Verbot von Exzisionen kein Gehör finden würde, wurden die Aufklärungskampagnen nur von Landsleuten durchgeführt. Die Tatsache, dass auch Ethnien untereinander nicht das nötige Vertrauen aufbringen, veranlasste die geldgebenden NGOs dazu, mit vielen verschiedenen nationalen NGOs zusammenzuarbeiten.

Die Aufklärungskampagnen in Benin wurden flächendeckend durchgeführt und die beninische Bevölkerung umfassend über die gesundheitlichen Folgen der Exzision informiert. Das Beispiel der Waama machte deutlich, dass das Informieren alleine keine Veränderung der Einstellung hinsichtlich weiblicher Beschneidung hervorruft. Auch die Vergabe von Kleinkrediten an Beschneiderinnen zum Aufbau einer alternativen Einkommensquelle ist nur begrenzt effektiv. Da bei den Waama die Beschneider nicht auf das Geld angewiesen sind, sondern aus einer sozialen Verpflichtung heraus handeln, können hier durch Kleinkredite keine Veränderungen erzielt werden.

Deshalb sollte ein Schwerpunkt auf die religiösen Hintergründe gelegt werden. Religiöse Führer, ganz gleich zu welcher Religion sie zählen, genießen eine außerordentliche Machtposition und ihre Handlungsanweisungen werden oftmals wie Gesetze befolgt. Auch bei den Waama stellte die enge Verflechtung der Exzision mit dem Fetischglauben ein Hindernis dar. Erst die Vollstreckung des Gesetzes veranlasste die *chefs féticheurs* dazu, über den Brauch der Exzision nachzudenken. In Benin werden laut Gesetz alle bestraft, die in irgendeiner Form in die Durchführung einer Exzision involviert sind. Es muss jedoch darauf geachtet werden, dass die Ausführung des Gesetzes nicht durch Korruption behindert wird.

Die Korrelation des Bildungsgrades mit der Häufigkeit von Exzisionen ist ein Indiz dafür, dass Alphabetisierungskampagnen einen entscheidenden Beitrag zur Bekämpfung von weiblicher Beschneidung leisten würden. Vor allem die Ausbildung von Mädchen sollte verfolgt werden. Jene werden bei den Waama beispielsweise nicht in die Schule geschickt, da sie nach der Hochzeit ohnehin in der Familie des Ehemannes weiterleben. Eine Investition in ihre Bildung wäre somit eine Fehlinvestition, da nur die Familie des Ehemannes einen Profit daraus ziehen würde.

Der Prozess der Bekämpfung der Beschneidung von Mädchen und Frauen in Benin besitzt Vorbildcharakter. Zunächst wurden über Jahre hinweg flächendeckende Aufklärungskampagnen durchgeführt. In dieser Phase wurden die NGOs mit Hindernissen konfrontiert, auf die sie angemessen reagieren konnten. Erst später wurden die Kampagnen von einem Gesetz begleitet. Obwohl das Gesetz nun verabschiedet ist, sollten die Kampagnen weiterhin durchgeführt werden. Denn trotz aller Bemühungen und erfolgreicher Kampagnen wird sich die grundlegende Einstellung der Bevölkerung zur Exzision erst mit den kommenden Generationen wandeln.

Literatur

Athanassiou, N.; Oehmke, F. & Braems, G. (1999): Fallbericht: Geburt nach Beschneidung des weiblichen Genitales. Frauenarzt 40(11), 1400–1406.

Diesfeld, H.-J. (1989): Gesundheitsproblematik der Dritten Welt. Darmstadt (Wissenschaftliche Buchgesellschaft).

Diven, P. (1998): Women and nonformal education in West-Africa: Policy and practice. In: Bloch, M.; Beoku-Betts, J.A. & Tabachnick, B.R. (Hg.): Women and Education in Sub-Saharan Africa: Power, Opportunities, and Constraints. Boulder, CO (Lynne Rienner Publ.), S. 83–95.

Djagba, B.K. & Gomez, E.Y. (2007): L'Excision. In: Institut National de la Statistique et de l'Analyse Économique (INSAE) avec la collaboration du Programme National de Lutte contre le Sida (PNLS) Cotonou, Bénin et Macro International Inc. (Hg.): Benin – Enquête Demographique et de Santé. Calverton, Maryland (Measure DHS), S. 151–169.

GTZ-Baseline Studie (unveröffentlicht): Förderung von Initiativen zur Überwindung weiblicher Genitalverstümmelung (FGM).

Hoestermann, Ch. & Small, M. (1997): Das Gambia Committee on Traditional Practices. Kampagnen zur Reduzierung und Prävention der Weiblichen Genitalen Verstümmlung bei westafrikanischen Frauen. Das Beispiel Gambia. Curare – Zeitschrift für Ethnomedizin: Frauengesundheit – kurative und präventive Ansätze 20(2), 253–258.

Hönle, D. & N'Djounoufa, T. (2001): Überzeugungskraft gegen die Angst. Frankfurter Rundschau 57(295), 14.

Jaleel, H.; Huengsberg, M. & Luesley, D. (2002): Female genital mutilation – case report and discussion. Int J STD AIDS 13(12), 850–851.

Koso-Thomas, O. (1987): The Circumcision of Women. A Strategy for Eradication. London, NJ (ZED Books).

Lightfoot-Klein, H. (2003): Beschnittene sind nervöser. taz, 16-06.2003, 14.

Magoha, G.A.O. & Magoha, B.O. (1999): Current global status of female genital mutilation: A review. East African Medical Journal 77(5), 268–272.

Office of the Senior Coordinator for International Women's Issues (2001): Benin: Report on Female Genital Mutilation (FGM) or Female Genital Cutting (FGC). URL: http://www.state.gov/g/wi/rls/rep/crfgm/10046.htm (Stand: 26.04.2005).

Panafrican News Agency (2000): Benin wants Law to ban Female Circumcision. URL: http://www.duei.de/iak/de/content/archiv/fgm/Benin.rtf (Stand: 27.6.2009).

Rahman, A. & Toubia, N. (2000): Female Genital Mutilation. A Guide to Laws and Policies Worldwide. London, NJ (ZED Books).
Sargent, C. F. (1989): Maternity, Medicine and Power. Reproductive Decisions in Urban Benin. Berkeley, Los Angeles, London (University of California Press).
Schneider, F. (1997): Beschneidung von Mädchen und Frauen – Über die Schwierigkeit, Traditionen zu verändern. Curare: Frauen und Gesundheit – Ethnomedizinische Perspektiven, Sonderband 11, 355–365.

Kosmetische Eingriffe und weibliche Genitalverstümmelung

Betrachtungen zu körpermanipulativen Praktiken aus interdisziplinärer Perspektive

Daniela Dorneles de Andrade, Elena Jirovsky & Sara Paloni

In den letzten Jahren entwickelte sich die in 28 afrikanischen Staaten (vgl. Gruber et al. 2005) praktizierte weibliche Genitalverstümmelung[1] zunehmend zu einem international viel diskutierten Thema. Aus einem lokalen Phänomen wurde durch die mediale Auseinandersetzung und im Kontext von Migrationsbewegungen ein globales Problem.

Gleichzeitig werden Techniken der kosmetischen Chirurgie[2] weiterentwickelt und immer mehr Menschen, darunter meistens Frauen (Gilman 1999, S. 32), unterziehen sich einer Schönheitsoperation. Darüber hinaus werden seit einiger Zeit auch kosmetische Eingriffe an Genitalien zunehmend nachgefragt. Es besteht ein plötzliches Interesse an »schönen Genitalen«; damit einher geht ein wissenschaftliches Forschungsinteresse an der sozialen Bedeutung dieser Entwicklung. Gerade jene Formen der

1 Weibliche Genitalverstümmelung (Female Genital Mutilation, FGM) ist ein umkämpfter und viel diskutierter Begriff. Der Begriff *mutilation* wird, vor allem seit dem Entscheid des Inter-African-Committee von 2005 (IAC 2005), für diese Praktiken in der deutschen wie englischen wissenschaftlichen Literatur und im Kontext des politischen Aktivismus gegen diese Praktiken verwendet. Die Benennung dieser Praktiken resultiert immer in einer verkürzten Darstellung derselben und stellt immer auch eine politische Positionierung dar. Wir haben uns im Rahmen der Verfassung dieses Textes dazu entschlossen, uns dem Entscheid des Inter-African-Committee anzuschließen und diese Praktik als das zu bezeichnen, als was wir sie subjektiv begreifen – als Form der Verstümmelung.

2 Kosmetische Chirurgie ist ein umgangssprachliches Synonym für das medizinische Feld der ästhetischen plastischen Chirurgie. Der Lesbarkeit wegen wird hier der Begriff kosmetische Chirurgie im Text verwendet.

Intimmodifikation evozieren nämlich nicht nur in der Politik, der Medizin und der Wissenschaft, sondern auch bei den potenziellen Konsumenten – noch mehr als kosmetische Chirurgie allgemein – Irritationen und Zweifel über »richtig und falsch« im Hinblick auf Eingriffe in »gesunde« Körper. Themen rund um FGM und kosmetische (Genital-)Chirurgie repräsentieren ein »moralisches Dilemma« und sind »Gegenstand hitziger intellektueller Debatten« (Abusharaf 2000, S.156).

Zwischen den beiden genannten Praktiken – der FGM und der kosmetischen Chirurgie – scheinen auf den ersten Blick Welten zu liegen, dennoch werden sie in verschiedenen wissenschaftlichen Kontexten miteinander verglichen, denn beide werfen Fragen um die Unversehrtheit von (weiblichen) Körpern auf und verweisen auf die scheinbare Notwendigkeit, (weibliche) Körper gesellschaftlichen Idealen anpassen zu müssen.

Im Folgenden sollen Einblicke geboten werden, wie dieser Vergleich argumentativ begründet wird. Einer Einleitung zu den einzelnen Körperpraktiken folgt eine Illustration der diesbezüglichen theoretischen und politischen Debatte. Anschließend wird die Frage behandelt, ob der Vergleich von FGM und kosmetischer (Genital-)Chirurgie einen Gewinn – und wenn ja, welchen – in Bezug auf Einsichten über geschlechtlich konnotierte und mit Gewalt assoziierte Körperpraktiken und Intimmodifikationen darstellt.

Weibliche Genitalverstümmelung (Female Genital Mutilation, FGM)

Die Praktik von FGM erfuhr in den letzten Jahren vermehrt internationale Aufmerksamkeit. Unter anderem durch die Veröffentlichung der Autobiografie der gebürtigen Somalierin und heute in Österreich lebenden Waris Dirie, die in ihrem Buch *Wüstenblume* über ihre eigene Beschneidung berichtet, wird FGM nun auch in der breiten Öffentlichkeit in einem viel stärkeren Ausmaß diskutiert, als dies früher der Fall war. Medien, feministische und internationale Organisationen sowie ÄrztInnen und WissenschafterInnen der verschiedensten Bereiche beschäftigen sich mit dem Thema und diskutieren FGM im Kontext von

Frauen- und Menschenrechten, Frauengesundheit, kulturell- und traditionsbedingter Gewalt, moralischen Wertegemeinschaften und Rechtsprechung.

Shell-Duncan und Hernlund meinen diesbezüglich:

> »A reclassification has taken place: the local has become a global concern, ›female circumcision‹ has become ›female genital mutilation‹ (FGM), and a ›traditional practice‹ has become a ›human rights violation‹. Under the gaze of international attention, the issue of female ›circumcision‹ has come to constitute a site for a number of emotionally charged debates around cultural relativism, international human rights, racism and western imperialism, medicalization, sexuality, and patriarchal oppression of women, resulting in an onslaught of discussion and writing on the topic. Yet misunderstanding, confusion, and controversy over the complex dimensions of this issue have not been resolved« (Shell-Duncan/Hernlund 2000a, S. 1).

Vor allem die Kultur- und Sozialanthropologie beschäftigt sich seit Langem im Rahmen ihres Interesses an Initiationsriten und Manipulationen am Körper beider Geschlechter mit FGM (Binder-Fritz 2003, S. 105). Genitalverstümmelung wurde hier als »exotische Praktik« betrachtet und das Vorkommen dieser Praktik im eigenen kulturellen Umfeld oftmals ausgeblendet. Es zeigte sich, dass die Praktik nicht nur auf den afrikanischen Kontinent beschränkt war und ist, sondern auch in Europa angewandt wurde und wird: Erstens war FGM bis zur Wende zum 20. Jahrhundert u.a. in Großbritannien, Frankreich und im deutschsprachigen Raum üblich und galt als Behandlungsmethode gegen »Nymphomanie« und »Hysterie« (Hulverscheidt 2002, S. 15ff.). Und zweitens tritt infolge der Zuwanderung aus Gebieten, in denen Gesellschaften FGM praktizieren, weibliche Genitalverstümmelung auch in europäischen Ländern und in Nordamerika wieder auf. Einige Länder haben diesbezüglich spezielle Gesetze erlassen, in anderen Ländern Europas und Nordamerikas fällt FGM unter den Tatbestand der Körperverletzung. Strafprozesse wurden bisher nur in Frankreich, Italien, Schweden und Spanien geführt.

FGM ist als eine im Wandel befindliche Praxis im Kontext sich verändernder Kulturen zu verstehen. Die soziokulturelle Bedeutung der weiblichen Genitalverstümmelung hat sich im Laufe der letzten Jahrzehnte deutlich verändert: Etwa durch den Wegfall von Initiationsriten, in deren Zusammenhang die Beschneidungen durchgeführt wurden, oder durch Gesetzesbestimmungen in manchen Ländern – wobei die Praxis teilweise trotz gesetzlichen Verbots im Geheimen oder in modifizierter Form weitergeführt wird (Binder-Fritz 2003, S. 106). Darüber hinaus haben die Arbeiten von westlichen NGOs (Non Governmental Organisations) in afrikanischen Ländern, aber auch NGOs (v. a. Frauenorganisationen und Menschenrechtsorganisationen) in westlichen Ländern, die internationale Politik und die Initiative afrikanischer Grassroot-Organisationen, diese Veränderung stark beeinflusst.

Es lassen sich kontroverse Positionen im Diskurs um FGM festmachen. Einerseits existiert die Position internationaler Organisationen (beispielsweise der WHO und UNO), die eine Abschaffung der Praktik und Verbote mit Bezug auf die allgemeinen Menschenrechte, vor allem im Kontext von Gesundheit und Gewalt gegen Frauen, fordern. Andererseits wird kritisiert, dass FGM zu einem medizinischen Problem gemacht wird und dass lokale Bedeutungen und Konzepte in diese Argumentation nicht einfließen, sondern nur westliche Ideologien vertreten werden (vgl. Binder-Fritz 2003). FGM wird aus einer westlich geprägten Perspektive »hauptsächlich aus dem Blickwinkel von Unterdrückungsmechanismen die weibliche Sexualität und den Geschlechterkampf betreffend diskutiert« (ebd., S. 106). Es besteht die Forderung, Frauen, die von FGM betroffen sind, als Akteurinnen wahrzunehmen und die sozialen und politischen Interessen dieser Frauen nicht auszublenden (vgl. Boddy 2002).

Kosmetische Chirurgie

Körpermoden und Schönheitsideale finden sich in jeder Kultur und zu allen Zeiten: Menschen beiderlei Geschlechts gestalten ihren Körper, um den in der jeweiligen Kultur vorherrschenden Schönheitsidealen zu entsprechen (vgl. Ensel 1996). Diese Gestaltung des Körpers hat eine umfassende soziale und kulturelle Bedeutung (vgl. Liggett/Liggett 1990, S. 12). Sander Gilman arbeitet diese Frage in seinem Werk *Making the Body Beautiful* (1999) insbesondere für Europa auf. Von Nasenoperationen und -prothesen ausgehend, die dazu dienten, die Schäden der im 16. Jahrhundert epidemisch auftretenden Syphilis zu verdecken, über die Festschreibung, wie Körper im Zusammenhang mit physiognomischen Wissenschaftsansätzen des 17., 18. und 19. Jahrhunderts – die u.a. auch zu antisemitischen Diskreditierungen eines »jüdischen Aussehens« führten (vgl. Gilman 1999) – auszusehen haben, bis hin zur künstlerischen Verfremdung eines »postästhetischen Körpers« (Gilman 1999, S. 319), wie sie die französische Künstlerin Orlan betreibt, arbeitet Gilman dieses Thema kulturgeschichtlich auf. Seit der Renaissance begann man, von ästhetischer oder Schönheitschirurgie zu sprechen (Gilman 1999, S. 109). Jedoch nicht erst zu dieser Zeit oder nur in Europa wurden derartige Eingriffe in den Körper vorgenommen. Ensel merkt an, dass die frühesten Berichte dazu aus China und Indien stammen (Ensel 1996, S. 50).

Die Beschneidung beider Geschlechter sowie kosmetische Chirurgie – in Form von Einschnitten, Absaugungen oder Säurebehandlungen – werden als »einschneidende« körperliche Veränderungen und Verletzungen definiert, die von einem Arzt/einer Ärztin an einem »gesunden« Körper ohne medizinische Notwendigkeit, und ohne dass eine Entstellung des Körpers vorliegt, vorgenommen werden (Ensel 1996, S. 21). Der Einschnitt in den gesunden Körper kehrt somit die eigentliche Intention der Medizin, die »Heilung«, um. In diesem Sinne versteht Ensel das Phänomen kosmetische Chirurgie als Indikator für den Umgang mit dem Körper in unserer Kultur.[3]

Eine der aktuellsten Entwicklungen in der ÄPC sind operative Eingriffe an den weiblichen sowie männlichen Genitalien. Insbesondere Female Genital Cosmetic Surgery[4] (im weiteren Text mit FGCS ab-

3 Der Begriff eines »gesunden Körpers« ist eine durchaus problematische Formulierung, die eine sehr verkürzte westliche Perspektive darstellt. Es kann gar nicht so etwas wie einen akulturellen, ahistorischen, »gesunden Körper« geben. Immer ist dieser in seinem soziokulturellen Kontext zu betrachten. In einer Fußnote merkt Ensel an, dass Begriffe von »Gesundheit« oder »Krankheit« kulturell geprägt und überformt und daher mit unserem biomedizinischen Körpermodell nicht fassbar sind. Ein gesunder Körper ist für sie ein Körper »ohne organische und funktionelle Störungen« (Ensel 1996, S. 21).

4 Kosmetische Phalloplastie wird zunehmend nachgefragt, aber auch bei kosmetischer Chirurgie an den Genitalien ist der Großteil der PatientInnen weiblich (Creighton/Liao 2001, S. 1).

gekürzt), kosmetische Genitalchirurgie, wird von Frauen zunehmend nachgefragt. Die Eingriffe bei den Frauen reichen von Vaginaverengung, Schamlippenkorrektur bis hin zur Verkürzung einer »zu langen« Klitoris[5] – etliche andere Möglichkeiten der kosmetischen Genitalchirurgie bleiben hier eventuell unerwähnt.

FGCS in ihrer derzeitigen Form und mit ihrer hohen Nachfrage stellen ein relativ neues Phänomen dar. Mitte der 1980er Jahre wurden die ersten Eingriffe, wie wir sie heute kennen, unternommen. Zahlen darüber, wie viele Frauen sich diesen Operationen bereits unterzogen haben und aktuell unterziehen, welche gesundheitlichen Risiken die Operationen selbst und ihre Folgen bergen können, sind noch nicht bekannt.

Prinzipiell kann ein sprunghafter Anstieg kosmetisch-chirurgischer Operationen in den letzten Jahren vermerkt werden. Ihre tatsächliche Anzahl kann jedoch nicht erfasst werden, da auch ÄrztInnen anderer Fachrichtungen vereinzelt solche Eingriffe anbieten und durchführen (vgl. Sarwer et al. 1998). Die Zunahme betrifft beide Geschlechter, jedoch in unterschiedlichem Ausmaß: Obwohl die Anzahl der männlichen Patienten steigt, ist das Geschlechterverhältnis noch immer sehr ungleich, der Großteil der PatientInnen ist weiblich (Gilman 1999, S. 32).

Feministische Kontroversen kreisen um folgende Überlegungen: Einerseits kann kosmetische Chirurgie als Ausdruck und Reproduktion hierarchischer Geschlechterverhältnisse verstanden werden, wobei Frauen den Schönheitsnormen in einem weit höheren Ausmaß »unterworfen« sind als Männer (vgl. Wolf 2000). Andererseits kann die Entscheidung des Individuums zu einem kosmetisch-chirurgischen Eingriff auch als Ausdruck von Autonomie und Selbstbestimmung über den eigenen Körper (im Rahmen gesellschaftlicher Normvorstellungen und Schönheitsidealen) verstanden werden (vgl. Davis 2000).

Einige zentrale Studien zur kosmetischen (Genital-)Chirurgie ver-

5 Unter FGCS fallen folgende Eingriffe: Verkleinerung der kleinen Schamlippen, Verkleinerung oder Auffüllung der großen Schamlippen, Verkleinerung des Präputiums der Klitoris, Verengung des Vagina Einganges durch Fettinjektionen oder operativ, Fettabsaugen, Neupositionierung der Klitoris, G-Punkt-Amplifikation durch Kollageninjektionen, Hymenrekonstruktion. Chirurgische Maßnahmen im Rahmen einer Geschlechtsumwandlung, die Geschlechtsanpassung bei Personen mit diagnostizierter *Gender Identity Disorder* oder männliche Beschneidung und weibliche Genitalverstümmelung werden nicht zu FGCS gezählt (vgl. Braun 2005).

folgen in ihrer Analyse kulturkritische Ansätze (vgl. Braun 2005; Davis 2002). Die AutorInnen verweisen auf die Bilder und Vorstellungen von weiblichen Körpern, die den Praktiken und Debatten um kosmetische (Genital-)Chirurgie zugrunde liegen. Der »natürliche« und »perfekte« weibliche Körper, dessen Form als Vorlage für die Eingriffe dient, resultiert aus pornografischen Darstellungen des weiblichen Körpers, wie beispielsweise Virginia Braun (2005) bemerkt. Ihre Kritik richtet sich auf die Konstruktion von »Normalität« und »Abweichung« in medizinischen und medialen Diskursen um weibliche Genitalien und deren operative Veränderung. Eine »normale Abweichung«, so meint sie, wird zu einem Problem gemacht. Das wirft Fragen danach auf, ob die Wahl, sich eines solchen Eingriffs zu unterziehen, wirklich freiwillig getroffen werden kann. Diese Wahl, argumentiert Braun, darf nicht bloß als autonome Entscheidung gesehen werden, sondern als bestimmt durch eine kulturell geprägte Vorstellung darüber, wie ein »normaler« und wie ein »abnormaler« weiblicher Körper aussieht und wie er sich anzufühlen hat.

Der Vergleich körpermanipulativer Praktiken – FGM und kosmetische (Genital-)Chirurgie

FGM und kosmetische (Genital-)Chirurgie werden schon seit geraumer Zeit in verschiedenen wissenschaftlichen Disziplinen hinsichtlich ihrer Analogie diskutiert. Vor allem in feministischen Kontexten werden beide Phänomene als Repräsentation und Ausdruck der Reproduktion asymmetrischer Geschlechterverhältnisse thematisiert. Die Analogie besteht demnach in der Bedeutung beider körpermanipulativer Praktiken für die Produktion und Reproduktion von geschlechtlich konnotierten Herrschaftsverhältnissen. FGM wird als Inbegriff des Missbrauchs von Frauen durch bestehende Geschlechterverhältnisse verstanden (vgl. Mohanty 1991). Kosmetische (Genital-)Chirurgie wird ebenso als Ausdruck eines männlich geprägten Systems von Schönheitsidealen und Normvorstellungen diskutiert und die Ablehnung und Illegalisierung von weiblicher Genitalverstümmelung in westlichen Gesellschaften bei gleichzeitiger Akzeptanz von kosmetischer (Genital-)Chirurgie hinterfragt (vgl. Sheldon et al. 1998).

Die Sozialanthropologin Janice Boddy verweist auf die Dominanz einer westlichen Perspektive in den Diskursen um weibliche Genitalverstümmelung und regt dazu an, auch »westliche Beschneidungspraktiken« (Boddy 2002, S. 172) einzubeziehen. Darunter versteht sie Formen der Körpermanipulation wie Bulimie, Anorexie, Epilation etc. – und auch kosmetische Chirurgie. Sie verortet deren analoge Funktion in der Herstellung von gesellschaftlichen, sozialen und geschlechtlichen Subjekten und meint, dass trotz kontextueller Differenzen die »Praktiken der weiblichen Genitalbeschneidung formal den normalisierenden Disziplinen von Weiblichkeit im Westen« (ebd.) entsprechen. Die unterschiedlichen Praktiken »erwachsen aus der Annahme, dass der weibliche Körper Verbesserungen und einer ständigen Überwachung bedarf, beide machen die Frauen zu Vertreterinnen ihrer Selbst-Modifizierung und halten sie zur Selbstüberwachung und Beschränkung an, beide wollen in Frauen den Wunsch nach Anpassung erzeugen, den Wunsch, das zu werden, was sie sein ›sollen‹« (ebd.). Die »Disziplinarmacht« wirkt dabei durch sich selbst, das bedeutet, Subjekte unterstehen keinem äußeren Zwang, sondern werden »zur Selbstüberwachung und Selbstkontrolle trainiert« (ebd., S. 65). Sie leitet den Begriff der »Normalisierung« von Foucaults Konzeption der »Mikro-Physik der Macht« ab, wobei das Selbst und der Körper durch »soziale Techniken und Institutionen« (vgl. Foucault 1992, in: Boddy 2002, S. 163f.) gesellschaftlich normalisiert werden. FGM und KC können demnach »als Form(en) der Disziplinierung und Normalisierung gesellschaftlicher und sozialer Körper« (ebd., S.165) begriffen werden. In Gesellschaften, in denen die Praktik der FGM ausgeübt wird, ist diese »kein Symptom für etwas Falsches in dieser Kultur, sondern für das, was ihren AnhängerInnen als normal und richtig erscheint« (ebd., S. 172). Deshalb stellt sich für Boddy die zentrale Frage, »wie […] ein System geschlechtsspezifisch asymmetrischer Wertungen und Zwänge von beiden [Männern und Frauen] aktiv mitwirkend verinnerlicht […] und als normal, selbsttragend und in der Tat unbewusst, ›wirklich‹« (ebd., S. 162) wird.

Körpermanipulative Praktiken können demnach als »Träger« normierter Vorstellungen einer sozialen Ordnung begriffen werden und verweisen auf Prozesse der »Unterscheidung zweier Geschlechter« (Becker-Schmidt 2003, S. 63). Zentral dabei sind Geschlechtsbedeutungen, jene alltäglichen Zuschreibungs-, Wahrnehmungs- und Darstellungsroutinen, in denen Geschlechtszugehörigkeit und -identität entstehen und sich reproduzieren. Körper und Geschlecht werden in und durch Machtverhältnisse produziert, erlangen dadurch eine bestimmte Bedeutung und eine bestimmte kollektive und persönliche Erfahrungsdimension in einem sozialen Gefüge (vgl. Foucault 1979). Körpermanipulative Praktiken sind Ausdruck sozialer Interaktion. Sie sind historisch-spezifisch, kontextabhängig, sinnhaft und zweckgebunden – und sie sind gelebte Erfahrung. FGM und kosmetische (Genital-)Chirurgie als normalisierende Praktiken zu begreifen, bedeutet, sie als Handlungen der Anpassung an gesellschaftliche Normen zu verstehen. Normen stellen soziale und gesellschaftliche Verhältnisse her. Sie bestimmen über Verhaltensweisen, sie sind Handlungsanleitungen und sie strukturieren den Alltag.

Dilemmata des Vergleichs

Janice Boddy liefert einen interessanten Beitrag zu wissenschaftlichen und politischen Diskussionen um FGM, in dem sie einfordert, »westliche Schönheitspraktiken« (darunter kosmetische [Genital-]Chirurgie) ebenso als Strategien der Anpassung an gesellschaftliche Normen und Ideale kritisch zu betrachten. Boddys These der global verortbaren und kulturell vergleichbaren »normalisierenden Disziplinen von Weiblichkeit« erlaubt es, folgende Frage zu formulieren: Wie wird Normalität in verschiedenen gesellschaftlichen Zusammenhängen verhandelt und wie ist dies mit Erfahrungen, Bildern und Repräsentationen von Frauen/Mädchen und weiblichen Körpern verwoben? Körpermanipulative Praktiken sind Mittel und Ausdruck der Herstellung von sozialen Ordnungen und geschlechtlich konnotierten Herrschaftsverhältnissen. Der Körper ist ein »Ort« der sozialen und politischen Auseinandersetzung mit Identität und Differenz und über ihn soll das, was »normal« und gesellschaftlich akzeptabel ist, verhandelt werden.

Dennoch ist gegenüber dem Vergleich von körpermanipulativen Praktiken Vorsicht geboten. Verallgemeinernde Aussagen über Körper, Geschlecht und Gewalt zu treffen, bedeutet oftmals auch, die historischen und politischen Kontexte der Konstruktion von Geschlechtsidentitäten und kultureller Differenz auszublenden. Betrachtet man die von der jeweiligen Praktik betroffenen Personengruppen, erscheint ein Vergleich nicht nur unmöglich, sondern darüber hinaus auch ethisch sehr problematisch. Im Fall von kosmetisch-chirurgischen Eingriffen handelt es sich um erwachsene Frauen, die sich zu diesen Operationen freiwillig entscheiden, wohingegen FGM üblicherweise bei Mädchen durchgeführt wird, die sich nicht freiwillig diesem Eingriff unterziehen, sondern von ihrem sozialen Umfeld dazu gezwungen werden. Auch wenn man den Zweck von FGM und kosmetischer (Genital-)Chirurgie betrachtet, wird deutlich, wie gegensätzlich diese beiden Praktiken sind. FGM wird unter anderem zur Verhinderung des sexuellen Lustempfindens des Mädchens/der Frau vorgenommen, kosmetische (Genital-)Chirurgie hingegen wird gerade zur Steigerung der sexuellen Attraktivität und des Lustempfindens unternommen. Eine weitere zu berücksichtigende Tatsache ist, dass FGM ein Phänomen darstellt, das durch Gegenkampagnen etc. tendenziell verschwindet, während kosmetische Operationen immer stärker nachgefragt werden.

Die oben genannten Einwände gegen den Vergleich unterstreichen die Kritik an einer Gleichsetzung von unfreiwilligen und gewaltvollen Handlungen mit selbstbestimmten Entscheidungen über den eigenen Körper. Diese Argumentation kann allerdings auch darin münden, Frauen in FGM praktizierenden Gesellschaften Handlungsmacht und Entscheidungsfähigkeit über ihre Körper und die ihrer Töchter abzusprechen, wohingegen der »westlichen Frau« autonome Entscheidungen über ihren Körper zugeschrieben werden (vgl. James/Robertson 2002; Njambi 2004).[6] FGM wie auch kosmetische (Genital-)Chirurgie sind Phänomene die zu gleicher Zeit in einer sich globalisierenden Welt stattfinden, also aktuelle, konkrete Wirklichkeit für viele Mädchen und Frauen sind, und es gibt Argumente für den Vergleich beider Praktiken, oder zumindest für die gemeinsame Diskussion von FGM und kosmetischer (Genital-) Chirurgie hinsichtlich ihrer sozialen Bedeutung für Frauen. In beiden

6 Als Einwand gegen diese Argumentation sei hier angemerkt, dass das Alter um in eine Operation zur kosmetischen Korrektur der Genitalien einzuwilligen, in Großbritannien bei 16 Jahren liegt und dass über eine Operation von uneindeutigen Geschlechtsmerkmalen bei Kindern in westlichen Gesellschaften auch von Eltern und ÄrztInnen für die Kinder entschieden wird.

Fällen handelt es sich um Eingriffe in den weiblichen Körper, die aufgrund von gesellschaftlichem Zwang bestehen. Im Fall von FGM bestimmt sich dieser Zwang durch das nähere soziale Umfeld, wohingegen im Fall der kosmetischen (Genital-)Chirurgie medial transportierte Schönheitsideale eine Rolle spielen. Dennoch sind beide auf die eine oder andere Weise Praktiken, die vorgenommen werden, um einerseits als Individuum und andererseits als sozial anerkanntes Mitglied in einer Gesellschaft bestehen zu können. Als sozial anerkanntes Mitglied steigt für die Mädchen und Frauen auch subjektiv ihre sexuelle Attraktivität *als* Frau. Im Kontext von FGM bedeutet dies, dass eine Frau erst dann ein »gelungenes« soziales und sexuelles Leben führt, wenn sie beschnitten ist. In ihrem soziokulturellen Umfeld wird sie erst dadurch zu einer vollständigen Frau, die heiraten und Kinder bekommen kann und damit auch soziales Prestige erlangt (vgl. hierzu auch Boddy 2002). Davon ausgehend, dass vermutlich beide Praktiken in ihrem soziokulturellen Kontext Normalität schaffen, zeigt sich, dass in beiden Fällen Frauen erst dann »glücklich« oder »normal« sind, wenn die jeweilige Praktik durchgeführt wurde. Hinzu kommt, dass sich Praktiken der FGM und der kosmetischen Genitalchirurgie so ähnlich sein können, dass beispielsweise MedizinerInnen und NGOs auf Richtlinien und Regulierungen von Formen der Intimmodifikation beharren, weil sie einen rechtlichen Graubereich feststellen.[7]

Fazit

Die Problematik des Vergleichs von FGM und kosmetischer (Genital-) Chirurgie wirft Fragen nach der Herrschaftsförmigkeit von Wissensproduktion auf, nach der eigenen Position, von der aus man spricht und dem wissenschaftlichen Blick, mit dem man die beiden Phänomene betrachtet. Es wird deutlich, dass Debatten um FGM und kosmetische

7 In Großbritannien wurde deshalb im Juli 2008 zu dem Thema *Genital Cutting* eine Konferenz von der Royal Medical Society veranstaltet. Das britische Recht fasst beide Praktiken unter dem Terminus *female genital mutilation* (FGM Act 2003), wobei FGM verboten und kosmetische Eingriffe an den Genitalien erlaubt sind. In Österreich werden beide Praktiken zukünftig als Formen der Körperverletzung reguliert. All dies deutet darauf hin, wie »nahe« sich FGM und kosmetische Genitalchirurgie stehen können.

(Genital-)Chirurgie »Orte« sind, an denen über Selbst- und Fremdbestimmung, kulturelle Bedeutungen und Handlungsspielräume debattiert/diskutiert/gestritten und verhandelt wird. Richtet man beispielsweise den Blick auf die Art und Weise der Problematisierung von FGM als Gewalt gegen Frauen, wird deutlich, dass in diesen Diskussionen immer wieder andere Praktiken der Genitalmodifikation, wie kosmetische Genitalchirurgie, männliche Beschneidung und die operative Vereindeutigung der äußeren Geschlechtsmerkmale bei Kindern mit nicht eindeutigen männlichen oder weiblichen Geschlechtsmerkmalen zum Thema werden. Diese Aspekte sind in eine Analyse von Körpermanipulationen und Intimmodifikationen unbedingt auch einzubeziehen.

Seit Kurzem werden Forderungen nach verstärkten rechtlichen Regulierungen kosmetischer Genitalchirurgie auch in Österreich laut. Im Rahmen dieser Initiative wurde auch die Frage debattiert, ob die kosmetische Chirurgie im weiblichen Genitalbereich Körperverletzung ist und als solche strafrechtlich geahndet werden kann. Um dieser Problematik gerecht zu werden hat das Wiener Programm für Frauengesundheit Ende des Jahres 2009 in Form eines Konsensuspapiers Leitlinien zur weiblichen Genitalchirurgie veröffentlicht (Wimmer-Puchinger 2009).

Im Kontext der Diskussionen um die Notwendigkeit der Regulierung kosmetischer Genitalchirurgie wird FGM oftmals als eine Art »Vergleichsfolie« herangezogen. Ohne Zweifel, hinsichtlich kosmetischer Eingriffe an weiblichen Genitalien und FGM werden die Verzweigungen von lokalen und globalen Bedeutungen und Problematisierungen von Körperpraktiken und -normen, Schönheit, Kultur und Gewalt ganz besonders deutlich, weil die Eingriffe am selben *locus operandi* vorgenommen werden.

Körpermanipulative Praktiken sind Mittel und Ausdruck der Herstellung von sozialen Ordnungen und geschlechtlich konnotierten Herrschaftsverhältnissen. Der Körper ist ein »Ort« der sozialen und politischen Auseinandersetzungen über Identität und Differenzen und über das, was »normal« und gesellschaftlich akzeptabel ist, und was nicht. Dabei werden Fragen, die das Verhältnis zwischen der »Herrschaft« über »Andere« und deren Körper und der »Selbstbeherrschung« des eigenen Körpers betreffen, aufgeworfen; diese wiederum implizieren Fragen über Freiwilligkeit, Unterwerfung und Zwang. Lässt man die Praktiken

FGM und kosmetische (Genital-)Chirurgie sozusagen in einen Dialog miteinander treten, werden jene Verhandlungsprozesse deutlich und es kann durch sie auf die kulturelle Bedeutung und den sozialen Zwang individueller Interventionen in gesunde weibliche Körper verwiesen werden – unabhängig davon, wo diese geografisch zu verorten sind und welche soziokulturelle Einbindung sie aufweisen können.

Dennoch sollte ein Vergleich von FGM und kosmetischer (Genital-) Chirurgie kritisch betrachtet werden, stellt sich doch die Frage nach dem Erkenntnisinteresse, das hinter einem Vergleich steht, und auch der politischen Wirksamkeit eines solchen. Welche Aussagen können getroffen werden und für wen wird gesprochen? Verallgemeinernde Aussagen über Körper, Geschlecht und Gewalt zu treffen, bedeutet oftmals auch, die historischen und politischen Kontexte der Konstruktion von Identitäten und Differenzen auszublenden. Auch wenn es wichtig ist, aktuelle Diskussionen um Körper und Gesellschaft in globalen Zusammenhängen zu verorten, sollte der Fokus der Analyse auf der Rekonstruktion sozialer und kultureller Bedeutungen und politischer Ökonomien beider Praktiken in ihrem jeweils historisch spezifischen Kontext liegen. Nur durch die Kontextualisierung beider Praktiken und ihrer Diskurse wird es möglich, die Bedingungen zu klären, unter denen weibliche Körper als soziale Körper normalisiert werden.

Literatur

Abusharaf, R.M. (2000): Revisiting feminist discourse on infibulation: Responses from Sudanese feminists. In: Hernlund, Y. & Shell-Duncan, B. (Hg.): Female »Circumcision« in Africa, Culture, Controversy and Change. Boulder, CO (Lynne Rienner), S. 151–166.

Becker-Schmidt, R. & Knapp, G.-A. (2003): Feministische Theorien zur Einführung. Hamburg (Junius).

Binder-Fritz, C. (2003): Gender, Körper und Kultur. Ethnomedizinische Perspektiven auf Gesundheit von Frauen. In: Lux, T. (Hg.): Kulturelle Dimensionen der Medizin. Ethnomedizin – Medizinethnologie – Medical Anthropology. Berlin (Reimer), S. 89–122.

Boddy, J. (2002): Verkörperte Gewalt? Beschneidung, Geschlechterpolitik und kulturelle Ästhetik. In: Duden, B. & Noeres, D. (Hg.): Auf den Spuren des Körpers in einer technogenen Welt. Opladen (Leske + Budrich), S. 141–181.

Braun, V. (2005): In search of (better) sexual pleasure: Female genital »cosmetic« surgery. Sexualities 8(4), 407–424.

Creighton, S. & Liao, L.-M. (2001): Requests for cosmetic genitoplasty: how should healthcare providers respond? BMJ 334(7603), 1090–1092.

Davis, K. (2000): Cosmetic Surgery in a Different Voice. The Case of Madame Noel. URL: http://www.let.uu.nl/~Kathy.Davis/personal/cosmetic_surgery.html (Stand: Oktober 2006).

Davis, K. (2002): C. The European Journal of Women's Studies 9(3), 223–247.

Duden, B. & Noeres, D. (Hg.) (2002): Auf den Spuren des Körpers in einer technogenen Welt. Opladen (Leske + Budrich).

Ensel, A. (1996): Nach seinem Bilde: Schönheitschirurgie und Schöpfungsphantasien in der westlichen Medizin. Bern (eFeF-Verlag).

Foucault, M. (1979): Sexualität und Wahrheit. Bd. 1: Der Wille zum Wissen. Frankfurt/M. (Suhrkamp).

Female Genital Mutilation Act (2003): URL: http://www.opsi.gov.uk/ACTS/acts2003/ukpga_20030031_en_1 (Stand: April 2008).

Gilman, S. (1999): Making the Body Beautiful: A Cultural History of Aesthetic Surgery. Princeton (Princeton University Press).

Gruber, F.; Kulik, K. & Binder, U. (2005): Studie zu weiblicher Genitalverstümmelung (FGM = Female Genital Mutilation). Tübingen (Terre des Femmes).

Hernlund, Y. & Shell-Duncan, B. (2000a): Female »circumcision« in Africa: Dimensions of the practice and debates. In: Hernlund, Y. & Shell-Duncan, B. (Hg.): Female »Circumcision« in Africa, Culture, Controversy and Change. Boulder, CO (Lynne Rienner), S. 1–40.

Hernlund, Y. & Shell-Duncan, B. (Hg.) (2000b): Female »Circumcision« in Africa, Culture, Controversy and Change. Boulder, CO (Lynne Rienner).

Hulverscheidt, M. (2002): Weibliche Genitalverstümmelung. Diskussion und Praxis in der Medizin während des 19. Jahrhunderts im deutschsprachigen Raum. Frankfurt/M. (Mabuse).

Inter African Comitee (2005): Declaration on the Terminology FGM. 6th IAC General Assembly, 4.–7. April 2005, Bamako. URL: http://www.iac-ciaf.org (Stand: Oktober 2006).

James, S. M. & Robertson, C. C. (2002): Genital Cutting and Transnational Sisterhood. Chicago (University of Illinois Press).

Liggett, A. & Liggett, J. (1990): Die Tyrannei der Schönheit. München (Heyne).

Lux, T. (Hg.) (2003): Kulturelle Dimensionen der Medizin. Ethnomedizin – Medizinethnologie – Medical Anthropology. Berlin (Reimer).

Mohanty, C. T. (1991): Under western eyes. Feminist scholarship and colonial disourses. In: Mohanty, C. T.; Russo, A. & Torres, L. (Hg.): Third World Women and the Politics of Feminism. Bloomington (Indiana University Press), S. 51–80.

Mohanty, C. T.; Russo, A. & Torres, L. (Hg.) (1991): Third World Women and the Politics of Feminism. Bloomington (Indiana University Press).

Njambi, W. N. (2004): Dualism and female bodies in representations of African female circumcision. A feminist critique. Feminist Theory 5(3), 281–303.

Sarwer, D. B.; Wadden, T. A.; Pertschuk, M. J. & Whitaker, L. A. (1998): Psychological investigations in cosmetic surgery: A look back and a look ahead. Plast Reconstr Surg 101 (4), 1136–1142.

Sheldon, S. & Wilkinson, S. (1998): Female genital mutilation and cosmetic surgery: Regulating non-therapeutic body modification. Bioethics 12(4), 263–285.
Wimmer-Puchinger, B. (Hg.) (2009): Leitlininien zur weiblichen Genitalchirurgie. Konsensuspapier. Wiener Programm für Frauengesundheit.
Wolf, N. (2000): Der Mythos Schönheit. Reinbek bei Hamburg (Rowohlt).

Männliche Genitalbeschneidung und Kindesopfer

Psychohistorische Aspekte eines archaischen Genitaltraumas[1]

Matthias Franz

Das Kindesopfer

Die Aufnahme einer manipulativen Verbindung zur Gottheit stellt aus religionsgeschichtlicher und psychoanalytischer Sicht eine progressive Differenzierung der Beziehung hilfloser Mensch – mächtige Gottheit dar. Diese Beziehung manifestiert sich in der Darbringung des Opfers, dessen Doppelnatur – als Gabe, die der Gottheit gehört, aber vom Menschen dargebracht ist – seine Mittlerfunktion sicherstellt. Das Opfer dient der Erhaltung des tragenden Lebensgrundes, der göttlichen Weltordnung, der Fruchtbarkeit, der Beeinflussung der Witterung und der Vorbeugung von Naturkatastrophen in einer Umwelt, deren Funktionsgesetze nicht durchschaubar sind. Die in der Folge entstehenden (kindlichen) Gefühle von Angst und Hilflosigkeit werden abgewehrt, indem die Realität projektiv-animistisch verzerrt gesehen und entsprechend durch Opfer magisch manipuliert wird.

In seiner archaischen Form entspricht die Opfergabe dem Menschenopfer, in sublimierter Form dem Tieropfer, dem Nahrungsopfer, dem Räucheropfer. In jedem Fall wird die Gottheit dabei vom Menschen – oft an einem speziellen Tisch wie dem Altar – ernährt oder gefüttert. Dieses orale Phantasma des menschlich-göttlichen Beziehungsbildes entspricht

1 Deutlich erweiterter und aktualisierter Beitrag, basierend auf einer Arbeit des Autors in M. Hirsch (Hg.) (2006): Das Kindesopfer. Gießen (Psychosozial-Verlag).

der von der Psychoanalytikerin Melanie Klein beschriebenen depressiven Position des Kleinkindes seiner Mutter gegenüber. In Analogie zum oralen Modus der frühkindlichen Beziehungsorganisation dient die Opferung als sorgende Fütterung der Bindung und Beherrschung einer zuvor in die Gottheit projizierten und auch in der Realität der Natur erlebten »Aggression«. Der kulturgeschichtliche wie auch der individuelle entwicklungspsychologische Fortschritt der Einnahme der depressiven Position bzw. der besorgten, aber auch manipulativen Fütterung des mächtigen Objektes liegt darin, dass eine mit kindlich-traumatischer Aggression projektiv aufgeladene und gefährliche Rachegottheit durch das Opfer zumindest in Ansätzen befriedet werden kann.

Um dies zu veranschaulichen hilft es, sich – unter allem Vorbehalt – in die Erfahrungswelt vorgeschichtlicher Menschen hineinzuversetzen: Aufgrund fehlender naturwissenschaftlicher Realitätsmodelle, die historisch erst sehr spät durch die Beobachtung zyklischer Naturabläufe entwickelt werden konnten, war das Dasein vorgeschichtlicher Menschen häufig durch den Terror unvorhersehbarer und unerklärlicher Naturerscheinungen gekennzeichnet. Man kann sich die namenlosen Ängste früherer Menschen kaum dramatisch genug vorstellen. Jeder Sonnenuntergang, jede Mond- oder Sonnenfinsternis, jede nächtliche Himmelserscheinung oder auch unbeeinflussbar erscheinende triebhafte Zustände einzelner Individuen waren verunsichernd und in ihrer Natur vollständig rätselhaft, sie wurden daher dem Wirken göttlicher Mächte zugeschrieben. Das bedrohliche Grollen eines Erdbebens oder das Feuer eines Vulkanausbruches waren genauso unheimlich und unerklärlich wie Blitz und Donner. Menschen wurden geboren, sie erkrankten schwer, gerieten in psychische Ausnahmezustände und sie starben plötzlich, ohne dass auch nur in Ansätzen ursächliche Zusammenhänge deutlich waren. Die mit derartigen, zunächst unerklärlichen Ereignissen einhergehende Hilflosigkeit und existenzielle Angst kann man sich aus unserer heutigen Sicht, im Wissen um den Aufbau des Sonnensystems, der Erde, die Existenz der Elektrizität, des Wasserkreislaufs und grundlegender Naturgesetze, nicht annähernd vorstellen.

Einer solchen Konstellation weitgehender, potenziell traumatischer Abhängigkeit entspricht diejenige eines Säuglings. Dieser kann die in ihm aufgrund von Hilflosigkeit und Angst entstehenden – im Extremfall traumatischen – Spannungszustände samt der dazugehörigen Aggressivierung seiner Wahrnehmung noch nicht selbst bewältigen, sondern zunächst nur phantasmatisch-projektiv ausstoßen. Erster Adressat im Fantasieraum des Kindes kann nur die – erst im Weiteren regulative – elterliche Bezugsperson sein. Durch die Aufladung mit Aggression und Wut kann sie zu einem ängstigenden und verfolgenden Zerrbild mutieren. Es erscheint plausibel, dass die Umwelt vorgeschichtlicher Menschen angesichts ihrer umfassenden Unsicherheit und des persekutorischen Bedrohungspotenzials unbewusst in Analogie zu traumatischen frühen Erfahrungen und zur paranoiden Binnenwelt des Kleinkindes rekonstruiert, erlebt und intuitiv »verstanden« wurde. Melanie Klein hat diese Konstellation des kindlichen Beziehungserlebens und den dazugehörigen Modus der Aggressionsverarbeitung bekanntlich als paranoide Position bezeichnet.

Das prähistorisch-animistische Wirklichkeitsverständnis war vermutlich stark von derartigen projektiven Verzerrungen bestimmt. Die ersten theologischen Erklärungskonzepte für undurchschaubare und bedrohliche Naturphänomene könnten entsprechend auf unbeherrschbaren paranoiden Vernichtungs- und Verfolgungsgottheiten begründet gewesen sein, in welchen sich infantile Ohnmacht und Aggression remanifestiert hätten.

Die entscheidende Wende zur depressiven Position der individuell kleinkindlichen wie auch der kollektiven Konstruktion der äußeren Wirklichkeit besteht in der Wandlung der schieren Angst vor Verfolgung und Vernichtung hin zur Sorge, die offensichtlich *auch* mögliche nährende Liebe der Natur, des mächtigen Objekts, der Mutter oder der Gottheit verlieren zu *können*. Die Fütterung der – nun auch selbst über ihre Bedürftigkeit als manipulierbar fantasierten – Mutter durch das zweijährige Kleinkind dokumentiert dessen Fähigkeit und Wissen darum, dass die Mutter, wenn die Projektion der kindlichen Aggression nicht überwiegt, in Abhängigkeit von der Aktivität des Kindes auch »gut« sein kann. Das Kleinkind, das etwa im zweiten Lebensjahr scheinbar spielerisch nachahmend seine Mutter füttert, »weiß« um die Möglichkeit der Trennung und fürchtet sie latent. Eine unerwünschte Trennung von der immer noch als Selbstobjekt benötigten Mutter schreibt es nun eher seiner *eigenen* (früher ausschließlich nach Projektion paranoid in der Mutter wahrgenommenen) Aggression oder gierigen Bedürftigkeit zu. Dieses Phantasma und seine schuldhafte Verarbeitung stellen aus psychoanalytischer Sicht übrigens den klinischen Kern zahlreicher Depressionen dar. Im Akt der Fütterung der Mutter arbeitet das Kleinkind der noch im Inneren der Mutter deponierten Aggression und damit auch den befürchteten Folgen – dem »Erscheinen« der abwesenden, also der »bösen« Mutter – entgegen. Es stillt sozusagen die Mutter, um sie sich als »gut« zu erhalten.

Entsprechend diesem oralen Modus des kleinkindlichen Beziehungserlebens erfolgt auch in der animistischen Außenwelt die Befriedung der im Inneren der Gottheit befindlichen, projizierten, bedrohlichen und in erschreckenden Naturereignissen wieder auffindbaren – der erfahrenen und der vormals eigenen – Aggression durch fütternde Zuwendung. Eine archaische Form dieser oralen Manipulation und magischen Besänftigung besteht in der in zahlreichen Kulturen nachweisbaren Darbringung von Menschenopfern – gewissermaßen als höchstwertige »Götterspeise« für glücklicherweise nicht mehr allzu unberechenbare, und über ihren Durst und Hunger ansatzweise regulierbare Götter. Dahinter verbirgt sich die ritualisiert verdichtete Projektion des eigenen kindlichen oralen Phantasmas (und erfahrener Wirklichkeit des Säuglings) von der die Kinder verschlingenden Mutter: »So wie ich sie trinkend verschlungen habe, könnte sie auch mich verschlingen, wenn ich es übertreibe und sie böse auf mich wird.«

Die religionsgeschichtliche Universalität des Menschenopfers und insbesondere auch des Kindesopfers in zahlreichen Kulturen und Religionen ist jedenfalls eine vielfach belegte Tatsache (Rind 1998; DeMause 1994). Eine identifikationsbereite empathisch-teilnehmende Haltung des Erwachsenen dem Kind gegenüber stellt dagegen eine sehr junge zivilisatorische Errungenschaft dar (Nyssen 1984; Janus 1994, S. 232ff.). Die eigene Ohnmacht des Opfernden gegenüber einer ängstigenden Außenwelt reanimierte und repräsentierte von daher auch eigene kindlich-traumatische Zustände, die in einer magisch-bedrohlichen Außenwelt erneut als real erlebt wurden. Das geopferte Kind fungierte so in einer unübersehbar bedrohlich erlebten Situation als Symbolisierungsmedium und Container eigener Ängste und Ohnmachtszustände (DeMause 1984).

Ein tiefgründiges ritualgeschichtliches Funktionsverständnis des Blutopfers legte Burkert (1997) in Bezugnahme auf Meuli (1946) sowie Lorenz (1963) und gestützt auf eine beeindruckende Quellenauswertung griechisch-antiker Opfermythen und Mysterien dar. Burkert versteht die Universalität des Blutopfers als älteste Form religiösen Handelns; als Ergebnis eines prähistorischen gesellschaftlichen Transformationsprozesses, der die Wandlung der uralten Jägerkultur des *homo necans* hin zu einer Zivilisation auf der Grundlage von Ackerbau und Viehzucht ermöglichte. Im Rahmen dieser Transformation wurde aus Sicht Burkerts die sozialverträgliche Bindung des prähistorisch überlebenswichtigen, von Männern und ihren initiierten Söhnen getragenen tödlichen Aggressionspotenzials des »hunting ape« notwendig, um den komplexeren technischen und ökonomischen Anforderungen neuer landwirtschaftlicher Produktionsweisen unter Nutzung zyklischer Naturabläufe gerecht werden zu können. Zu dieser Umlenkung der Aggression aus jägerischer Tradition war es notwendig, die phylogenetisch verankerte Tötungsaggression des männlichen Jägers so in einen gemeinschaftsstiftenden Prozess einzubinden, dass diese Aggression den Zusammenhalt zunehmend spezialisierter Produktionsgemeinschaften nicht wesentlich gefährden konnte. Dies geschah nach Burkert in Form von sakralisierten Tötungshandlungen, Blutopfern bei festlichen Gelegenheiten als Inszenierung geregelter Aggression – mit dem Ziel, durch die in der Opferhandlung gemeinsam erlebten »Schauer des Heiligen« eine Konsolidierung der Gruppensolidarität zu erreichen. In beeindruckender Weise führt Burkert dies anhand seiner Rekonstruktion des Demeterkultes in Eleusis aus. Das heilige Opfer und die Monopolisierung der göttlichen Gewalt ermöglichten die symbolisierende Darstellung (Tötungsschuld), aber auch die Bindung der Tötungsaggression (transzendierende Wiedergutmachung) des männlichen Jägers und eine gewisse Kontrolle aggressiver Impulse innerhalb der Gruppe. Mit Freude an der Spekulation drängen sich hier beispielsweise Parallelen zum Stierkampf oder zum modernen Fußball auf. Gejagt und erlegt wird in der Fußballarena – mittlerweile auch von Frauen – allerdings nicht mehr das ganze Opfertier, sondern nur noch ein Stück seiner Haut.

Im spätbronzezeitlichen Kulturkreis des südöstlichen Mittelmeerraumes erstreckte sich die Praxis des dem Baal Kanaans oder in Karthago auch der Tanit dargebrachten Kindesopfers *(molk)* bis hinein ins Karthago des zweiten vorchristlichen Jahrhunderts (Huss 1994). Im Weiteren erfolgte eine intensive, mythologisch konservierte Auseinandersetzung mit dem Kindesopfer und dessen Transformation in die stellvertretende Opferung von Tieren (z.B. das als *molchomor* inschriftlich bezeugte punische Ersatzopfer eines Lammes). Die kulturelle Auseinandersetzung der zugewanderten israelitischen Anhänger des monotheistischen Jahweglaubens mit der in Kanaan bereits ansässigen westsemitischen und phönizischen Bevölkerung führte auf zahlreichen Gebieten zu einer Durchdringung und Entlehnung kanaanäischer Elemente (Kaiser 1970). So wurde die Opferung von Kindern für den kanaanitischen Baal zeitweise auch in Israel praktiziert. Von König Ahas in Juda (741–725 v. Chr.) wie auch von König Manasse (696–642 v. Chr.) wird berichtet, dass sie ihre Söhne »durchs Feuer gehen« ließen (2. Kön. 16, 3 bzw. 2. Kön. 21, 6). Abrahams zunächst in Angriff genommene Opferung des Erstgeborenen erscheint in der erst im letzten Moment von Gott abgelehnten Tötung Isaaks als kaum verstelltes und eigentlich noch intendiertes archaisches Kindesopfer. Das Brandopfer des Erstgeborenen wurde im späteren Judentum – insbesondere in nachexilischer Zeit – sanktioniert (Lev. 20, 2–5; 2. Kön. 23, 10) und durch das Tieropfer abgelöst.

Die drei abrahamitischen Religionen, das Judentum, das Christentum und der Islam, beziehen sich in ihrem Kern referenziell auf das Blutopfer, speziell auf das des erstgeborenen Sohnes, welches in verschiedenen Varianten abgeschwächt oder abgewehrt wird, in der Latenz aber weiter wirksam ist.

Die Beschneidung im Judentum

Als zivilisatorisch ritualisierte Minderform des Kindesopfers kann man auch die patriarchalische Beschneidung der männlichen Nachkommenschaft im Judentum ansehen. Die wohl aus der in Ägypten tradierten Jünglingsbeschneidung entlehnte Ritualhandlung ersetzte, symbolisierte und bewahrte damit auch latent das Blutopfer der männlichen Erstgeburt. Die Gleichsetzung von Vorhautbeschneidung mit Tötung wird auch in der Geschichte von der Bluttat von Sichem (Gen. 34) oder in der Tötung von 200 Philistern durch David, der deren abgetrennte Vorhäute dem Saul als Brautpreis beibringen musste (1. Sam. 18, 25–27), angedeutet. Die jüdische Kritik am Kindesopfer hat nach Maciejewski zu dessen Ersatz durch die Genitalbeschneidung der jüdischen männlichen Kinder geführt (Maciejewski 2002, S. 217ff.). Als Indiz führt Maciejewski den traditionellen Beschneidungszeitpunkt des achten Lebenstages an:

> »Das aber ist mein Bund, den ihr halten sollt zwischen mir und euch und deinem Geschlecht nach dir: Alles, was männlich ist unter euch, soll beschnitten werden; eure Vorhaut sollt ihr beschneiden. Das soll das Zeichen sein des Bundes zwischen mir und euch. Jedes Knäblein, wenn's acht Tage alt ist, sollt ihr beschneiden bei euren Nachkommen. [...] Wenn aber ein Männlicher nicht beschnitten wird an seiner Vorhaut, wird er ausgerottet werden aus seinem Volk, weil er meinen Bund gebrochen hat« (Gen. 1, 17, 10–14).

Am achten Tag nach der Geburt wurde auch das archaische Erstlingsopfer dargebracht:

> »Den Ertrag deines Feldes und den Überfluss deines Weinberges sollst du nicht zurückhalten. Deinen ersten Sohn sollst du mir geben. So sollst du auch tun mit deinem Stier und deinem Kleinvieh. Sieben Tage lass es bei seiner Mutter sein, am achten Tage sollst du es mir geben« (Ex. 22, 28–29).

Diese Praktik wurde in Israel später nur noch an Opfertieren und schließlich nur im Zentralheiligtum des Jerusalemer Tempels von der Priesterschaft vollzogen.

Die Bibelstelle Ex. 4, 24–26 wird von Maciejewski (2002, S. 223ff.) als verdeckte Schilderung und Überwindung des Kindesopfers gesehen. Das Thema der Tötung des erstgeborenen Sohnes wird zunächst schon in der vorangehenden Textpassage Ex. 4, 22 und 23 exponiert: Moses, der in Midian bei seiner Frau Zippora und dem gemeinsamen Sohn Gershom lebt, erhält von Gott den Auftrag, wieder zurück nach Ägypten zu gehen, um dort vom Pharao die Freilassung des Volkes Israel zu fordern. Er soll den Pharao mit einer Drohung unter Druck setzen: »Und ich gebiete dir, dass du meinen Sohn [=Israel] ziehen lässt, dass er mir diene. Wirst du dich weigern, so will ich deinen erstgeborenen Sohn töten.« Moses macht sich auf den Weg und es folgt in Ex. 4, 24–26 eine zunächst widersprüchlich erscheinende und schwer verständliche Textstelle:

> »Und als Moses unterwegs in der Herberge war, kam ihm der Herr entgegen und wollte ihn töten. Da nahm Zippora einen scharfen Stein und beschnitt ihrem Sohn die Vorhaut und berührte damit seine [Moses] Scham und sprach: Du bist mir ein Blutbräutigam. Da ließ er von ihm ab. Sie sagte aber Blutbräutigam um der Beschneidung willen.«

Freud verstand diesen Text als bedrohliche Ahndung der Nachlässigkeit, mit der Moses dem Gebot der Beschneidung nachkam, welche dann hastig von Zippora vollzogen wurde (Freud 1939, S. 125). Die taktische Tendenz dieser Konstruktion sah Freud darin, die ägyptische Wurzel der jüdischen Beschneidungstradition zu überdecken.

Maciejewski hingegen vertritt die These, dass die Brüche des oberflächlichen Erzählstranges dieses Textes durch die traumatische Qualität des Subtextes bedingt seien, da in diesem das im Judentum verpönte Kindesopfer thematisiert und Moses zugeschrieben wird. Die in sich zunächst widersprüchlich erscheinenden szenischen Fragmente des Textes könnten im Sinne einer assoziativen Motivverkettung durchaus auf das Thema der intendierten Tötung des Erstgeborenen durch Moses bezogen werden. Die inhaltlich entstellte Textpassage scheint zunächst von der Wanderung des Moses und seiner Einkehr in eine Herberge zu berichten, in der dann aber – schwer verständlich – Moses von seinem Auftraggeber angegriffen wird. Noch schwerer erschließt sich, dass räumlich und zeitlich von dieser Angriffsszene getrennt Zippora, die Frau des Moses, in einem nicht erkennbaren Zusammenhang mit dem vorangehenden Text beginnt, ihren Sohn Gershom zu beschneiden.

Dahinter aber erscheint eine weitere Geschichte: Die von Moses geplante und begonnene Opferung seines Sohnes Gershom wird von dessen Mutter Zippora verhindert, indem sie in Kenntnis des midianitischen Rituals der Jünglingsbeschneidung (»Blutbräutigam«) die von Moses (»Herr«) beabsichtigte Opferung Gershoms zur Beschneidung modifiziert und Moses die blutige Vorhaut seines Sohnes entgegen hält, als wolle sie sagen: »Genug ist genug.« Mit dieser Vorhaut gibt sich Moses zufrieden – wie Gott sich mit dem Widder auf dem Berg Moria oder die olympischen Götter sich mit der Schulter des Pelops zufrieden gaben. Um die Geschichte der Ersetzung des Kinderopfers durch die Ritualerfindung der Beschneidung überhaupt mythologisch verdichtet erzählen zu können, musste der Text Ex. 4, 24–26 einerseits die Kindestötung thematisieren, sie aber andererseits durch logische Brüche in der Erzählstruktur verdecken, da das Kindesopfer zum Zeitpunkt der schriftlichen Fixierung bereits sanktioniert war.

Maciejewski sieht die Säuglingsbeschneidung insofern als eine innovative Synthese zweier Rituale. (1) Die traditionelle Praxis der Jünglingsbeschneidung als Männlichkeitsinitiation und (2) das überkommene kanaanitisch-phönizische Molochopfer konvergieren aggressionsbindend in der Säuglingsbeschneidung des monotheistischen Jahweglaubens. Es ist das Verdienst Maciejewskis, die jüdische Vorhautbeschneidung nicht mehr ausschließlich wie Freud als Ausdruck der patriarchalischen Kastrationsandrohung zur Erzeugung gehorsamer und sexuellen Verzicht leistender Vatersöhne zu verstehen. Freud interpretierte die männliche Genitalbeschneidung bekanntermaßen als ein Zeichen aus der Vorgeschichte der Menschheit, in welcher der Vater die Kastration seiner Söhne zu Sanktionszwecken und zur Aufrechterhaltung seiner sexuellen Dominanz in der Urhorde ausübte und sie später zur Beschneidung ermäßigte (Freud 1918, S. 119).

Auch Freud stand in der wiederholten, unzählige Generationen umspannenden Abfolge der traumatischen Einschreibung der Beschneidung in das individuelle Körpergedächtnis[2] und in die religiöse jüdische Identität. Maciejewski zufolge war er deshalb aufgrund seiner eigenen Befangenheit nicht in der Lage, den realtraumatischen Hintergrund der jüdischen Säuglingsbeschneidung und der dahinterstehenden Opferhandlung als eigentliches Motiv der von ihm ausschließlich konflikthaft ödipal konzipierten Kastrationsangst zu erkennen.

Freud hat diesen Zusammenhang aber vielleicht erahnt, denn er ließ seine Söhne zum Leidwesen seines eigenen Vaters nicht beschneiden. Konzeptionell gab er dieser Verbindung bei seiner triebtheoretischen Ableitung des Ödipuskomplexes jedoch keinen Raum. Maciejewski

2 Ein zeitstabiler Effekt der Säuglingsbeschneidung im Sinne eines körperlichen Schmerzgedächtnisses und einer erhöhten Schmerzempfindlichkeit zumindest für das erste Lebensjahr ist empirisch belegbar (Taddio et al. 1997).

geht indes so weit, Freud als unbewusstes Motiv für die »Entdeckung« der Psychoanalyse deren implizite Thematisierung des Beschneidungstraumas und dessen intendierte Aufhebung durch die Erfindung der Psychoanalyse zu unterstellen. Das heißt, dass Freud mithilfe der um den ödipalen Kastrationskomplex zentrierten psychoanalytischen Triebtheorie eigentlich versuchte, das bzw. *sein* eigenes Beschneidungstrauma aufzufinden, zu artikulieren und wahrnehmungsfähig werden zu lassen: »Wo es *war*, soll ich *werden*.«

Insofern entsteht die – sicher auch heikle – Denkmöglichkeit, dass die Psychoanalyse Freuds und deren phantasmatische Fokussierung der Kastration in den Anfängen eine spezifisch jüdische Antwort auf die tradierte kindliche Traumatisierung der Säuglingsbeschneidung enthielt. Auch weil in der Säuglingsbeschneidung nach Maciejewski das abgewehrte Motiv des Kindesopfers noch implizit vermittelt wird, ist für die zentrale Konstruktion der Psychoanalyse Freuds, ausgehend vom Schibboleth des Ödipuskomplexes, das latente traumatische Potenzial der Beschneidung ursächlich. Diese wird zwar in der Verletzung der Füße des ausgesetzten Kindes Ödipus thematisiert, Freud nutzte jedoch die spätere dramatische Verstrickung des Ödipus mit seinem Vater und deren Universalisierung zur Verfremdung und Abwehr des eigenen realen Traumas. Maciejewski spricht von einem interkulturellen Labeling des hellenischen Ödipusmythos, welchem die Funktion einer Deckerinnerung zukommt. Verstellt angesprochen und kaschiert wird aus dieser Sicht das jüdisch tradierte Beschneidungstrauma, das seinerseits für eine Transformation des Kindesopfers steht. Die traumatische Langzeitwirkung dieser Sukzession bedingte so aufgrund der eigenen transgenerationalen Betroffenheit Freuds dessen bekanntermaßen eingeschränkte analytische Sicht auf die Realität und die Folgen traumatischer Kindheitserfahrungen sowie die exklusive Betonung des ödipalen Phantasmas.

Freud selber lokalisierte in seiner »Analyse der Phobie eines fünfjährigen Knaben« (Freud 1909, S. 271) und in seiner Arbeit über »Eine Kindheitserinnerung des Leonardo da Vinci« (Freud 1910, S.165) – jeweils in einer Fußnote – die auf die jüdische männliche Genitalbeschneidung folgende Kastrationsangst konsequenterweise eher aufseiten der – in ihrem Erleben *noch* unversehrten – unbeschnittenen Nichtjuden und vermutete in der Verdrängung dieser Angst der Unbeschnittenen eine unbewusste Wurzel des Antisemitismus (vgl. auch Freud 1939, S. 198). Die pathologische Reaktion auf die Beschneidung erfolgt für Freud also aufseiten der Unbeschnittenen und nicht aufseiten der Juden, die diese von Kindheit an als (über-)lebbare Realität und identitätsstiftendes männliches Körperzeichen akzeptieren lernen würden (vgl. auch Gilman 1994, S. 129ff.).

Maciejewski hebt in diesem Zusammenhang unter Berufung auf Freud hervor, dass die frühen Protagonisten der psychoanalytischen Bewegung ausschließlich Juden waren. Sie teilten die »Heimlichkeit der gleichen seelischen Konstruktion« miteinander (Freud 1941, S. 51f.) und daher war für sie der Bezug der Psychoanalyse auf das verborgene kollektive Beschneidungstrauma intuitiv evident. Als noch nicht explizierbare Referenz bestimmte dieser Zusammenhang aber auch die exklusive gruppale Identität der frühen Psychoanalyse.

Die Beschneidung im Islam

In diesem Zusammenhang soll hier auch auf die Bedeutung des Zeitpunktes der männlichen Genitalbeschneidung eingegangen werden. Die jüdische Tradition der Beschneidung des neugeborenen Kindes am achten Lebenstag hat für die Einschreibung in das implizite körperliche Schmerz- und Stressgedächtnis – befördert durch die später bis in das Erwachsenenalter hinein unaufhörlich wiederholte Zeugenschaft der Beschneidung – andere Konsequenzen als die genitale Beschneidung von Jungen während der kindlich-sexuellen Entwicklung und Rollenfindung im Alter von etwa fünf bis sieben Jahren, wie sie im Kulturkreis des Islam in weiten Bereichen praktiziert wird. Das Kind in dieser Entwicklungsstufe verfügt im Gegensatz zum Neugeborenen über einen differenzierteren Wahrnehmungsapparat für Beziehungen, Fakten und Vorgänge in seiner Umgebung. Andererseits ist es aber auch noch bestimmt von kindlich-triebhaften Fantasien und Ängsten, die es auf den empathischen Schutz durch mächtige erwachsene Bezugspersonen angewiesen sein lassen. Gegenüber aggressiven Zumutungen und Übergriffen – gerade durch diese Bezugspersonen – muss es immer ein ohnmächtiges und passives Opfer sein, um innerhalb dieser für es lebensnotwendigen Beziehung weiter existieren zu können. Dies gilt grundsätzlich auch für das traumatische Erleben der eigenen Beschneidung auf dem Höhepunkt der ebenfalls noch phantasmatisch verzerrten Konsolidierungsphase der sexuellen Identitätsentwicklung des Jungen.

Generell unterliegt die öffentliche Thematisierung problematischer Aspekte der Beschneidung des männlichen Gliedes im Kindesalter – auch innerhalb des Islam – bis heute einer erstaunlichen Zurückhaltung. Diese Verschwiegenheit oder das rationalisierende Herunterspielen möglicher seelischer Folgen eines unreflektiert praktizierten, traumatischen Rituals ist im Hinblick auf die Beschneidung der weiblichen Genitalien mittlerweile zunehmend durchbrochen worden. Dabei könnte aus psychoanalytischer Sicht die rituelle Beschneidung des Gliedes kleiner Jungen im Alter von etwa fünf bis sieben Jahren eine kollektive, potenziell sexualtraumatische Erfahrung darstellen, die besonders in patriarchalisch geprägten Kulturen *eine* Ursache für die beobachtbare starke soziale Kontrolle im sexuellen Bereich (z. B. Geschlechtertrennung, Ehestiftungen, starke Sanktionierung des Ehebruchs) und der Kontrolle der Frau (Verhüllung zur Vermeidung aufreizenden Verhaltens, tendenzielle Beschränkung auf den häuslichen Bereich, Beaufsichtigung durch männliche Verwandte) sein könnte. Dies wird im Weiteren noch begründet.

Die Zurüstung der Jungen für dieses obligatorische – übrigens nicht im Koran selbst verankerte – Ritual besteht häufig in einer demonstrativ überbetonten Ausstaffierung mit phallischen Attributen. Die Jungen, die sich nicht immer freiwillig oder gar freudig diesem Eingriff unterziehen, treten entweder einzeln oder auch in Gruppen während dieser von der Familie oder Gemeinde oft festlich ausgestalteten Zeremonie auf – manchmal als kleine Sultane, Generäle oder martialische Kämpfer mit entsprechender phallischer Bewaffnung verkleidet. Ein Blick in die Gesichter vieler Jungen während dieser Prozedur zeigt (auch wenn in Deutschland der Eingriff zunehmend unter lokaler Betäubung oder unter klinischen Bedingungen durchgeführt wird) den Aufruhr und den Schrecken, der im Gefühlsleben einiger dieser Jungen wohl auf Dauer konserviert wird. Die potenziell traumatische Wirkung dieses (vorislamischen) Rituals mag in patriarchalischen Gesellschaften eine Stabilisierung der Machtstrukturen bewirken. Aus psychoanalytischer Sicht resultiert aus dieser definitiven und im Einzelfall auch traumatischen Klarstellung hierarchischer Bezüge, die mit der im Erleben vieler Kinder sehr realen Möglichkeit einer Kastration einhergeht, eine starke patriarchalische Loyalität, die im Einzelfall von machtorientierten Führerpersonen ausgenutzt werden könnte.

Die genitale Beschneidung des Jungen auf dem Höhepunkt der infantilen Sexualentwicklung bringt jedenfalls besondere Entwicklungsrisiken mit sich. Die Beschneidung wird von vielen Jungen, die sich in dieser Phase zunehmend auf ihre Genitalität und männliche Rolle zentriert erleben, wie eine schwere Sanktions- oder Kastrationsdrohung erlebt. Der schmerzlich-traumatische Eingriff erfolgt unverstellt, bewusst wahrnehmbar und unter direktem Zugriff auf den libidinös und narzisstisch hoch besetzten Genitalbereich. Diese sexuelle Gewalterfahrung wird bis heute von fast allen Jungen des islamischen Kulturkreises durchgemacht. Der Gewaltaspekt unterliegt dabei wiederum sowohl innerhalb als auch außerhalb des Islam einer ganz erstaunlichen Verleugnung. Er wird rationalisiert und realisiert als Männlichkeitsritus durch die projektive Ausstaffierung des kleinen Jungen (der ja noch in keiner Weise an der Schwelle zum Mannesalter steht) mit hypermaskulinen Attributen und entsprechenden Kostümierungen, großen Geschenken oder lauten Gesängen der anwesenden Festgemeinde.

Daneben existiert eine Fülle pseudorationaler oder scheinmedizinischer Begründungen, die sich auf hygienische oder andere gesundheitliche Risiken beziehen. Diese Post-hoc-Rationalisierungen eines archaischen Rituals waren früher zur Begründung nicht möglich; zudem besitzen sie häufig keine wirklich abgesicherte empirische Basis. Einschränkend kann allerdings auf neuere Untersuchungen zur infektionsprophylaktischen Wirkung der Zirkumzision hingewiesen werden, die durch Bevölkerungsstudien mit allerdings jugendlichen und erwachsenen *Männern* aus Uganda und Kenia nachgewiesen wurde (Bailey et al. 2007; Gray et al. 2007, 2009). Bei der islamischen Beschneidung sexuell noch gar nicht aktiver fünf- bis siebenjähriger *Jungen* handelt es sich aber um eine, durch traditionelle Forderungen außerhalb des Korans motivierte, rituelle Veranstaltung für die Erwachsenen. Das Kind übernimmt in diesem Ritual jedenfalls die Rolle eines passiven Opfers – mit möglichen entsprechenden seelischen Langzeitfolgen. Zu einem späteren Zeitpunkt könnte sich der Erwachsene diesem Zugriff möglicherweise auch leichter entziehen wollen.

Die Rekonstruktion der archaischen Aspekte und der Funktion des männlichen Beschneidungsrituals verliert sich im Dunkel prähistorischer Jägertraditionen. Eine interessante, wenn auch notwendigerweise spekulative Perspektive eröffnet hier wieder Burkert (1997, S. 88ff.). Durchaus kompatibel zu den Vorstellungen Freuds, der in der Beschneidung der Söhne durch den Vater die angedrohte Kastration zur Kontrolle der Aggression und Sexualität der Söhne sieht, diente die Jünglingsbeschneidung möglicherweise auch der absichernden Aggressionskontrolle, die nach der Überwindung der Tötungshemmung des initiierten jugendlichen Jägers nötig wurde. Die Überwindung der Tötungshemmung stellte für Zehntausende von Jahren der Menschheitsentwicklung eine notwendige Voraussetzung der erfolgreichen und überlebenswichtigen Jagd dar. Die Initiation, die Wegführung der jungen Männer aus der mütterlichen Bindung, eröffnete und legitimierte die Möglichkeit zum Ausleben männlich-aggressiven Jägerverhaltens zumeist in einem aggressiven Ritual. In diesem wurde dem Initianten zugleich ein Generaldispens auf seine zukünftige Tötungsschuld in Aussicht gestellt – die Tötung des möglichst großen Tieres während der Jagd trifft im archaischen Unbewussten der Gruppe nämlich zugleich auch ein Vatersymbol. Das »große Tier« sichert das Überleben der Gruppe, es gehört in zentraler Weise zu ihrem Lebenskontext und konstituiert als existenziell wichtiges Objekt somit auch die Gruppe – ähnlich wie sein Komplement, der große Jäger-Vater. Es wird in Felsenmalereien und anderen totemistischen Objekten verehrt und in nachjagdlichen Ritualen um Verzeihung gebeten. Diese Rituale werden aufgrund ihrer eindringlichen Abbitte- und Unterwerfungselemente auch als »Unschuldskomödien« bezeichnet. Sie sollen die Schuld abtragen, die mit dem in der Latenz begangenen oder zumindest als möglich fantasierten Vatermord am »großen Tier« entstanden ist. Die nach außen auf das Jagdopfer gerichtete Aggression ist auf der Ebene der intragruppalen aggressiven Fantasien und Impulse assoziiert mit der Denkmöglichkeit, eben nun auch den Vater angreifen und dessen Privilegien genießen zu können. An diesem Punkt könnte die rituelle männliche Genitalbeschneidung an der Schwelle zum Jünglingsalter eine nach außen sichtbare, strafandrohende und gleichzeitig exkulpierende Funktion besitzen, um die für die Jagd und den unbewusst assoziierten Vatermord nötige Tötungsaggression zu legitimieren bzw.

auch auf das Tier oder den realen Gegner zu fokussieren. Die Botschaft der Beschneidung, die sich an den *jugendlichen* Initianten (und an die Gruppe) richten würde, wäre dann:

> »Schau her, ich schneide einen Teil deiner Männlichkeit ab, weil du nur dem großen Tier, aber nicht mir, dem großen Vater, gefährlich werden darfst, wenn du nun zum Mann und Jäger wirst und lernen musst, zu töten. Weil du aber diesen Teil deines Gliedes (oder auch einen anderen Teil deines Körpers) dahin gegeben hast, darfst du auf der Jagd ohne bleibende Schuld töten. Solltest du aber auf den Gedanken kommen, deinen Vater oder andere Mitglieder deiner Gruppe anzugreifen, wirst du wieder die große Angst erleben, die du während deiner Beschneidung erlitten hast.«

Diese spekulativen Betrachtungen zur Genese und Funktion des Beschneidungsrituals im Sinne der Aggressionskontrolle in einer Jägerkultur sind zu trennen von der modernen Perspektive, die einzunehmen ist, wenn es um die möglichen *Folgen* des Beschneidungsrituals im Erleben der heute betroffenen kleinen Jungen und für deren psychosexuelle Entwicklung geht.

Die möglichen Langzeitfolgen einer das *Kind* im Alter von fünf bis sieben Jahren betreffenden einschneidenden Gewalterfahrung für das erwachende männliche Identitätsgefühl und Rollenverhalten des Jungen liegen heute offen zutage. Hier greift nun wirklich die von Freud beschriebene ödipale Szenerie aus sexuell-ödipalem Triebwunsch und dessen Sanktion durch die Kastrationsandrohung. Durch die von den Eltern des Kindes gewollte und dann auch real vollzogene Beschneidung kann es zur Internalisierung der Gewalt kommen, gefolgt von der trotzigen Unterordnung unter die bedrohliche väterliche Autorität. Schließlich resultiert eine prononcierte Identifikation mit den aggressiven Aspekten der männlichen Rolle, verbunden mit den entsprechenden latenten Ängsten. Über die Identifikation mit dem schneidenden väterlichen Aggressor, die sich in der Betonung maskuliner Attribute und der Ausbildung eines hochkränkbaren männlichen Ehrbegriffes niederschlägt, werden die eigenen realtraumatisch unterfütterten Kastrationsängste abgewehrt.

Aus tiefenpsychologischer Sicht erscheint die besonders im radikalislamistischen Bereich bis heute propagierte Trias aus phallischer Demonstration, rigider Kontrolle der weiblichen Sexualität und dem Interesse an verstümmelnden Strafmaßnahmen jedenfalls bemerkenswert. Die auf die erlittene Beschneidung bezogene Angst kommt nach der Identifikation des Opfers mit dem eigentlichen Aggressor als reinszenierender Schnitt zur Darstellung.

Diese Kombination ist sicher nicht spezifisch für »den Islam«. Archaisch-gewalttätige Elemente wie die Hexenverbrennung oder auch die Ausübung schneidender Gewalt während der Inquisition und der Kreuzzüge sind auch im christlichen Kulturkreis historisch unübersehbar vorhanden. Jedoch scheint schneidende Gewalt heute noch in akzentuierter Weise besonders in einigen islamischen Gruppen und Ländern zur Darstellung zu kommen. Auch die Überbetonung männlicher Attribute, die archaisch-männliche Fixierung auf die auch in der Öffentlichkeit demonstrativ getragene phallische Klinge, das emotional unkontrollierte, demonstrative Abfeuern von Schusswaffen in der Öffentlichkeit, die heraldische Abbildung von Säbeln in heutigen Nationalfahnen oder auch im Rahmen religiöser Traditionen in großen Gruppen durchgeführte blutig-ekstatische Schneiderituale z. B. während der Aschura sind möglicherweise auch Hinweise auf eine phallische oder reinszenierende Überkompensation von Männern, die in ihrer Identität verunsichert oder als Jungen durch schneidende Gewalt real und blutig traumatisiert worden sind. Die öffentlich praktizierte, gesetzlich formalisierte Körperverletzung als Sanktionsritual, der intensive Einsatz verstümmelnder Körperstrafen (Abschneiden von Fingern, Händen, Köpfen), der offen getragene Dolch – sie alle erwachsen, als wiederholende Vergeltungstendenz, möglicherweise auch aus einer früh und traumatisch erfahrenen eigenen Verstümmelung sowie deren andauernder ritueller Reinszenierung an den heranwachsenden Jungen der Bezugsgruppe.

Auch die möglichen Folgen einer als traumatisch erlebten und verinnerlichten Genitalbeschneidung für das resultierende Frauenbild des späteren Erwachsenen sind zumindest plausibel. Der Aspekt einer in der Öffentlichkeit weithin rigide reglementierten weiblichen Sexualität ist im islamischen Kulturkreis offensichtlich. Gestiftete Ehen, die Verschleierung und das Verbergen der Frau vor den Blicken der Öffentlichkeit, archaische »Ehrenmorde« und andere Hinweise und Verhaltensnormen lassen auf ein tief verankertes Bedürfnis nach Abwehr und Kontrolle weiblich-sexueller Reize in der Öffentlichkeit und auf die Abwehr einer selbstbestimmten weiblichen Sexualität schließen. Es entsteht der Eindruck einer als Bedrohung und Gefahr erlebten sexuellen Weiblichkeit, wenn das Verbergen des weiblichen Kopfhaares, des Gesichtes oder des ganzen Körpers mitunter auch unter Androhung von Gewalt erzwungen wird.

Aus psychodynamischer Sicht könnte hierfür die tiefe Enttäuschung über die den Jungen idealisierende und darum besonders verführerische Mutter mitursächlich sein. Diese Mutter verehrte zu Hause unverschleiert und verführerisch den in einer patriarchalischen Kultur besonders idealisierten und narzisstisch für die Mutter deshalb auch selbst bedeutsamen Jungen, andererseits aber ließ sie auf dem Höhepunkt seines ödipalen Begehrens dessen sexualtraumatische Beschneidung zu. Die Mutter stellt für den Jungen nicht nur die frühe zentrale Bindungsperson dar, sondern sie wird gerade im Alter etwa zwischen fünf bis sieben Jahren auch hinsichtlich ihrer weiblichen Attribute durchaus wahrgenommen und begehrt. Diese frühen zärtlichen Gefühle für die Mutter können (und sollen?) durch die traumatische Beschneidung abrupt beschädigt werden, was wiederum aus Sicht des Jungen wie eine schwere Sanktion oder Enttäuschung erlebt werden kann. Das heißt, dass das kindlich-libidinöse Begehren des Jungen in patriarchalisch-erwachsener Weise missverstanden, (zu) ernst genommen, traumatisch sanktioniert und sexuelles Begehren dadurch mit erheblichen Schuldgefühlen und Ängsten assoziiert wird.

Der resultierende, zumeist unbewusste Hass auf die verführerische aber dennoch traumatisierend-verräterische Mutter könnte im Weiteren zu einer paranoiden Kontrolle und Verachtung der als bedrohlich erlebten sexuellen Frau beitragen, da der übermächtige Kastrator nicht belangt und nur per identificationem in der Wiederholung neutralisiert werden kann. Die tiefe seelische Verletzung und Bedrohung der männlich-sexuellen Identität kann zu den erwähnten späteren männlichen Überkompensationen, zu einer tiefgründigen Distanz gegenüber der Mutter, die alles dies zulassen konnte, und in der Folge zu einem Groll gegen andere Frauen im Allgemeinen beitragen. In diesem Zusammenhang sind auch entsprechende Vergeltungsmotive zu vermuten, wenn – beispielsweise durch iranische Revolutionswächter – unverhüllt sichtbarer weiblicher Körperschmuck als gefährliche Verführung mit massiven körperlichen Strafen geahndet wurde.

Diese Auffälligkeiten lassen sich aus psychoanalytischer Sicht zumindest teilweise auch als Langzeiteffekte sexueller Traumata und unbewusster Triebkonflikte verstehen. Die Psychoanalyse betont seit ihren Anfängen den Zusammenhang zwischen prägenden kindlichen Sexualkonflikten bzw. Traumatisierungen und sexualpathologischen Erlebnis- und Verhaltensweisen Erwachsener. Aus der modernen neurowissenschaftlichen und epidemiologischen Forschung wissen wir heute sehr viel über die nur schwer modifizierbare Stabilität und spätere Verhaltenswirksamkeit unbewusster, verinnerlichter kindlicher traumatischer Erfahrungen.

Die hier dargestellten spekulativen Zusammenhänge lassen sich kasuistisch belegen. Eine systematische Forschung zu diesem Themenbereich findet jedoch erstaunlicherweise nicht statt. Einige Beispiele sollen nun die vermuteten psychotraumatischen Langzeitfolgen der männlichen Genitalbeschneidung im Kindesalter illustrieren. Eine ihrerseits gewalttätige und möglicherweise von Vergeltungsmotiven getragene spätere Kontrolle des weiblichen »Verführungspotenzials« wird dadurch möglicherweise etwas verständlicher.

(1) Eine konservierte traumatische Kastrationsangst eines der Flugzeugattentäter des 11. September, der in Form des Anschlags seinerseits eine hasserfüllte ultimative Kastration inszenierte, könnte in einer erhalten gebliebenen testamentarischen Verfügung zum Ausdruck kommen. Der radikalislamistische Flugzeugattentäter Atta verfügte nicht nur, dass auf seiner Beerdigung keine Frau anwesend sein solle. Er forderte darüber hinaus, bei offensichtlicher Verleugnung der physischen Folgen seines Flugzeugattentats für ihn selber, die Aussparung der Genitalregion bei der Leichenwäsche – vielleicht, um nicht wieder verletzt zu werden, während sich sein Körper in einer hilflosen Lage befindet. Eine durch ihren Machtanspruch phallisch dominierende und gleichzeitig (sexuell) libertinäre und verführerische Metropole wie New York könnte auch vor einer solchen unbewussten Motivationskulisse ein ideales Ziel für einen rächenden Vernichtungsangriff darstellen.

(2) Die in der religionsgeschichtlichen Latenz hinter der genitalen Beschneidung nachwirkende Kindesopferung wird kollektiv wiederholend

leichter ausagiert, wenn gesellschaftliche Ohnmacht, Unterdrückung und Hilflosigkeit sich mit der empfundenen Bedrohung der gruppalen religiösen Identität verbinden und zur Verherrlichung des Märtyrertodes und Opferung von mit Sprengsätzen ausgestatteten Kindern und Jugendlichen führen. In israelischen Polizeiberichten über solche Selbstmordattentäter fand sich die zunächst unverständlich wirkende Beschreibung eines bemerkenswerten Genitalbefundes. Mehrere mit Sprengstoffgürteln ausgestattete junge Männer umwickelten ihr Glied mit Zellstoffpapier, worüber sich der israelische Geheimdienst in belustigten Kommentaren erging, z.B.: Man wolle wohl dafür sorgen, dass man als Märtyrer nach der Himmelfahrt den wartenden Jungfrauen an entscheidender Stelle unversehrt gegenübertreten könne (Follath 2006). Aus psychotraumatologischer Sicht könnte es sich jedoch um den inszenierten Bewältigungsversuch einer in patriarchalischer Loyalität erlittenen Todesangst bzw. um eine unter diesen Bedingungen reaktualisierte kindliche Kastrationsangst handeln: Das (wieder) bedrohte Glied ist nun schon verbunden und damit ist das Schlimmste – wie damals nach der Beschneidung – bereits überstanden. Es wird somit nicht zur ultimativen Kastration kommen.

(3) In einer 1969 nach Deutschland gekommenen türkischen Migrantenfamilie wird 1973 das jüngste männliche Kind geboren. Der Junge wächst in der Herkunftsfamilie mit einem sehr strengen und gewalttätigen Vater auf. Der Vater wird schließlich 1986 in die Türkei ausgewiesen, als der Sohn 13 Jahre alt ist. Die Mutter ist mit der Erziehung zunehmend überfordert, als der Sohn in den nächsten Jahren in kriminelle Drogenkreise und wiederholt in Haft gerät. Beide Eltern werden 1997 in der Türkei von einem möglicherweise psychotischen älteren Bruder ermordet. Mit 19 Jahren, nach den ersten Niederlagen und Zurückweisungen durch gleichaltrige Frauen, hat der junge Mann 1992 nach einer Schlägerei den Eindruck, dass seine Nase schief im Gesicht sitze. Er konsultiert in der Folge mit zunehmend rigiderer Überzeugung, dass mit der Nase »etwas nicht stimme«, zahlreiche Ärzte, bis er schließlich ohne eigentliche Indikation eine Nasenoperation erwirkt, in der die Nase gerichtet werden soll. Diese Operation hat nach Ansicht des Patienten nicht den gewünschten Erfolg. Im Gegenteil verfestigt

sich bei ihm die Überzeugung, dass der Befund nur noch schlimmer geworden sei, die Verunstaltung noch zugenommen habe. Es schließt sich ein langer, vom Patienten mit viel destruktiver Intelligenz und Anspruchsdenken geführter Kampf um eine weitere Nasenoperation an. Schließlich verspricht ihm eine attraktive Oberärztin einer südwestdeutschen HNO-Klinik lächelnd, dass sie ihn »wieder schön« machen werde. Es kommt zur Operation und wiederum zu einer Katastrophe. Der Patient ist vom Ergebnis entsetzt und sieht in der Verunstaltung seiner »verschnittenen« Nase nun die eigentliche Grundursache für sein gesamtes soziales Scheitern. Er beschließt sich zu rächen und besorgt sich im kriminellen Milieu eine Pistole. Im Folgenden malt er sich aus, wie er die Ärztin, die weiteren Kontakt mit ihm ablehnt und keine weitere OP-Indikation gegeben sieht, damit bedroht. Er weidet sich dabei an der Vorstellung ihrer Angst und daran, wie ihr blitzendes und vielversprechendes Lächeln in seinen Gedanken erstirbt. Er beschimpft sie in seinen Rachefantasien als Ratte und fragt sie – kurz bevor er sie in diesen Tagträumen auch erschießt –, ob sie in der Nacht nach seiner Operation einen besonders heftigen Orgasmus erlebt habe.

Schließlich beschließt er im Alter von 26 Jahren, seine Fantasien umzusetzen und betritt die Klinik, wartet dort auf die Ärztin. Es erscheint aber der Chefarzt, da die Oberärztin Urlaub hat. Der Patient steht auf, geht auf ihn zu und feuert seine Pistole ab (Püschel/Cordes 2001). Er trifft den Chefarzt, der erste Schuss dringt in den Nasenrücken des Opfers ein, zwei weitere treffen den zusammenbrechenden Mann in Kopf und Hals. Er stirbt wenig später auf der Intensivstation. Der Täter wird nach seiner schnell erfolgten Verhaftung wegen Mordes zu einer lebenslänglichen Haftstrafe verurteilt.

Den Gerichtsakten zufolge diagnostiziert ein psychiatrischer Gutachter eine Dysmorphophobie und attestiert volle Schuldfähigkeit. Nach einigen Jahren im Gefängnis kommt es bei dem sehr schwer zu führenden und immer wieder mit Autoritäten hadernden Gefangenen zu einem lebensbedrohlichen Angriff auf einen Mitgefangenen unter der Dusche. Der Täter führt diesen Angriff mit einem aus Rasierklingen gebastelten Messerwerkzeug aus und verletzt einen Mitgefangenen an der Halsschlagader. Die Rasierklingen hatte er sich zuvor zur Rasur im

Genitalbereich erbeten. Gut zwei Jahre später, an einem Jahresende, erhängt er sich in der Haft.

Spekulativ könnte man vermuten, dass es sich bei der Fixierung dieses destruktiv narzisstisch agierenden Mannes auf seine verschnittene Nase, die er als Ursache allen Übels – und ebenfalls als ursächlich für die sexuellen Zurückweisungen durch nur scheinbar verführerische Frauen – erlebt, um die Verschiebung und Reaktualisierung eines Beschneidungstraumas handeln. Die Rache für seine ödipale und wohl auch narzisstische Zurücksetzung im Rahmen der Beschneidung und für analog erlebte weitere Niederlagen gilt sowohl der verführerischen, schuldigen Frau als auch der schneidenden männlichen Autorität. Die sexuelle Aufladung der Mordszene und der assoziierten Fantasien ist unverkennbar. Die Rache trifft schließlich nicht die verführerische Mutter (repräsentiert durch die Oberärztin), sondern den Chef-Kastrator an entscheidender Stelle. Eine Analogie zur Mordhandlung an den realen Eltern des Patienten drängt sich auf; diese wurde von dem Bruder mit einem Messer durchgeführt. Über die genauen Umstände der Beschneidung des Täters war leider nichts zu erfahren. Lediglich, dass diese im typischen Alter unter unklaren Umständen nicht in Deutschland, sondern extra in der Türkei, wohl bei einem Dorffriseur, durchgeführt worden sei. Es erscheint jedenfalls nicht ausgeschlossen, dass hinter der dysmorphophobischen Fixierung des Täters auf die Rolle seiner verunstalteten Nase als Ursache aller Misserfolge und zunehmender Hilflosigkeit auch beschneidungstraumatische Aspekte in einer gewalttätig organisierten Familiengeschichte wirksam sind. Diese inszenieren sich dann möglicherweise in entsprechenden Vernichtungsfantasien und der narzisstisch-rächenden Symbolik einer in ihrer Ausgestaltung hochspezifischen Tötungshandlung.

(4) Ein 40-jähriger Patient, aufgewachsen im Iran, lebt mit einer deutschen Frau verheiratet zusammen. Er sucht aufgrund depressiver Beschwerden und schwerer sexueller Funktionsstörungen psychotherapeutische Hilfe auf. Befriedigender Verkehr sei ihm nicht mehr möglich. Er berichtet im Interview von seiner traumatischen Beschneidung in der Kindheit. Er sei trotz seiner großen kindlichen Angst vom Vater zu diesem Ereignis gezwungen worden. Es habe große Versprechungen gegeben, was alles passiere, wenn er sich »zum Mann« machen lasse.

Er habe sich noch in der Situation selbst massiv gewehrt und sich nach dem ersten Schnitt aus dem Stuhl herausgewunden, sei schreiend und blutend davongelaufen, jedoch wieder eingefangen worden. Die Beschneidung sei unter körperlichem Zwang zu Ende gebracht worden. Der bei diesen Schilderungen äußerst angespannt wirkende Patient kann ein Psychotherapieangebot nicht annehmen – möglicherweise befürchtet er, im Annäherungsprozess vom männlichen Therapeuten wieder verletzt zu werden.

(5) Ein türkischstämmiger, beruflich sehr erfolgreicher Mann sucht wegen schwerer partnerschaftlicher Störungen stationäre psychotherapeutische Hilfe auf. Er wird von einer attraktiven Stationsärztin behandelt und träumt unter großen Ängsten, dass ihm vom männlichen Chefarzt ein Arm abgeschnitten wird.

(6) Ein 34-jähriger Patient, Industriemechaniker, keine Kinder, die geplante Heirat steht kurz bevor, lebt mit seiner Partnerin seit einem Jahr zusammen. Er schildert als aktuelle Beschwerden Schmerzen und Brennen in der Leiste und beim Samenerguss, einen nicht objektivierbaren Hautausschlag (»Hautpickel« ähnlich wie Gänsehaut), Berührungsempfindlichkeit der Haut, Juckreiz überall, Herzrasen, Atemnot, starke Kopfschmerzen, Nackensteifigkeit, starke Erschöpfung, Konzentrationsstörungen und unruhigen Schlaf. Der Patient fühlt sich durch die Beschwerden stark belastet, berichtet über deutliche Leistungseinschränkungen und über eine Zunahme der Beschwerden unter Belastung. Erste Probleme traten vor etwa einem Jahr in Form von Halsentzündung, Druckschmerz oberhalb des Gliedes mit Hodenschwellung und einer »Explosion im ganzen Körper« auf. Unmittelbar zuvor verbrachte der Patient einen Urlaub in Thailand, zusammen mit einem Freund. Im Rahmen der somatischen Diagnostik fanden sich keinerlei Hinweise auf eine somatogene Ursache der Symptomatik, womit der Patient jedoch keinesfalls einverstanden war. Er bestand mit einem manipulativen, massiven Handlungsdruck auf einer medikamentösen Behandlung, die er von einem Dermatologen – trotz fehlender objektiver Indikation – sogar erhielt und die erst nach psychosomatisch-konsiliarischer Empfehlung abgesetzt wurde. Der Patient war weiterhin von

einer somatogenen Ursache seiner Beschwerden überzeugt. Gegenüber einem männlichen Diagnostiker gab der Patient an, dass es während des Urlaubes mehrmals zu ungeschütztem Geschlechtsverkehr mit Prostituierten gekommen sei. (Hierüber machte der Patient gegenüber einer weiblichen Ärztin keine Angabe, bei deren wiederholter Nachfrage nach einem möglichen sexuellen Hintergrund antwortete er mit stark entwertendem Ausdruck: »Wollen Sie auf etwas Bestimmtes hinaus?«) Er sei in Deutschland geboren und habe eine ein Jahr jüngere Schwester und einen drei Jahre älteren Bruder. Die Eltern des Patienten stammen aus der Türkei. Er selber hätte lieber in der Türkei gelebt, es wäre ein schönes Land und die Leute wären freundlicher und herzlicher. Der Vater (61 Jahre) sei in einem Heim aufgewachsen und arbeite im selben Betrieb wie er selbst. Er sei nachsichtig, lieb und freundlich, hätte aber auch seinen eigenen Willen. Die Mutter (58 Jahre, von Beruf Änderungsschneiderin) sei sensibler, versuche das Gute im Menschen zu sehen, sei nett und freundlich, hätte einen Hygienetick und sei seine Hauptbezugsperson gewesen. Beide Eltern hätten immer versucht, das Beste für ihre Kinder zu tun. Der Patient selber habe zwei Mal – wie er betont »freiwillig« – die Klasse wiederholt. Gründe seien Krankheiten (Mandelentzündung) gewesen. Seit der 12. Klasse habe er vier bis fünf Jahre lang viel Haschisch geraucht, etwa ein bis zwei Joints pro Tag. Damals habe er auch das Abitur abgebrochen. Um seinen 18. Geburtstag herum gab es eine Rückenoperation wegen Wirbelgleiten: Er habe starke Schmerzen gehabt und sei in »einer weltweit bekannten Spezialklinik« operiert worden. Seinen Geburtstag habe er im Krankenhaus verbringen müssen. Mit 23 Jahren habe er einen Arbeitsunfall an der Drehmaschine gehabt »und damals beinahe den rechten Arm verloren«. Im Alter von 17 habe er sich bei einer Schlägerei die Hand gebrochen. Zwischen seinem achten und 18. Lebensjahr habe er Leistungssport betrieben. Er selbst denkt, dass er im Leben sehr reich werde und es in der Selbständigkeit sehr weit bringen werde: »Alles was ich mache ist immer sehr gut.« Mit seiner Partnerin fühlt er sich wohl: Sie stamme aus Tunesien und wolle in Deutschland Elektrotechnik studieren.

Im Alter von acht Jahren sei er im Rahmen eines Familienfestes feierlich beschnitten worden. Er habe große Angst gehabt, sei geschockt gewesen und habe geweint. Die Metallspitze, mit der die Beschneidung vorgenommen wurde, sei ekelig gewesen. Während der Beschneidung habe der Vater Fotos gemacht. Die heute bestehenden Narben findet der Patient selbst »nicht schön«.

Die zwei Wochen nach der Beschneidung habe er im Bett verbracht; ein Onkel habe die Wunde desinfiziert. Die Zeremonie habe in der Wohnung der Großmutter statt gefunden. Zu dieser Frau habe er vorher eine sehr herzliche Beziehung gehabt, die durch das Erlebnis der Beschneidung jedoch gestört worden sei.

Von der Szene her imponiert ein junger, gepflegter, schlanker, ca. 1,75 m großer, sehr ernst dreinblickender Patient, der im Gespräch mit einer weiblichen Ärztin jedoch immer wieder nonverbal stark abwertend agiert: durch Belächeln der Situation, ironisches Nachfragen und indem er eine manipulative Pseudokooperation ausstrahlt. Für die Diagnostikerin wurde die Situation zunehmend schwerer erträglich, sodass sie den Patienten mehrfach darauf hinwies, dass das Gespräch keine Pflicht sondern ein diagnostisches Hilfsangebot sei. Die szenisch vermittelten Entwertungen steigerten sich jedoch so weit, dass die Kollegin den Patienten damit konfrontierte, dass, sollten seine Provokationen fortbestehen, ein Gespräch nicht mehr möglich sei und deshalb abgebrochen werden müsse. Erst danach war der Patient in der Lage, auf sein fortwährend abwertendes Verhalten zu verzichten.

Auch in diesem letzten Fall scheinen aktualisierte beschneidungstraumatische Aspekte und Kastrationsängste die bestehende Symptomatik (Genitalschmerzen, starke irrationale Ängste) zu bestimmen. Während der Beschneidung hilft der Vater dem ängstlichen Sohn nicht etwa, sondern macht Fotos, und ein Onkel sieht wochenlang nach der Wunde. Unabhängig vom traumatisch erinnerten Beschneidungsritual tauchen im Bericht des Patienten immer wieder kastrationsassoziierte Bedrohungen der körperlichen Integrität auf: Als Jugendlicher hat er fast den rechten Arm verloren, sich die Hand gebrochen und eine Wirbelsäulenoperation über sich ergehen lassen. In einer biografischen Schwellensituation (geplante Hochzeit) werden die hierfür erforderlichen Separationsschritte und sexuellen Triebwünsche aufgrund des erlittenen Realtraumas ödipal traumatisch so stark kontaminiert, dass es zur Dekompensation kommt. Fassbar wird die Abwehr »gefährlicher« ödipaler Wünsche in den deutlichen Abwertungstendenzen gegenüber

»der Frau«. Die Prostituierten erscheinen prototypisch als gefährliche, triebhafte, verachtenswerte Frauen. Weiter zeigen sich entsprechende Abwertungen in der Übertragungsszene im Umgang mit der Ärztin und biografisch in der nach der Beschneidung entwerteten Beziehung zur Großmutter, die wahrscheinlich als Cover-Double der Mutter fungiert. Die bislang stabilisierenden Abwehroperationen über die Identifikation mit dem heute idealisierten Vater/Aggressor und die offensichtlich unrealistische narzisstisch-patriarchalische Reaktionsbildungen in Bezug auf die eigene Bedeutung und Großartigkeit (»Durch die Beschneidung wirst du zu einem großen Mann«, Operation in einer »weltweit bekannten Klinik«, »Alles was ich mache, ist immer sehr gut«) sind unter dem Druck der aktualisierten, realtraumatisch bedingten Kastrationsängste in der ödipal fantasierten Hochzeitssituation nicht mehr adaptiv, sodass es erheblicher Symptome bedarf, um die kindlichen Ängste abzuwehren bzw. zum Ausdruck zu bringen.

Für derartige Zusammenhänge – oder auch nur für die Möglichkeit der Anerkennung psychotraumatischer Folgen der rituellen Beschneidung kleiner Jungen im Übergang zum Schulalter – besteht in weiten Teilen des Islam, aber auch in der westlichen Öffentlichkeit, leider kaum ein kritisches Bewusstsein. Die Einnahme einer empathischen, das ängstliche Erleben des Jungen nachvollziehenden Haltung und das In-Betracht-Ziehen der Möglichkeit, dass hier unter Umständen abträgliche Langzeitfolgen für die psychosexuelle Entwicklung des Jungen resultieren, sind nur selten anzutreffen. Das häufige Herunterspielen dieser Thematik behindert eine faktenbezogene Betrachtung dieses Rituals.

Diese »Empathiestörung« könnte auf der Wirksamkeit kollektiver Tabuisierungen und der Verleugnung der traumatischen Qualität von Beschneidung aufgrund eigener Ängste basieren. Es bleibt zu hoffen, dass eine kritische Diskussion innerhalb der islamischen Gemeinden über die Ursachen und Folgen von Gewalt (Meddeb 2006) – auch am Beispiel dieser öffentlich kaum problematisierten rituellen Praxis – unter der Perspektive einer kindgerechten, einfühlsamen Lösungsfindung beginnt. Diese könnte zumindest die für das Kind schmerzfreie Beschneidung beinhalten. Auch der Zeitpunkt der Beschneidung könnte diskutiert werden. Wenn nicht auf die männliche Genitalbeschneidung verzichtet werden kann, stellen die schmerzfreie Beschneidung unter klinischen Bedingungen zu einem möglichst frühen Zeitpunkt – oder besser: die freiwillige Spätbeschneidung nach eigenverantwortlicher Wahl des Zeitpunktes, vollinformiert und im Erwachsenenalter – Alternativoptionen dar? Rechtlich gesehen jedenfalls handelt es sich bei diesem Eingriff im Hinblick auf das Fehlen einer medizinischen Indikation immerhin um eine Körperverletzung bei Minderjährigen mit potenziell bedrohlichen medizinischen Komplikationen (Stehr et al. 2008). Im Interesse des Kindes und seines Rechtes auf eine unbeschädigte körperliche Integrität und Sexualität wäre der gänzliche Verzicht auf die männliche Genitalbeschneidung im Kindesalter und die freie Entscheidung des Erwachsenen sicherlich die beste Variante – zumal spätere Schadensersatzansprüche durch die Betroffenen, auch gegenüber den die Beschneidung ausführenden Ärzten, nicht ausgeschlossen werden können.

Kindliche Psychotraumatisierungen insbesondere der sexuellen Sphäre und deren permanente (z.B. rituelle) Reaktualisierung entfalten, wenn sie nicht innerhalb liebevoller Familienbezüge und eines stabil wertschätzenden sozialen Umfeldes verarbeitet oder falls nötig behandelt werden können, in der Regel eine destruktive Wirkung und werden in verschiedenen Formen über die Generationen weitergegeben.

Die Transzendierung des Kindesopfers und der Verzicht auf die Beschneidung im Christentum

Das Vordringen der hellenistischen und später der römischen Zivilisation in den ägäisch-levantinischen Raum ging auch mit einer Veränderung des dortigen Gottesverständnisses einher. Die Römer, die dem punischen Kindesopfer stark ablehnend gegenüberstanden, erleichterten durch ihre wissenschaftlich basierte Naturbeherrschung und Technologie eine weitere Rücknahme projektiv-aggressiver Aspekte des Gottesbildes. Die progressive Entwicklung einer Gottheit, die anstatt blutiger Opfer von Menschenkindern lediglich den Glauben an ihre Güte fordert, ist möglicherweise auch durch die römische Zivilisation und deren Naturbeherrschung durch Baukunst und Ingenieurswissenschaften befördert worden.

In der tendenziell antijudaischen Legende vom herodianischen Kindermord von Bethlehem erscheint die neutestamentliche Rezitation des Motivs vom archaischen Kindesopfer im Umfeld der Geburt Jesu als schwaches Echo eines nicht mehr realitätsgerechten Opferkultes. Das Kind Jesus überlebt (zunächst), und der Aufstieg eines Gottessohnes, der ohne die Forderung nach Opfern und Beschneidung auskommt, erfolgt. Die Tötung kleiner Kinder wird in der herodianischen Legende nun eindeutig als verbrecherischer Mord dargestellt. Einen Gott, der im Weiteren nun nicht mehr den männlichen Erstgeborenen oder wenigstens dessen Vorhaut fordert – sondern vielmehr sogar seinen eigenen Sohn in einer Umkehr und Rücknahme der paranoiden Projektion opfert –, muss man vordergründig nicht mehr so sehr fürchten oder durch zusätzliche eigene Opfer »ruhigstellen«; dies lässt sich auch übertragen auf eine vom Menschen kultivierte Mutter Natur, die ihre Kinder inzwischen relativ zuverlässig zu füttern vermag.

Auch im gewandelten Kindesopfer des Abendmahls frisst nicht mehr ein gieriger, projektiv aggressiv aufgeladener Gott hilflose Menschenkinder, sondern der Mensch wird von Gott selber gefüttert – allerdings nach wie vor immer noch mit Kinderblut und Kinderfleisch, dem Fleisch des Gottessohnes. Insofern kann man mit Freud, welcher in »Der Mann Moses und die monotheistische Religion« (Freud 1939, S. 190) das Abendmahl als Reminiszenz der Totemmahlzeit versteht, von einer zivilisatorischen Rücknahme der im Judentum erreichten Vergeistigung des Monotheismus sprechen (ebd., S. 194) – allerdings nur, wenn man von dem Opferrelikt der jüdischen Vorhautbeschneidung absieht. Das Motiv des Kindesopfers wird daher im Christentum nicht wirklich überwunden, sondern lediglich verschoben, indem Gott dieses Opfer nun nicht mehr vom Menschen fordert, sondern es selbst darbringt.

In exakter Umkehrung der früheren Abfolge opfert Gott also nun zunächst selber (auch wenn er sich dazu einiger Menschen bedient) seinen eigenen Sohn am Kreuz. Hierdurch kommt es zunächst zu einer Entlastung (»Erlösung«) von paranoiden Ängsten und der Notwendigkeit, sich bzw. die eigenen Kinder zu opfern. Anschließend verspeist und verinnerlicht der Mensch nun die Gottheit, nachdem die Wandlung von Brot und Wein des Abendmahls in das Fleisch und Blut des göttlichen Kindes stattgefunden hat (Matthäus 26; 26, 28). Die Inkorporation des

Leibes Christi (»dies ist mein Leib«) erfolgt auf der Ebene archaischer Fantasien stets als orale Einverleibung – auch wenn das Abendmahl lange Zeit von den Anhängern des neuen Glaubens bewusst lediglich als Erinnerungsmahl vollzogen wurde. Insofern stellt auch die Verspeisung der Hostie ein zivilisatorisch umgearbeitetes Diminutiv und eine Abwehr des nur an der Oberfläche obsolet gewordenen Kindesopfers dar – realisiert durch die Wendung in sein Gegenteil, die Opferung des Gottessohnes. Der neue Gott belässt es dann auch bei der Taufe und klagt somit auch die Beschneidung nicht mehr ein.

Allerdings trug die Praxis des Abendmahls den frühen Christen bis ins zweite Jahrhundert den Vorwurf der nichtchristlichen Umgebung ein, Kinder in magischen Ritualen zu töten und zu verspeisen. Diesen wohl als Standardphantasma einzuordnenden Vorwurf wiederholten christliche Gläubige ihrerseits später gegenüber dem Judentum. Es existieren in diesem Zusammenhang auch Diskussionsbeiträge, welche die Praxis des phönizischen Kindesopfers in großem Ausmaß bezweifeln und als taktische Legende im Sinne einer diffamierenden Propaganda Roms interpretieren (Azize 2007). Bereits in der frühchristlichen Kirche des zweiten und dritten Jahrhunderts entwickelte sich neben dem Abendmahlsverständnis als dem eines Erinnerungsmahles auch der Opfergedanke, da der Leib Christi, als *pharmakon athanasias* genossen, Unsterblichkeit bewirken sollte und im opfernden Handeln des Priesters das Opfer von Golgatha nachgeahmt wurde (Schmidt 1975). Erst sehr viel später folgte im Rahmen der Transsubstantiationslehre im Jahr 1215 die kirchliche Dogmatisierung der Wandlung der Hostie in den real präsenten Leib und des Weines in das Blut des gekreuzigten Gottessohnes. Dieses auf die kindlich-orale Verinnerlichung Gottes abzielende sakramentale Phantasma und der resultierende christliche Blutkult waren im Verbund mit magischer Volksgläubigkeit und verschiedenartigen Wirtschaftsinteressen Mitursache schwerer antijudaischer Verfolgungen durch die Kirche und Kreuzfahrer in Mittel- und Westeuropa, die etwa ab Mitte des zwölften Jahrhunderts bis zur Reformation stattfanden. Begründet wurden diese Pogrome mit Vorwürfen, in denen Juden als Mörder des Gottessohnes, Hostienfrevler und eben auch als rituelle Kindesmörder dargestellt wurden.

Diese Wiederholungen belegen die Zähigkeit, mit der das Motiv des

Menschen- und Kindesopfers über historische Epochen hinweg als aggressive projektive Fantasie in Zeiten gesellschaftlicher Umbrüche oder kollektiv-traumatischer Erfahrungen auch im christlichen Kulturkreis immer wieder aus der phantasmatischen Latenz hervortrat und ausagiert wurde.

In der Kreuzigungsszene erreicht die nun gegen Gottvater selber möglich gewordene kindliche Aggression einen unverstellten, ultimativen Realitätsausdruck. Die Menschen nehmen sich mit ihrer gewachsenen Macht der Natur gegenüber nun das heraus, was sie zuvor nur projektiv oder im Opfer verdeckt zum symbolischen Ausdruck bringen konnten. Aus dem Opfer verlangenden, ängstigenden Gott wird der ausgepeitschte, gequälte und geopferte Gottessohn. Gott fordert von den Menschen – allerdings nur auf den ersten Blick – keine Menschenopfer oder Vorhäute mehr, sondern wird mit der Hilflosigkeit des am Kreuz geopferten Jesus identifiziert. In Jesus und seiner Passion erfolgt aus dieser Sicht eine empathische Identifikation Gottes mit kindlich-menschlicher Hilflosigkeit. Anstelle der früheren Aufladung des Gottesbildes mit paranoider Aggression und deren Besänftigung mit Opfern wird die Gottheit »humanisiert«, indem sie die äußerste (rächende?) Aggression ihrer Geschöpfe nun selber zu ertragen hat und erträgt. Allerdings muss zur Versöhnung, zur Befriedung des Verhältnisses Mensch – Gott eben immer noch ein Sohn sterben.

Die – angesichts damals noch realitätsnaher Kindesopfer und Beschneidungen – Tiefensymbolik des gekreuzigten und letztlich doch auferstandenen *Gottes*sohnes wurde von den Menschen im damaligen Palästina zunächst wahrscheinlich intuitiv als entlastend erfasst. Sie ermöglichte eine weitere Entängstigung und Rücknahme aggressiver Projektionen des Gottesbildes: »Gott lässt seinen Sohn schlachten und nicht mehr unsere Söhne. Wir essen jetzt seinen Sohn und nicht er unsere Söhne.« Nichtsdestotrotz findet auch diese Umdeutung des Verhältnisses zwischen Mensch und Gottheit in einem engen Bezug zum Kindesopfer statt.

Die Opferung und Verspeisung Gottes selber erleichtert aber auch die stabile orale Inkorporation des göttlichen Objektes als Überwindung der paranoiden und der depressiven Position des Menschen in einer durch Landwirtschaft, Fernhandel und Technik zunehmend beherrschbarer und wirklicher gewordenen Umwelt. Diese eignete sich nicht mehr so schlüssig zur projektiven Identifikation mit inneren kindlichen Verfolgungsängsten wie der überwältigende Terror der prärational-animistischen Welterfahrung. So wird die »Vergebung« der frühkindlichen projektiven Aggressionsbewältigung und damit auch ein Ende der paranoiden Verfolgung durch eine Gottheit, die nur mit Opfern kleiner hilfloser Menschen zu besänftigen ist, möglich. Vergebung ist angesichts des nun offenbar gewordenen mörderischen Angriffs auf Gott bzw. seinen Sohn selber und der hiermit einhergehenden Schuld aber auch notwendig (Freud 1939, S. 196, 245).

Der Verzicht auf die archaische Beschneidung kleiner Jungen oder Säuglinge und auf rituelle Opferreminiszenzen außerhalb des Abendmahles könnte aus kindlicher Sicht jedoch grundsätzlich eine Reduktion des psychotraumatischen Potenzials christlicher Traditionen ermöglicht haben. Jedoch dürfte das in vielen Kirchen zur Schau gestellte realistische Abbild des blutigen Jesus cruci fixus – möglicherweise neben der Totentafel der gefallenen Soldaten der Weltkriege platziert – auch bis in die Neuzeit hinein bei nicht wenigen Kindern noch für Schuldgefühle, Verunsicherung und Ängste gesorgt haben: »Werden Söhne vielleicht doch geopfert?«

Heute werden wir infolge fortgeschrittener Säkularisierung und weiteren technischen Fortschritten in der Naturbeherrschung mit unserer Aggression zunehmend auf uns selber verwiesen. Wir finden unsere kindlichen Ängste nicht mehr ohne Weiteres wie früher in einer alltäglich bedrohlichen Außenwelt repräsentiert – von seltenen Großkatastrophen (»Tragisch, aber doch wohl hoffentlich kein göttliches Strafgericht?«) einmal abgesehen. Die paranoiden Gottheiten, die Erderschütterer und Blitzeschleuderer begegnen uns in säkularer Gestalt – in der von Menschen geschaffenen atomaren Rüstung und Umweltzerstörung – zwar wieder, aber nun sind wir es selber und nicht die Götter, die uns bedrohen.

Vielleicht ist es auch deshalb religionsübergreifend ein rationaler und unabweisbarer Fakt, dass wir lernen müssen, Kinder nicht weiter als Opfer zu behandeln oder ihnen Gewalt anzutun. Wir müssen sie vielmehr weltweit bedingungslos vor traumatischer Überforderung und Missbrauch schützen, und ihnen nicht damit drohen, dass sich aus ihrer kindlichen Abhängigkeit und Hilflosigkeit leicht das schuldbeladene Opferphantasma kondensieren könnte (die unter Jugendlichen gängige Beleidigung »Du Opfer!« belegt entsprechende latente kindliche Ängste). Eine – möglicherweise schwer zu erbringende – intellektuelle Voraussetzung hierfür könnte sein, anzuerkennen, dass Menschen- und Kindesopfer, auch die Kindesmisshandlung sowie auch die ritualisierte männliche Genitalbeschneidung, angesichts überwältigender Bedrohungen, Katastrophen oder eigener aggressiver Konflikte eine latente Bewältigungsoption des aggressiven Potenzials in der magischen Matrix unseres kollektiven Unbewussten darstellen. Die Manifestation dieser Disposition in unreflektierten Traditionen, Ritualen oder kollektiven Verleugnungen wird nicht ohne Folgen für die Entwicklung der hiervon betroffenen Kinder bleiben können.

Literatur

Alt, A. (1969): Grundfragen der Geschichte des Volkes Israel. München (C.H. Beck).

Azize, J.J. (2007): Was there regular child sacrifice in Phoenicia and Carthage? In: Azize, J. & Weeks, N. (Hg): Gilgames and the world of ancient Assyria. Ancient Near Eastern Studies, Supp 21. Leuven (Peeters), S. 185–206.

Bailey, R. et al. (2007): Male circumcision for HIV prevention in young men in Kisumu, Kenya: a randomised controlled trial. Lancet 369(9562), 643–656.

Gray, R. et al. (2007): Male circumcision for HIV prevention in men in Rakai, Uganda: a randomised trial. Lancet 369(9562), 657–666.

Gray, R. et al. (2009): The effects of male circumcision on female partners' genital tract symptoms and vaginal infections in a randomized trial in Rakai, Uganda. Am J Obstet Gynecol 200(1), 42.e1–7.

Burkert, W. (1997): Homo necans. Interpretation altgriechischer Opferriten und Mythen. Berlin (de Gruyter).

DeMause, L. (1980): Hört ihr die Kinder weinen. Frankfurt/M. (Suhrkamp).

DeMause, L. (1994): Die Geschichte der Kindheit ist ein Alptraum, aus dem wir gerade erst erwachen. In: Häsing, H. & Janus, L. (Hg.): Ungewollte Kinder. Reinbek (Rowohlt), S. 236–250.

Freud, S. (1909): Analyse der Phobie eines fünfjährigen Knaben. GW VII, S. 241–377.

Freud, S. (1910) Eine Kindheitserinnerung des Leonardo da Vinci. GW VIII, S. 127–211.

Freud, S. (1918): Aus der Geschichte einer infantilen Neurose. GW XII, S. 27–157.

Freud, S. (1939): Der Mann Moses und die monotheistische Religion. GW XVI, S. 101–246.

Freud, S. (1941): Ansprache an die Mitglieder des Vereins B'nai B'rith. GW XVII, S. 49–53.

Follath, E. (2006): Die (un)menschlichen Bomben. Der Spiegel 36, 96.

Gilman, S. (1994): Freud, Identität und Geschlecht. Frankfurt/M. (S. Fischer).

Huss, W. (1994): Die Karthager. München (C.H. Beck), S. 366–386.

Janus, L. (1994): Von Göttern, Kindern und Eltern. In: Häsing, H. & Janus, L. (Hg.): Ungewollte Kinder. Reinbek (Rowohlt), S. 232–236.
Kaiser, O. (1970): Einleitung in das alte Testament. Gütersloh (Gerd Mohn).
Lorenz, K. (1963): Das sogenannte Böse. Zur Naturgeschichte der Aggression. Wien (Borotha-Schoeler).
Maciejewski, F. (2002): Freud, Beschneidung und Montheismus. Wien (Passagen Verlag).
Meddeb, A. (2006): »Dem Islam ist die Gewalt in die Wiege gelegt«. Ein Gespräch mit dem französischen Schriftsteller Abdelwahab Meddeb über die Quellen des Fanatismus und die überfällige Neuinterpretation des Korans. Die Zeit Nr. 39, 21.09.2006. URL: http://www.zeit.de/2006/39/Interview-Meddeb (Stand: 25.10.2010).
Meuli, K. (1946): Griechische Opferbräuche. Phyllobolia. Festschrift für Peter von der Mühll. Basel (Schwabe), S. 185–288.
Nyssen, Friedhelm (1984): Die Geschichte der Kindheit bei L. DeMause. Frankfurt/M. (Lang).
Püschel, K. & Cordes, O. (2001): Tödliche Bedrohung als Berufsrisiko. Dtsch Arztebl 98(4), A-153/B-129/C-125.
Rind, M. (1998): Menschenopfer. Regensburg (Universitätsverlag).
Schmidt, K. D. (1975): Grundriß der Kirchengeschichte. Göttingen (Vandenhoeck & Ruprecht).
Sommer, M. (2000): Europas Ahnen. Darmstadt (Wissenschaftliche Buchgesellschaft).
Stehr, M.; Putzke, H. & Dietz, H.-G. (2008): Zirkumzision bei nicht einwilligungsfähigen Jungen: Strafrechtliche Konsequenzen auch bei religiöser Begründung. Dtsch Arztebl 105(34–35), A-1778/B-1535/C-1503.
Taddio, A.; Katz, J.; Ilersich, L. & Koren, G. (1997): Effect of neonatal circumcision on pain response during subsequent routine vaccination. Lancet 349(9052), 599–603.

Autorinnen und Autoren

Ada Borkenhagen, Dr. phil. habil., Dipl.-Psych., ist Psychologische Psychotherapeutin, Psychoanalytikerin (DPG), Mitbegründerin des Colloquium Psychoanalyse und Vorsitzende des Vereins Colloquium Psychoanalyse. Sie ist Inhaberin der Dorothea-von-Erxleben-Gastprofessur der Universität Magdeburg und als Psychoanalytikerin (DPG) in eigener Praxis niedergelassen. Zu ihren Interessenschwerpunkten zählen: Weiblichkeit, Identitäts- und Persönlichkeitsstörungen, Schönheitschirurgie, chirurgische Adipositastherapie, Gen- und Reproduktionsmedizin. Internet: www.med.uni-magdeburg.de

Elmar Brähler, Prof. Dr. rer. biol. hum., ist Leiter der Selbstständigen Abteilung für Medizinische Psychologie und Soziologie des Universitätsklinikums Leipzig. Seine Arbeitsschwerpunkte sind: Psychodiagnostik, Migration und Gesundheit, somatoforme Störungen. Letzte Veröffentlichungen im Psychosozial-Verlag: Aktuelle Veröffentlichung: *Einheitslust und Einheitsfrust. Junge Ostdeutsche auf dem Weg vom DDR- zum Bundesbürger. Eine sozialwissenschaftliche Längsschnittstudie von 1987–2006* (gem. hrsg. mit H. Berth, P. Förster & Y. Stöbel-Richter, 2007), *20 Jahre deutsche Einheit – Facetten einer geteilten Wirklichkeit* (gem. hrsg. mit I. Mohr, 2010). Internet: http://medpsy.uniklinikum-leipzig.de

Anne Cordes, M. A., studierte an der Johannes Gutenberg-Universität Mainz Ethnologie und Politikwissenschaften mit dem Schwerpunkt

Gesundheit. Im Rahmen des Studiums führte sie Forschungen zu weiblicher Beschneidung in Benin/Westafrika durch. Als Mitarbeiterin der Selbständigen Abteilung für Medizinische Psychologie und Soziologie in Leipzig arbeitete sie u.a. an Forschungsprojekten zu den Themen Geschlecht und Gesundheit sowie Reproduktionsmedizin mit. Seit 2010 studiert sie Public Health an der Universität Bielefeld.

Daniela Dorneles de Andrade, Mag.[a], studierte Psychologie mit Schwerpunkt Klinische Psychologie an der Universität Wien und absolvierte eine Ausbildung zur Künstlerischen Tanzpädagogin im Studio IGRA in Wien. Seit 2007 ist sie Stipendiatin der Österreichischen Akademie der Wissenschaften (DOC-Team) und wissenschaftliche Mitarbeiterin am Institut für Politikwissenschaften in Wien. 2008 Feldforschung zu Kosmetischer Chirurgie in Rio de Janeiro, Brasilien; 2009 Forschungsaufenthalt an der Universität von Toronto, Department of Anthropology. Derzeit gilt ihr Forschungsinteresse dem Thema »cosmetic surgery in Brazil in the context of beauty norms, social inequality and local media representations«.

Matthias Franz, Univ.-Prof. Dr. med., ist Facharzt für Psychosomatische Medizin, Neurologie und Psychiatrie sowie Lehranalytiker (DPG, DGPT, DAGG) und stellvertretender Direktor des Klinischen Instituts für Psychosomatische Medizin und Psychotherapie am Universitätsklinikum Düsseldorf. Seine Arbeitsschwerpunkte sind: Häufigkeit, Verlauf, Ursachen und Prävention psychischer/psychosomatischer Erkrankungen, Entwicklung bindungsorientierter präventiver Interventionskonzepte, Alleinerziehende, entwicklungspsychologische Bedeutung des Vaters, Affekt-/Emotionsforschung, Alexithymie. Internet: www.uniklinik-duesseldorf.de/deutsch/universittsklinikum/page.html

Elena Jirovsky, Mag.[a], ist Sozialanthropologin und war von 2007–2010 Stipendiatin der Österreichischen Akademie der Wissenschaften (DOC-team) sowie Mitarbeiterin am Institut für Kultur- und Sozialanthropologie der Universität Wien. 2008 führte sie eine elfmonatige Feldforschung in Burkina Faso durch, 2009 war sie Visiting Doctoral Research Student am Department of Anthropology der University of

Toronto. Ihr Fokus liegt zurzeit auf Weiblicher Beschneidung/Genitalverstümmelung und ihrer aktuellen Bedeutung in Bobo-Dioulasso/ Burkina Faso. Ihre Forschungsinteressen beinhalten Frauen, Körper, Geschlechterverhältnisse, Medizin sowie deren globale/lokale Bedeutungen.

Erich Kasten, Prof. Dr., ist am Lehrbereich für Medizinische Psychologie der Universität zu Lübeck tätig. Seinen wichtigsten Veröffentlichungen der letzten Jahre sind u. a.: *Effektive neuropsychologische Behandlungsmethoden* (2002), *Body Modification – Psychologische und medizinische Aspekte von Piercing, Tattoo, Selbstverletzung und anderen Körperveränderungen* (2006), *Einführung Neuropsychologie* (2007), *Die irreale Welt in unserem Kopf – Halluzinationen, Visionen, Träume* (2008); *1ÄP: Medizinische Psychologie, Medizinische Soziologie* (15. Aufl., 2008) und *Somatopsychologie – Körperliche Ursachen psychischer Störungen* (2010).

Heribert Kentenich, Prof. Dr. med., ist seit 1995 a.o. Professor der Humboldt-Universität und Chefarzt der DRK Frauenklinik Westend (Gynäkologie, Geburtshilfe und Reproduktionsmedizin). 1999 erhielt er den Zusatztitel »Psychotherapie«. Internet: www.drk-kliniken-berlin.de

Rachel Neuhaus Bühler, Dr., studierte Psychologie, Pädagogik und Kriminologie in Zürich. Von 2002–2006 war sie Wissenschaftliche Mitarbeiterin am Universitätsspital Zürich, promovierte 2006 zu dem Thema »Determinanten des internetgestützten Hilfesuchverhaltens Jugendlicher« und war in den Jahren 2007–2010 Teilnehmerin des Universitären Forschungsschwerpunkts (UFSP) Ethik. Seit September 2010 ist sie als Psychologin an der Psychiatrischen Universitätsklinik und als Wissenschaftliche Mitarbeiterin am Institut für Biomedizinische Ethik der Universität Zürich tätig.

Sara Paloni, Mag.[a], studierte Politikwissenschaft mit Schwerpunkt auf Geschlechterforschung, Repräsentation von Differenz und Körper, an der Universität Wien. Seit 2007 ist sie Stipendiatin der Österreichischen Akademie der Wissenschaften und wissenschaftliche Mitarbeiterin am

Institut für Politikwissenschaft in Wien und arbeitet an einem Dissertationsprojekt zum Thema »Concepts of agency in policy debates about female genital mutilation/circumcision in the UK«.

SIMONE PREIß, Dr. med., studierte Humanmedizin und Philosophie und arbeitet zurzeit als Assistenzärztin an der Klinik für Plastische, Ästhetische und Handchirurgie der Otto-von-Guericke-Universität Magdeburg. Letzte Veröffentlichung, gem. mit A. Borkenhagen, F. Röhricht, C. Finck, W. Schneider & E. Brähler (2007): » Changes in body image and health-related quality of life following breast reduction surgery in German macromastia patients: A new tool for measuring body image changes «. *Annals of Plastic Surgery* 58(4), 364–370.

ELISABETH ROHR, Prof. Dr. phil. habil., Dipl.-Soz., ist Professorin für Interkulturelle Erziehung an der Philipps-Universität in Marburg sowie Gruppenanalytikerin und Supervisorin. Als Gutachterin und »consultant« ist sie in nationalen und internationalen Arbeitsfeldern tätig. Ihre Lehr- und Forschungsschwerpunkte sind: Fundamentalismus, Migration, Gender, Körper und Identität, Ethnopsychoanalyse, Supervision und Mediation. Zurzeit befasst sie sich mit transnationaler Kindheit und Jugend in Ecuador und mit der Einführung von Supervision in einer Post-Konflikt-Gesellschaft wie Guatemala. Internet: www.uni-marburg.de/fb21/schulpaed/institut/personal/rohr

AGLAJA STIRN, PD Dr. med., ist Fachärztin für Psychotherapeutische Medizin, Psychotherapeutin, Psychoanalytikerin und Gruppenanalytikerin. Veröffentlichungen zu Essstörungen, Körpermodifikationen, zu buddhistischer Kunst und Nordostindien.

ISABELL UTZ-BILLING, Dr., arbeitet als Fachärztin an der Frauenklinik der DRK-Kliniken Westend, Berlin. Ihre wissenschaftlichen Schwerpunkte sind: MR-gestützter fokussierter Ultraschall zur Behandlung von Uterusmyomen (MRgFUS), weibliche Genitalverstümmelung, Bedarf und Inanspruchnahme psychosozialer Unterstützung bei Brustkrebspatientinnen, psychologische Beratung bei Wunsch nach geplantem Kaiserschnitt.

Patrick Weigand, Dipl.-Psych., ist Fachpsychologe für Verkehrspsychologie (BDP) und Kursleiter zur Rehabilitation alkohol- und fahrauffälliger Kraftfahrer. Aktuell befindet er sich in Ausbildung zum Psychologischen Psychotherapeuten am Frankfurter Psychoanalytischen Institut (FPI).

Verina Wild, Dr. med., studierte in Göttingen Humanmedizin und promovierte zum Thema »Ethische Aspekte von Arzneimittelforschung an schwangeren Frauen«. Von 2006–2007 war sie als Assistenzärztin der Inneren Medizin in Berlin-Spandau tätig. Seit 2008 ist sie Oberassistentin am Institut für Biomedizinische Ethik der Universität Zürich.

Psychosozial-Verlag

Manuela Torelli

Psychoanalyse lesbischer Sexualität

2008 · 327 Seiten · Broschur
ISBN 978-3-89806-762-1

Weibliche und lesbische Sexualität wird vor dem Hintergrund psychoanalytischer, feministischer und sozialpsychologischer Theorien detailliert dargestellt. Die Autorin entlarvt Vorurteile, die in der lesbischen Szene lange gepflegt wurden. Konstruktive wie destruktive unbewusste Abwehrmaßnahmen lesbischer Frauen, die sowohl individuell als auch kollektiv sein können, werden erläutert. In ausführlichen Gesprächen mit lesbischen Frauen werden Themen wie sexueller Missbrauch, Penis- und Gebärneid sowie die kontraproduktive Isolierung, die manche lesbische Frauen in der feministischen Szene suchen, kritisch beleuchtet.

Anna Koellreuter

Das Tabu des Begehrens

Zur Verflüchtigung des Sexuellen in Theorie und Praxis der feministischen Psychoanalyse

2001 · 156 Seiten · Broschur
ISBN 978-3-89806-041-7

Angeregt durch die Beobachtung spezifischer »Stagnationen« und »Irritationen« in der Analyse zwischen Analytikerin und Analysandin fragt die Autorin, was sich »triebmäßig« in der Analyse zwischen zwei Frauen abspielt und warum das Triebhafte abgewehrt werden muss. Von dieser praktischen Fragestellung ausgehend, setzt sich die Autorin theoretisch mit der Bedeutung der Triebe und der Triebverdrängung für die weibliche Subjektkonstitution sowie mit der Verflüchtigung der Triebtheorie aus der Psychoanalyse und den daraus resultierenden Folgen für den feministisch-psychoanalytischen Weiblichkeitsdiskurs auseinander.

Walltorstr. 10 · 35390 Gießen · Tel. 0641-969978-18 · Fax 0641-969978-19
bestellung@psychosozial-verlag.de · www.psychosozial-verlag.de

Psychosozial-Verlag

Elmar Brähler, Hermann J. Berberich (Hg.)

Sexualität und Partnerschaft im Alter

2009 · 202 Seiten · Broschur
ISBN 978-3-89806-760-7

Sexualität und Partnerschaft werden häufig als ein Privileg der Jüngeren gesehen. Doch auch für alte Menschen spielen diese Bedürfnisse eine wichtige Rolle. Die Gesellschaft tut sich allerdings immer noch schwer, dies zu akzeptieren und offen zu thematisieren. Die Beiträge des Bandes beleuchten verschiedene Aspekte sexueller und partnerschaftlicher Probleme im Alter und behandeln diese unter psychologischen, medizinischen und soziologischen Gesichtspunkten. Bislang vernachlässigte Perspektiven werden thematisiert: von der weiblichen Sicht auf sexuelle Probleme über die spezifischen Probleme der Paartherapie im Alter bis hin zu schwulen und lesbischen Beziehungen.

Irene Berkel (Hg.)

Postsexualität
Zur Transformation des Begehrens

2009 · 195 Seiten · Broschur
ISBN 978-3-8379-2009-3

Die Entbindung der Sexualität aus der Fortpflanzung verändert das Verhältnis der Geschlechter und der Generationen zueinander, die Praktiken des (sexuellen) Genießens und der Fortpflanzung. Der Wandel begegnet uns einerseits in der Sexualisierung des öffentlichen Raums und der sozialen Kommunikation, andererseits in Phänomenen der Entsexualisierung.

Der Band versammelt Beiträge aus Philosophie, Kultur-, Sexual- und Filmwissenschaft, aus Psychoanalyse und Kunst, die das Auftauchen postsexueller Erscheinungen vor dem Hintergrund der religiösen, historischen, sozioökonomischen und psychosexuellen Entwicklungen beleuchten.